7대 명절의 축복을 받으라(하)

| 서문 |

사람은 명절을 통하여 복을 받기를 원합니다.

그리고 그 명절 안에는 보이지 않는 신과 사람을 연결하는 어떤 의미가 담겨있습니다.

전 세계에서 복을 가장 세게 받은 민족은 단언컨대 유대인일 것입니다.

무려 2000년 동안 없어졌던 나라를 회복시켜내고, 오늘날 전 세계의 부와 명예를 틀어쥔 유대인의 비밀은 7대 명절에 있습니다.

유대인이 나라를 잃고 헤매던 2천여년 동안에도 하나님께서 직접 주신 이 7개의 명절을 목숨 걸고 지켰더니 2000년 동안 없어졌던 나라와 자기의 말을 회복하는 기적을 넘어, 세계, 정치, 경제, 사회, 군사, 외교 등 모든 분야를 장악한 최고의 민족이 되었습니다.

하나님께서 직접 주신 명절.

이 속에는 놀라운 비밀이 들어 있습니다.

지금 대한민국에 하나님께서 이 놀라운 비밀을 열어주시고 계십니다.

유대인은 이 비밀을 모르고도 목숨 걸고 지킨 결과 세계적인 복을 받은 것을 보건대, 오늘날 하나님께서 대한민국을 향하여 얼마나 복을 부어주시고 싶어하시는지 알 수 있습니다.

　하나님께서는 이 시대에 틀림없이 대한민국을 통하여 무슨 일을 하시려고 하십니다.

　그 놀라운 복의 비밀과 하나님의 마음이 이 책을 읽는 모든 분들에게 공유가 되길 기대합니다.

　그리하여 유대인에게 임했던 복이 갑절로 여러분의 삶 속에 실현되고, 더 나아가 대한민국을 향한 하나님의 뜻이 이루어지길 기원합니다.

2024년 2월 28일
전광훈 목사

| 편집자 서문 |

할렐루야! 전광훈 목사님 첫 설교집『7대 명절의 축복을 받으라』(상), (하) 권이 출간되어 세상에 빛을 보게 되었으니 우리 주 하나님께 감사와 찬양을 돌려보냅니다.

'모세가 쓰고 바울이 해석한 성경'이 성경 기록 이후로 2000년 동안 닫혀 있다가 전광훈 목사님을 통해 그 성경의 원색적 의미가 드디어 열리게 되었습니다. 전 목사님께 성경을 열어주신 주 하나님을 찬양합니다. 성경은 성령의 감동으로 기록된 것입니다. 주님께서 성경을 기록하실 때 우리에게 말씀하시고자 한 목적이 있습니다. 그것은 바로 '내 아들 예수를 알아달라'는 것입니다. (요20:31)

전 목사님이 늘 설교하시는 대로 성경은 온통 '예수' 이야기입니다. 성경 전체가 복음입니다. 복음은 우리 예수님의 별명입니다. 복음은 7대 단추로 구성되어 있습니다. 복음의 7대 단추는 바로 예수께서 이 땅에 오셔서 하실 7대 구속 사역을 말합니다. '나를 위해 이 땅에 오시리라.' '나를 위해 고난받으시리라.' '나를 위해 십자가에 죽으시리라.' '나를 위해 부활하시리라.' '나를 위해 승천하시리라.' '나를 위해 재림하

시리라.' '나를 위해 천년왕국을 이루시리라.'

　이 7대 복음이 성경의 핵심입니다. 그리고 이 7대 복음이 한 사건 안에 완벽하게 녹아들어 있는 것이 바로 '7대 명절'입니다. 예수는 유월절 어린 양으로 날짜도 어김없이 죽으셨습니다. 무교절 3일 동안 무덤에 계셨습니다. 초실절인 주일 아침 부활의 첫 열매로 부활하셨습니다. 부활 후 40일 동안 제자들을 가르치시다가 승천하시고 10일이 지난 오순절 날 약속하신 대로 성령세례를 베풀어주셨습니다. 그리고 장차 나팔절에 천사장의 나팔 소리와 함께 재림하십니다. 속죄절에 주님의 피로 사신 알곡 성도들을 거두어 나라를 하나님께 바치십니다. 그리고 장막절에 천년왕국을 이루십니다. 전 목사님의 첫 설교집『7대 명절의 축복을 받으라』는 이토록 복음의 7대 단추가 완벽하게 녹아들어 있는 '7대 명절'을 통해 성경의 모든 주제와 내용이 예수 즉 복음임을 명백하게 풀어내고 있습니다. (요 5:39; 눅 24:27)

　7대 명절은 첫째, 구약의 하나님의 백성 유대인에게 주신 명절입니다. 둘째, 예수께서 이 땅에 오셔서 하실 7대 구속 사역을 예행 연습시키신 것입니다. 셋째, 신약의 하나님의 백성인 우리 성도들에게 임할 7대 축복 - 구원, 성화, 부활, 성령세례, 재림을 고대, 죄를 빨리 회개하는 능력, 그리고 천년왕국을 이 땅에서 미리 맛보는 축복을 말합니다.

　국부 이승만 대통령을 통하여 자유대한민국을 건국하신

우리 주님께서 동방의 이스라엘인 우리 한국인에게 맡기신 사명은 특별합니다. 예수한국 복음통일을 이루어 선교한국의 사명을 감당해야 합니다. 즉 주님 재림하시기 전 이방인의 대대적 회개가 일어날 터인데 그때 우리 자유대한민국이 제사장 국가로서의 사명을 감당해야 합니다. 그 사명 감당의 한 통로가 이『7대 명절의 축복을 받으라』설교집과 이후 계속될 '전광훈 목사 설교 시리즈'가 될 수 있기를 주님의 이름으로 축원합니다. 할렐루야.

2024년 2월 28일 홍은동에서
'전광훈 목사 설교 시리즈' 구성·편집인 **류금주**

차례_상권

서문     3
편집자 서문     5

## 01   7대 명절이란?     23

I. 7대 명절을 주신 하나님     24
II. 7대 명절의 의미     26
   1. 유대인에게 주신 하나님의 축복     26
   2. 예수님이 이 땅에 오셔서 하실 7가지 일을 미리 보여주심     29
   3. 성도의 심령 속에 이루어질 7가지 복음 사건     42

## 02   유월절①   예수가 십자가에 죽다     51

I. 7대 명절을 주신 이유     52
   1. 7대 명절을 지키며 유대인이 받은 엄청난 복     52
   2. 예수께서 이 땅에 와서 하실 7가지 일을 예행연습 시키시다     55
   3. 우리 심령 속에 임할 7가지 복음 사건     61

II. 유월절 : 내 문제를 예수께 넘김     70
   1. 구약의 유월절 행사     70
   2. 신약시대의 유월절 지키기     72

III. "주여!" : 유월절을 경험하는 통로     74
   1. "주여!" 부르짖어 내 문제를 예수님께 넘기자     74
   2. "주여!" 부르짖어 공중 권세를 가르자     76

IV. 내 모든 죄 짐을 주께 넘기고 기쁨을 누리자     78
   1. "주여!" 부르면 천국, "주여!" 안 부르면 지옥     78
   2. 자존심을 버리고 모든 죄책감을 주님께 넘기자     80
   3. "주여!"를 불러 유월절의 주인공이 되자     84

## 03 유월절②
# 마귀의 손에서 풀려나다    86

### I. 7대 명절의 축복을 받자    87
    1. 7대 명절은 예수의 구속 사역을 예언한 것    87
    2. 7대 명절의 축복을 실제로 받자    91

### II. 7대 명절에서 가장 중요한 유월절    99
    1. 구약의 유월절 : 바로의 손에서 해방된 날    99
    2. 신약의 유월절 : 사탄의 손에서 해방된 날    110

## 04 유월절③
# 피    114

### I. 4천 년 전에 예언된 예수님의 구속 사역    115
    1. 구약에 그대로 예언된 예수님의 구속 사역    115
    2. 7대 명절은 우리에게 주시는 하나님의 축복    120

### II. 7대 명절의 첫 단추 유월절    125
    1. 우리 모든 문제를 예수께 넘기자    125
    2. 유월절이 임해야 마귀에게서 풀려난다    130

### III. 유월절의 핵심 - 피    137
    1. 유월절은 하나님께 인정받는 출발이다    137
    2. 구원은 일대일, 자기가 믿어야 한다    141
    3. 피는 느끼는 게 아니고 믿음으로 받아들이는 것    142
    4. 예수의 피를 불러 은혜계약의 혜택을 누리자    145
    5. 예수의 피가 역사하는 3대 방향    149
    6. 삶의 모든 분야에서 예수 피를 불러 혜택을 받자    152

## 05 유월절④
# 유월절을 대하는 우리의 태도    159

### I. 7대 명절을 통해 확증하신 예수님의 구속 사역    160
    1. 하나님의 소원 : 7대 명절을 알아다오    160
    2. 7대 명절의 초과학성 : 예수를 믿어도 좋다는 충분한 확증을 주심    161
    3. 이 땅에서 장막절까지 먼저 경험해보자    166

| | |
|---|---|
| II. 피 뿌림의 권세 | 172 |
|    1. 7대 명절의 첫 단추를 잘 끼우자 : 유월절 | 172 |
|    2. 보혈의 능력 | 176 |
| III. 유월절을 대하는 우리의 태도 | 188 |
| IV. 예수의 살과 피를 먹고 마신다는 뜻은? | 193 |

## 06 무교절①
## 선악과의 정체    205

| | |
|---|---|
| I. 7대 명절과 추수감사주일 | 206 |
|    1. 7대 명절을 알기를 간절히 바라시는 하나님 | 206 |
|    2. 추수 감사예배를 드리는 이유 | 211 |
| II. 무교절이란? | 219 |
|    1. 예수님이 땅속에 3일 동안 계시다 | 219 |
|    2. 무교절의 길이는 다 다르다 | 221 |
| III. 무교절과 선악과 | 230 |
|    1. 무교절이라는 무덤이 이 땅에 생긴 이유 | 230 |
|    2. 선악과의 정체 | 231 |
|    3. 뜻을 반납하러 오신 예수 | 233 |
|    4. 선악과를 토해내자 | 234 |
| IV. 선악과를 토해냈다는 세 가지 표식 | 240 |
|    1. 주일 성수 | 240 |
|    2. 십일조 | 242 |
|    3. 주의 종의 견해 안으로 들어가기 | 245 |

## 07 무교절②
## 선악과를 반납하자    247

| | |
|---|---|
| I. 주님의 피에 우리 심령이 늘 젖어 살자 | 248 |
| II. 유월절 다음에 임하는 어려운 코스 무교절 | 257 |
|    1. 구원받은 성도들을 무덤 속에 넣으시는 하나님 | 257 |
|    2. 무교절의 기간은 사람마다 다 다르다 | 258 |

| | |
|---|---:|
| 3. 무교절이 짧게 끝난 이삭과 다윗 | 261 |
| **III. 무교절 무덤의 출발** | **264** |
| 1. 무덤의 원인 : 선악과 | 264 |
| 2. 선악과의 정체 : 하나님으로부터 독립된 인간의 뜻, 의지, 견해 | 265 |
| 3. 선악과의 대칭 : 십자가 | 269 |
| **IV. 선악과를 토해내는 비결** | **274** |
| 1. 십자가 : 자아가 죽는 것 | 274 |
| 2. 선악과를 토해내는 비결 | 279 |

# 08 무교절③
## 자기 생명을 미워함    287

| | |
|---|---:|
| **I. 7대 명절을 주신 이유** | **288** |
| **II. 무교절을 주시는 이유** | **292** |
| 1. 겉사람을 처리하시기 위함 | 292 |
| 2. 무교절을 짧게 끝내자 | 294 |
| 3. 선악과를 반납해야 끝나는 무교절 | 297 |
| **III. 자기 생명을 미워한다는 뜻** | **303** |
| 1. 무교절에 찾아온 헬라인들 | 303 |
| 2. 자아의 생명이 죽었다는 세 가지 표식 | 309 |
| **IV. 무교절에서 나오게 할 때 사건을 일으키시는 하나님** | **318** |
| 1. '우리 산 자'의 뜻 | 318 |
| 2. 내가 겪은 무교절 사건 | 320 |

# 09 무교절④
## 자아는 죽고 예수로 살자    334

| | |
|---|---:|
| **I. 하나님 나라의 알곡이 되자** | **335** |
| **II. 무교절이 임하는 이유** | **340** |
| 1. 유월절 후에 무교절의 무덤 속으로 던지심 | 340 |
| 2. 선악과의 정체 | 344 |
| 3. 무교절의 무덤에서 벗어나는 원리 | 348 |

### III. 예수님의 무교절 퍼포먼스    357
   1. 옥합을 깨야 향유가 나온다    357
   2. 자아의 견고한 진을 파하자    361

### IV. 자아는 죽고 예수로 살자    366

## 10   초실절①
# 부활의 첫 열매이신 예수    379

### I. 7대 명절을 약속대로 이루시는 예수님    380
### II. 자애의 찌꺼기를 처리하자    382
   1. 무교절의 무덤에서 당장 나오자    382
   2. 뜻 · 의지 · 견해를 하나님께 반납하자    385
   3. 자애 : 사탄이 오는 통로    386
   4. 주님을 사랑하면 자애에서 능동적으로 벗어날 수 있다    389

### III. 예수의 부활과 최후의 초실절    393
   1. 예수의 부활이 초실절이다    393
   2. 최후의 초실절이 임하는 순서    395

### IV. 최후의 초실절의 주인공이 되자    398
   1. 부활의 영광이 다 다르다    398
   2. 생명의 부활을 하사    401
   3. 더 나은 부활을 위해 생명을 던진 초대 교회 성도들    404

## 11   초실절②
# 최후의 초실절    408

### I. 무교절을 통과하면 초실절의 축복이 임한다    409
### II. 초실절의 세 가지 종류    416
   1. 구약의 초실절    416
   2. 부활의 첫 열매이신 예수    416
   3. 마지막 초실절    418

### III. 최후의 초실절    420
   1. 예수의 재림 때 최후의 초실절이 이루어진다    420

| | |
|---|---|
| 2. 부활의 영광이 다 다르다 | 428 |
| 3. 더 나은 부활을 위해 우리를 단련시키시는 하나님 | 432 |

### IV. 영광스러운 부활과 부끄러운 부활 … 435
1. 천사처럼 영광스러운 부활 … 435
2. 짐승처럼 부끄러운 부활 … 437

### V. 부활에서 승리하는 방법 … 443
1. 부활에서 승리하자 … 443
2. 모든 일을 부활과의 관계성에서 하자 … 446
3. 더 나은 부활을 위하여 용서하자 … 450

## 12 초실절③
## 삶의 초실절 … 454

### I. 선악과를 반납하자 … 455
1. 사명을 위하여 살자 … 455
2. 선악과를 반납하자 … 459
3. 마지막 아담 예수, 선악과를 반납하러 오시다 … 461

### II. 선악과를 반납하면 성령의 능력을 부어주신다 … 463

### III. 최후의 초실절 … 469
1. 예수의 부활과 최후의 초실절 … 469
2. 최후의 초실절 … 470

### IV. 삶의 초실절 … 473
1. 삶의 부활 : 이 세상에서 맞이하는 초실절 … 473
2. 삶의 초실절이 임한 예 : 서현교회 정규만 장로 … 482
3. 초실절의 키워드 : "심자!" … 493

차례_하권

서문 3
편집자 서문 5

## 13 / 오순절①
# 전심으로 성령세례를 갈구하자    25

I. 새해에 성공하려면 7대 명절의 축복을 받자    26
II. 오순절을 주신 이유    32
    1. 성령이 각 사람 위에 일대일로 임하다    32
    2. 오순절의 영은 선교의 영이다    33
    3. 오순절 사건의 능력    38
III. 오순절은 언제 임하는가?    41
    1. 7대 명절은 순차대로 온다    41
    2. 오순절이 없어진 한국 교회    42
    3. 무교절을 통과 못 하면 초실절도 오순절도 임하지 않는다    45
IV. 오순절을 실제 경험하자    53
    1. 하나님이 원하는 교회가 이루어진 오순절    53
    2. 외통수에 걸린 제자들에게 성령세례가 왔다!    54
    3. 성령세례를 실제로 받자    59
    4. 전심으로 구할 때 성령세례가 임한다    62

## 14 / 오순절②
# 오순절을 한국 교회에 확대하자    71

I. 복음을 가르치지 않는 한국 교회    72
    1. 7대 명절의 세 가지 의미    72
    2. 복음을 가르치지 않는 한국 교회    78

## II. 오순절을 말하지 않는 한국 교회    82
    1. 오순절은 7대 명절 중 하나이다. 오순절만 부인할 수 없다    82
    2. 오순절의 중요성을 희석하는 것은 더 악한 일    85

## III. 전심으로 사모하는 자에게 임하는 성령세례    88
    1. 성령세례를 한국 교회에 확대하자    88
    2. 오순절에 대한 두 가지 반응 : 부러워함 vs. 조롱함    92
    3. 오순절은 앞의 세 명절을 회복하고 뒤의 세 명절을 보증한다    96
    4. 전심으로 구하는 자에게 성령세례가 임한다    108

# 15
## 오순절③
# 방언의 중요성    113

## I. 7대 명절의 복음    114
    1. 7대 명절의 복음을 듣는 것이 최고의 축복    114
    2. 선악과를 토해내는 비결 : "아멘"을 세게 하자    118

## II. 성령의 기름 부음을 받자    123
    1. 오순절은 성령의 기름 부음이다    123
    2. 오순절의 성령은 보증의 영이다    124

## III. 성령세례는 지금도 있다    127
    1. 오순절을 부인하는 한국 교회    127
    2. 베드로의 오순절 설교    134

## IV. 방언은 중요하다    137
    1. 방언을 격하시키는 한국 교회 목사들    137
    2. 방언은 은사의 시작이다    138
    3. 방언의 중요성을 강조한 바울    141
    4. 오순절의 가치를 알고 전심으로 사모하며 구하는 자에게는    147
       다 성령세례를 부어주신다

# 16
## 오순절④
# 오순절의 능력을 받자    151

## I. 오순절의 능력으로 무교절의 무덤에서 나오자    152
## II. 교회와 가정과 길거리를 오순절로 덮자    159

    1. 우리 사랑제일교회에서 사도행전을 재현시키자     159
    2. 오순절은 단회가 아니다. 연속이다     160
    3. 방언의 중요성     161
    4. 오순절 사건이 터진 곳 : 교회, 가정, 길거리     163

### III. 오순절의 능력을 받자     166
    1. 오순절이 임하면 표적과 기사가 뒤따른다     166
    2. 오순절이 임하면 천사들의 도움을 받는다     167
    3. 오순절의 능력을 주시는 이유 : 7대 명절 즉 복음을 전하라     171

### IV. 우리 교회가 사도행전을 재현하자     173
    1. 통일을 위해 한국 교회를 오순절로 준비시키자     173
    2. 7대 명절을 공유하고 전하면 하나님이 영권으로 밀어주신다     175

## 17

### 오순절⑤
# 오순절 언어로 변화되자     178

### I. 7대 명절을 대한민국 명절로 만들자     179
    1. 7대 명절의 축복을 받자     179
    2. 7대 명절은 예수께서 이 땅에 오셔서 하실 7대 구속 사역이다     181
    3. 7대 명절은 지금 우리들의 심령에 이루어지는     185
        일곱 가지 복음의 축복이다.
    4. 7대 명절을 대한민국의 명절로 만들자     189

### II. 오순절의 능력을 받자     194
    1. 오순절은 지나간 세 명절을 회복하고     194
        앞으로 오는 세 명절을 보증한다
    2. 오순절은 중요하다     197
    3. 일주일에 각자 한 명씩 성령 받게 해서     200
        대한민국을 예수 한국으로 만들자

### III. 오순절 언어로 변화되자     203
    1. 오순절과 언어의 관계     203
    2. 오직 성령으로     208
    3. 오순절의 키워드 : 전심으로!     217

# 18

## 나팔절①
## 예수는 반드시 다시 오신다     225

### I. 7대 명절을 알았다면 전도하자     226
    1. 하나님이 사람에게 하고 싶은 말씀의 요약 : 7대 명절     226
    2. 나팔절, 속죄절, 장막절과 성령세례     227
    3. 7대 명절을 알았다면 강렬하게 반응하자     232

### II. 나팔절 : 예수님의 재림     243
    1. 천사들의 나팔 소리와 함께 오시는 예수님     243
    2. 나팔절은 비밀이다     246

### III. 예수님은 반드시 다시 오신다     247
    1. 예수님 재림의 예표 : 여리고 성 사건     247
    2. 예수님의 재림을 확증하는 다니엘서     249

# 19

## 나팔절②
## 다니엘서의 증언     257

### I. 오순절이 임해야 앞의 세 명절이 깊어지고 뒤의 세 명절이 보장된다     258

### II. 주님의 나팔절은 분명히 임한다     261
    1. 예수님은 백 퍼센트 다시 오신다     261
    2. 예수 재림에 대한 다니엘서의 증언     262
    3. 예수의 재림은 역사의 흐름 속에 일어난다     276
    4. 나팔절을 준비하자     281

# 20

## 속죄절
## 알곡 성도가 되자     287

### I. 오순절과 7대 명절     288
    1. 7대 명절 중 좋은 것만 취해서는 안 된다. 전체를 다 공유해야 한다     288
    2. 오순절이 강력히 임해야 7대 명절 전부를 공유할 수 있다     292

### II. 다니엘서의 증언대로 주님은 반드시 재림하신다     295

  1. 느부갓네살 왕의 꿈대로 세상 역사가 전개되다     295
  2. 사해사본 발견을 통해 다니엘서의 진정성을 확인시키신 하나님   298
  3. 다니엘서 7장 짐승의 계시 : 예수 재림의 재확인     301
  4. 예수의 재림을 고대하며 살자     305

### III. 속죄절 : 알곡과 쭉정이를 가리심     308
  1. 주님 재림하시면 일어나는 일     308
  2. 알곡과 쭉정이를 가리시는 속죄절     309
  3. 삶에서도 키질로써 속죄절을 적용하시는 예수님     313
  4. 알곡 성도는 7대 명절을 위해 산다     315

## 21

### 장막절
# 천년왕국     321

### I. 7대 명절의 축복을 누리며 살자     322

### II. 주님은 반드시 다시 오신다     328
  1. 오순절이 확실해야 7대 명절이 확실해진다     328
  2. 주님 재림의 확실성은 세상 역사에서도 증명할 수 있다     330

### III. 칠십 이레의 계시     342
  1. 다니엘의 21일 금식 기도의 목적     342
  2. 다니엘에게 칠십 이레의 계시가 임하다     344

### IV. 장막절, 천년왕국은 반드시 임한다     349
  1. 장막절, 천년왕국은 7대 명절 중 하나이다     349
  2. 천년왕국에 들어가는 순서     352
  3. 천년왕국은 하나님의 설계도의 종착역이다     354

## 22

# 새 예루살렘을 향하여     357

### I. 7대 명절을 계속 붙들고 살자     358
  1. 요한복음 1장 식으로 예수를 알자     358
  2. 7대 명절의 한 주제도 건너뛰어서는 안 된다     361
  3. 7대 명절을 계속 반복해서 상고하고 말하자     363

### II. 7대 명절이 우리 심령에 임하면 받는 축복     370
  1. 유월절 - 구원     370

   2. 무교절 - 성화     372
   3. 초실절 - 부활     374
   4. 오순절 - 성령 충만     374
   5. 나팔절 - 재림을 고대함     376
   6. 속죄절 - 알곡을 가려서 천년왕국에 들이시다     377
   7. 장막절 - 역사 최후의 목적지 메시야 나라     377

### III. 하나님의 역사 경영과 7대 명절     380
   1. 지금 우리는 오순절 말기에 와있다     380
   2. 결국 장막절로 세상 역사가 끝난다     381
   3. 하나님의 사이클은 창조부터 새 예루살렘까지이다     383

### IV. 새 예루살렘에 항상 눈을 고정하고 살자     386

# 題目: 七大 명절로 나타난 그리스도

[본문: 히브리서 10장 1절]
[본문: 고린도전서 5장 6~8절]

1. 율법(구약)은 장차 오는 좋은 일의 그림자요 참형상이 아니므로 해마다 늘 드리는바 같은 제사로는 나아오는 자들을 언제든지 온전케 할 수 없느니라
6. 너희는 자랑하는 것이 옳지 아니하도다 적은 누룩이 온 덩어리에 퍼지는 것을 알지 못하느냐
7. 너희는 누룩 없는 자인데 새 덩어리가 되기 위하여 묵은 누룩을 내어버리라 우리의 유월절 양 곧 그리스도께서 희생이 되셨느니라
8. 이러므로 우리가 명절을 지키되 묵은 누룩도 말고 괴악하고 악독한 누룩으로도 말고 오직 순전함과 진실함의 누룩 없는 떡으로 하자

|  | 유월절 πασχα ПЅП 페사흐 | 무교절 αζυμος חצרת מצרת 마초트 | 초실절 αρχη θερισμου ראשית קציר 레쉬트 카치르 | 오순절 πεντηκοστη פנטקוסטי 펜테코스트 | 나팔절 ο πρωτος του ετου חג תרועה 하그 트루아 | 속죄절 ημερα εξιλασμου חג כפור 욤 키푸르 | 장막절 σκηνη 스케네 סוכה 수코트 |
|---|---|---|---|---|---|---|---|
| **〈구약〉 유대인** | 〈일시〉 1월 14일<br>〈명칭〉 파멸일<br>〈행사내용〉<br>1. 어린양의 죽음<br>2. 우슬초로 문 인방과 좌우 설주에 피뿌림<br>〈말씀〉<br>레23:4~5/고전5:7~8<br>신16:1,5~6 /출12:6,1<br>3,21~28 | 〈일시〉 1월 15~22일<br>〈명칭〉<br>〈행사내용〉<br>무교병 먹은 고난의 떡을 쓴 나물과 아울러 급히 먹음<br>〈말씀〉<br>신16:3/고전5:8 /민9:3<br>수5:10/출12:2,17,13:7<br>레23:6~8 | 〈일시〉 유월절 안식일 다음날<br>〈명칭〉<br>〈행사내용〉<br>첫열매의 단을 가두어 여호와 앞에서 흔들어 열납되도록 제사장에게 가져감<br>〈말씀〉<br>출23:19/레23:9~14 | 〈일시〉 3월 6일<br>〈명칭〉칠칠절/맥추절<br>〈행사내용〉<br>고운가루에 누룩을 섞어 구운 두 덩어리의 떡으로써 제사장은 이것을 흔들었으며...<br>〈말씀〉<br>신16:10/레23:15~22 | 〈일시〉 7월 1일<br>〈명칭〉<br>〈행사내용〉<br>1.회중을 소집하며 진을 경성하며<br>2.기쁨의 날과 전쟁이 때에 나팔을 붐<br>〈말씀〉<br>민10:2/레23:23~25/<br>겔29:1~6<br>레25:9 | 〈일시〉 7월 10일<br>〈명칭〉<br>〈행사내용〉<br>피를 취향한 안으로 가지고 들어가 속죄소 앞과 위에 뿌림<br>〈말씀〉<br>레16:30/레23:26~32 | 〈일시〉 7월 15~22일<br>〈명칭〉 초막절, 수장절<br>〈행사내용〉<br>극식과 포도를 거두어 들인후 8일동안 지킴<br>〈말씀〉<br>출23:16/레23:33~44<br>/신16:13 |
| **J.X구속사** | 그리스도의 십자가<br>요 1:29<br>요 19:32~36 | 그리스도의 무덤<br>마 12:38~40 | 그리스도의 부활<br>고전 15:20~<br>요 20:17 | 그리스도의 성령을 부어주심<br>행 2:1~4<br>욜 2:28 | 그리스도의 재림<br>마 24:30~31<br>고전 15:51<br>살전 4:16 | 그리스도의 나라를 바침<br>단 12:5~13<br>단 9:23~25<br>계 5:9~12 | 그리스도의 천년 왕국<br>계 21:1~8<br>고후 5:1~4 |
| **성도의** | 구원<br>출 12:1~<br>벧전 1:2<br>계 1:5 | 성화<br>자아의파쇄 걸식함처리<br>고전 5:7~11<br>요 6:34,52 | 영의부활<br>삶이부활<br>최후의부활 롬 8:11<br>요 5:24~30 | 성령의세례<br>성령의세례 부어주심 요7:37 | 재림신앙<br>주님의 재림을 사모함<br>히 10:37 | 성도를 성결케함<br>홈도없이 티도없는 성결한성도<br>계 15:2 | 하나님의 나라를이룸<br>하나님의 나라를 먼저 누림 |
| **심령에 나타날 목음사건** |  |  |  |  |  |  |  |

# The Feast of Weeks

오순절

# 13

## 오순절 ①
## 전심으로 성령세례를 갈구하자

**설교 일시** 2014년 1월 5일 (주일) 오전 11시

**대　　상** 사랑제일교회 주일 3부 예배

**성　　경** 사도행전 2:1-4

1 오순절 날이 이미 이르매 저희가 다 같이 한곳에 모였더니

2 홀연히 하늘로부터 급하고 강한 바람 같은 소리가 있어 저희 앉은 온 집에 가득하며

3 불의 혀같이 갈라지는 것이 저희에게 보여 각 사람 위에 임하여 있더니

4 저희가 다 성령의 충만함을 받고 성령이 말하게 하심을 따라 다른 방언으로 말하기를 시작하니라

# Ⅰ.
# 새해에 성공하려면
# 7대 명절의 축복을 받자

할렐루야! 하나님께서 우리에게 할 말이 많아요. 성경에 다 쓰여 있어요. 창세기부터 요한계시록까지 얼마나 하나님이 우리에게 할 말이 많은지, 성경의 두께가 만만치 않습니다. 그러나 하나님이 그중에서 7대 명절, 이 일곱 개 있죠? 일곱 개? 일곱 마디? 우리 모든 사람에게 꼭 알아주기를 바라시는 그 일곱 마디가 있어요. 일곱 마디, 그것을 하나님은 7대 명절로 표현했어요.

그러므로, 오늘 새해 첫 예배 나오신 여러분들은 그렇게도 하나님이 우리에게 알아주기를 바라는 "이것만큼은 꼭 알고 살아라. 하늘나라 올 때까지 이것만큼은 꼭 통달하고 와라," 하는 이 일곱 가지 하나님의 소원을 우리가 한번 들어드립시다. 믿습니까?

그러면 하나님은 왜 일곱 가지의 명절을 주셨냐? 첫째는 구약 성도를 위한 하나님의 축복이라 그랬어요. 구약. 둘째는 이것은 예수 그리스도, 하나님의 아들 독생자 예수님이 이 세상에 오셔서 여러분과 저를 위해서 하실 그리스도의 7대 구속사예요. 구속사. 무슨 뜻이냐? 유월절. 이렇게 죽으리라. 여러분과 나를 위해서, 따라서 합니다, "이렇게 죽으리라." 여러분과 나를 위하여, 무덤에 있으리라. 따라서 합니다. "무덤에 있으리라." 따라서 합니다. "부활하시리라." 따라서 합니다. "성령을 부어주시리라." 오늘이 바로 성령 부어주는 거예요. 따라서 합시다. "재림하시리라." 아멘. "알곡과 쭉정이를 하나님이 가려주시리라." "천년왕국을 우리에게 이루어 주시리라." 우리 여기 장막절까지 다 승리합시다. 사랑제일교회 다니는 성도들은 이 7대 명절을 하나도 빠뜨리면 안 돼요. 백 프로 이것을 다 흡수해야 해요. 이 동그라미 일곱 개가 여러분 속으로 쏙 들어가세요. 하나님은 이 동그라미 일곱 개가 사람 속에 들어가지 않은 사람은 하나님이 사용 안 해요. 절대로 쓰지 않습니다. 하나님이 아무 사람이나 그냥 쓸 것 같죠? 천만의 만만의 콩떡입니다. 하나님이 아무나 쓸 것 같아요? 목사님은 하나님께 쓰임 받는 것 같아요, 버림받은 것 같아요? 작게 쓰임 받는 거 같아요, 크게 쓰임 받는 거 같아요? 그러면 봐요. 목사님이 봐요. 내가 무슨 미국 유학을 했냐, 미국 가서 박사 학위를 받았냐, 뭐 영어를 할 줄 아냐? 아무 인간적 조건이 별로 없단 말이에요. 그런데 왜 하나님이 잘난 사람 다 놔두고 날 붙잡고 왜 이렇게 하나님이 흔들어요? 이유가 있어요. 이유. 이 동그라미 일곱 개가 내 속에 들어온 거예요. 요것 때문에 그런 거예요. 요게 비밀이에요. 비밀. 여러분도 동일해요. 여러분은 다 신학교 가서 목사 되라는 얘기가 아니라 여러분에게 주어진 그 계통에서 하나님께 쓰임 받길 원해요? 세계적으로 쓰임 받길 원해요? 진짜요? 동그라미 일곱 개를 가슴속에 삼키세요. 믿습니까? 여기에 비밀이 있다고 그랬어요. 이 일곱 개에 비밀이 있다고 그랬어요. 이것에 대해서 흔적만 가져도 하나님은 복을 준다고요. 여러분들은 흔적이 아니라 이 모든 내용을 정말로 우리는 통째로 우리가 다 흡수할 수 있어요.

세 번째는 이것은 뭐라 그랬어요? 신약 시대, 지금 우리 시대예요. 성도들의, 여러분 각자예요. 심령 속에 임할 큰 7대 복음의 축복이니, 이것을 잃어버리고는 인간이 살 의미가 없는 거예요. 이것을 붙잡는 자는 사람으로 태어나기를 잘한 거예요. 믿습니까? 그러면 무슨 뜻이냐? 유월절이 사람 가슴속에 임하면 구원의 역사, 인간 최고의 축복인 구원의 역사가 일어난다, 이거예요. 그러니까 유월절의 키(key)는 피입니다. 피요. 뭐라고요? 피가 키란 말이에요. 그리스도의 피에 얼마만큼 사람이 깊이 젖느냐? 그것이 유월절을 완전히 갈라 세우는 핵심이 된다, 이거예요. 믿습니까? 여러분도 늘 유월절의 피에 젖어 있기를 바랍니다. 두 손 높이 들고 '그 피가 맘속에' 불러봐요. 주님, 내 가슴을 주의 피로 적셔 주세요.

그 피가 맘속에 큰 증거 됩니다
내 기도 소리 들으사 다 허락 하소서
내가 주께로 지금 가오니
골고다의 보혈로 날 씻어 주소서

아멘. 주님의 피에 젖으십시오. 2014년도 승리하기 원해요? 피로 젖어야 해요. 피에 가슴이 젖으십시오. 유월절이 늘 여러분 가슴에 머물게 하세요. 피로 젖었네. 아멘. 또 불러봐요. 두 손 높이 들어 봐요. '피로 젖었네' 불러 봐요.

〈겟세마네 동산에서〉

1. 겟세마네 동산에서 기도하실 때
   주님의 땀방울은 피로 변했네
   하나님을 거역한 나를 위하여
   순종의 속죄 피를 흘려 주셨네

2. 빌라도의 뜰에 서서 가시관 쓸 때
   주님의 온 얼굴은 피로 젖었네
   온 인류의 저주를 속하시려고
   저주의 가시채로 관을 쓰셨네

> 3. 빌라도의 군인들이 때린 채찍에
> 찢어져 피로 물든 주님 등허리
> 온 인류의 질병을 속하셨으니
> 치료의 강물에서 넘쳐 흐르네
>
> 4. 골고다의 십자가에 달리신 주님
> 손과 발 옆구리에 입은 상처로
> 온몸의 물과 피를 다 흘리셔서
> 멸망의 죽음에서 날 건지셨네
>
> (후렴) 아아 아아 주의 사랑 깊고 크셔라
> 내 영혼에 파도처럼 메아리쳐 온다

기도하겠습니다. "주님 흘리신 그 피가 오늘은 내 가슴을 적시기 원합니다. 얼굴을 적시고 주님의 온몸을 적셨던 그 골고다의 피가 이 시간은 나의 심령을 적셔 주세요. 주님의 피에 젖어서 우리가 올 한 해를 승리하게 해 주시고, 예수님의 피를 부르고, 피를 마시고, 피를 붙잡고, 세상을 이기고, 내 자신을 이기고, 마귀를 이기고, 모든 어둠을 이기게 하여 주세요. 예수님 이름으로 기도 드리옵나이다. 아멘." 할렐루야! 이 유월절은 키가 피입니다. 피. 따라서 합니다. "피." 기독교의 생명입니다. 생명. '피 흘림이 없은즉 죄 사함이 없느니라.' 아멘.

그다음에 무교절의 키는 선악과입니다. 선악과. 따라서 합니다. "선악과를 다 반납합시다. 선악과를 토하여 냅시다." 선악과의 찌꺼기까지 다 토하여 내자! 그래서 이 무교절은 이것은 결과적으로 예수님이 무덤에 들어간 것 같이 우리도 하나님이 무덤에 넣어요. 무덤이요. 무덤에 왜 넣냐? 선악과를 다 우리 속에서 반납받으려고, 토하게 하려고요. 사랑제일교회 성도들이여, 2014년 승리하길 원합니까?

제가 이 7대 명절 설교를 해보면 제일 어렵고 힘든 게 뭐냐 하면 무교절이에요. 성도들이 여기 와서 다 주저앉아 버려요. 왜? 자기 쪽에서는 생명이니까요. 자아의 생명! 자기를 완전히 십자가에 못 박지 않고는 이 무교절에서 못 나온다고요. 무교절의 승부점이 이거라 그랬잖아요? 따라서 합니다. "뜻." 자기의 뜻 의지 견해를 내려놓으라는 거예요. 목사님 앞에 내려놓으라는 거예요. 아멘. 그러니까 여러분들은 이 무교절에서 희생되면 안 돼요. 여기서 세월을 허비하면 안 돼요. 지금 기독교인들이 보면 다 무교절 여기서 막혀서요? 왜? 이 무교절을 가르치는 사람도 없고요. 없어요. 지구상에 없어요. 무교절을 설교하는 목사님도 없고, 무교절 설교해 봤자 겨우 뭐 하냐? 떡 나눠 먹었다, 그것만 말해요. 그것이 무교절인지 알아요? 아이고, 참, 답답해. 그러니까 지금 우리나라 교회가 주저앉는 거예요. 왜 주저앉냐? 이 복음 선포가 제대로 안 되고 있는 거예요. 지금 한국 교회 안에서 여러분은 이 자리에 앉아 있는 걸 복되다고 믿으세요. 아멘.

그다음에 나타난 게 초실절입니다. 초실절의 키는 심는 거예요. 심는 거. 따라서 합니다. "심자." 심는 대로 거두는 거예요. 자, 앞뒤 좌우에 다 합시다. "열심히 심읍시다." 오늘 예배 나온 것도 심는 거예요. 육의 몸으로 심고 신령한 몸으로 거두고, 썩을 것으로 심고, 시간을 심고, 아멘. 기도를 심고, 찬송을 심고, 물질을 심고, 다 심는 거예요. 초실절은 키가 심는 거예요. 심는 대로 거두리라. 아멘. 그러니까 이 초실절의 영광, 이건 부활이란 말이에요. 부활. 다 여러분, 최후의 부활까지 승리하라!

## II.
## 오순절을 주신 이유

### 1. 성령이 각 사람 위에 일대일로 임하다

오늘 새해 첫 주간에 지나온 모든 걸 생각하면서 드디어 오순절의 역사에 도달했어요. 그 오순절은 뭐냐? 오순절은 성령이 하늘로부터 일대일로 각 사람 머리 위에 임했다고 그랬어요. 단체 위가 아니라 각 사람 머리 위에 성령이 부어지는 거예요. 2장 1절 다시 읽어봐요. 자, 사도행전 2장 1절, 이게 오순절입니다. 오순절의 역사가 일어나야 한단 말이에요. 시작. "1 오순절 날이 이미 이르매 저희가 다 같이 한곳에 모였더니 2 홀연히 하늘로부터 급하고 강한 바람 같은 소리가 있어 저희 앉은 온 집에 가득하며 3 불의 혀같이 갈라지는 것이 저희에게 보여 각 사람 위에 임하여 있더니 4 저희가 다 성령의 충만함을 받고 성령이 말하게 하심을 따라 다른 방언으로 말하기를 시작하니라."

이것이 오순절이에요. 이 오순절이 최초로 임한 오순절 사건입니다. 그 후에 이것이 사마리아로 갔다가 이것이 에배소로 갔다가 이것이 또 고넬료 집으로 갔다가 소아시아를 한 바퀴 돌아서 유럽으로 갔다가, 아멘, 이것이 미국으로 갔다가 한국으로 왔어요. 오늘 이 시간은 여러분의 심령 속에 오순절 사건이 임해야 합니다.

## 2. 오순절의 영은 선교의 영이다

오순절은 왜 오느냐? 오순절 오는 이유를 들어봐요. 오순절은 사람이 성령을 일대일로 체험하는 것입니다. 오순절이 오는 첫 번째 이유는, 성령이 세게 부어지는 이유는 앞에 지나간 명절 있죠? 다시 해 봐요. "유월절," 구원이란 말이에요. 구원. 따라서 해봐요. "무교절," 이게 성화란 말이에요. 성화. 따라서 해봐요. "초실절," 이게 부활이란 말이에요. 여러분 심령 속에 이것이 씨가 들어갔죠? 이것을 하나님의 성령이 우리에게 부어져서 이것을 내 속에서 확대하고, 그리고 내 속에 임한 이 사건, 앞에 있는 3대 사건, 유월절, 무교절, 초실절, 이것을 다른 사람에게로 옮기려고 그래요. 다른 사람에게로 옮기려고요.

그래서 오순절의 성령은 제1번이 선교의 영이에요. 선교의 영. 주님이 오순절을 설명할 때 선교에다가 딱 박아놓고 했어요. '데오빌로여 내가 먼저 쓴 글에는.' 먼저 쓴 글이 뭐에요? 누가복음이란 말이에요. 사도행전을 쓰신 분이 누가복음을 썼어요. 같은 분이란 말이에요. '데오빌로여 내가 먼저 쓴 글에는 예수의 행하시며 가르치시기를 시작하심부터.' 요단강가에서 세례를 받으시고 성령이 와서 복음 선포를 한 이후에 성령으로 명하시고 승천하신 날까지 일을 기록하였노라. 해 받으신 후에, 십자가에 해를 당하신 후에, 또한 저희에게 확실한 많은 증거로 친히 사심을 나타내사 40일 동안 저희에게 보이시며 하나님 나라의 일을 말씀하셨다! 부활

후에 40일 동안 제자들을 가르쳤다! 아멘. 그때 예수님이 하신 말씀이, 제자들을 모아서 하신 말씀이, "너희는 지금까지 신앙생활 한 것이 유월절부터 초실절까지 했다. 그러나 몇 날이 못 되어." 몇 날이라고 하는 것이 기간이 정해지지 않았어요. 나중에 알고 보니까, 이게 열흘이었습니다. 열흘이요. 며칠이라고 날짜를 정하지 않았어요. "몇 날이 못 되어 앞으로 너희에게 한 사건이 일어난다. 오순절이 너희에게 임하리라. 오순절이 오기까지는 너희들이 하나님의 일 하러 가지 마라. 가봤자 안 된다. 너희 속에 임한," 따라서 합니다. '<u>유월절, 무교절, 초실절.</u>' "유월절, 무교절, 초실절, 이것이 일단 너희 속에서 더 충만해져야 한다. 확대되어야 한다. 성령이 부어져서 그것이 충만해야, 그래야 하나님 일이 되어진다. 그래서 아버지의 약속하신 것을 기다리되 이 성령이 너에게 임하기까지는 예루살렘을 떠나지 말라. 출발하지 말라."

그래서 제자들이 그 말씀을 붙잡았어요. 저 감람산에서 오백 명이 예수님이 하나님 나라로 부활한 예수가 승천하여 작별식을 했어요. 올라가니까 구름이 딱 가리면서 예수님을 더 이상 안 보이게 하니까 너무 아쉬워서 오백 명의 사람들이 눈을 못 떼고 계속 하늘을 쳐다보고 있는데 천사들이 나타나서 옆구리를 치며 "갈릴리 사람들아, 어찌하여 하늘을 쳐다보고 있어? 예수님이 하늘로 가면서 뭐라고 말했어? 다음

명절을 기다리라 그랬지?" 오순절, 따라서 합니다. '오순절.'
"그 말을 붙잡으라." 아멘.

그래서 오백 명의 사람들이 천사들의 권면을 받고 마가 다락방에 모였어요. 왜 마가 다락방이냐? 그 다락방의 소유가 마가라는 사람의 것이에요. 크기는 나는 안 가봐서 잘 모르는데 120명이 거기에 들어갔다고 하는 걸 보니까요. 처음에 들어갈 때는 500명 들어갔죠? 그리고 열흘 동안 이 성령의 오순절을 기다리다가 380명이 떨어졌어요. 사랑제일교회 성도들은 그런 사람 없기를 바랍니다. 중간에 380명이 떨어진 거예요. 그리고 120명이 남았을 때 드디어 하늘 문이 열리며, 기독교가 지금까지 존재를 할 수 있었던 원천의 사건이 일어났어요. 이 사건이 없었으면 오늘날 기독교는 없어요. 여러분이 오늘 구원을 받을 수 있는 원천의 사건, 그 사건이 일어났어요. 이것이 오순절입니다. 이 오순절이 강력하게 기름 부음이 임하니까 이 사람들에 의하여 전 지구촌이, 한동안은 전 세계가 다 복음화된 사건들이 있었어요. 이 아시아 이쪽으로 빼고요. 그때는 아시아는 인간 취급도 안 했어요. 거대한 로마가 복음 앞에 무너졌어요. 그 이유가 뭐 때문인지 알아요? 오순절 때문에 그래요.

그래서 오늘부터 제가 오순절 집회를 시작하는데, 아멘,

이제 사랑제일교회에 임할 이 오순절 사건은 최초로 임한, 2000년 전에 마가 다락방에서 처음 임했던 오순절 사건 이후로 가장 큰 오순절이 한 번 우리 교회는 임해야 해요. 주여, 주시옵소서. 기대하시기를 바랍니다. 그래서 오늘 밤에도, 오늘 밤부터 일주일 내내, 제가 오순절 집회를 하려고 해요. 오순절 집회를 하려고 하니까 한 사람도 빠짐없이 다 와요. 불 받으려면 와요. 내가 여러분 머리를 다 잡아 뜯어서 그냥 안수를 하다 안 되면 족수를 해서, 내가 족수를 해서라도 성령 다 받게 할 거예요. 할렐루야! 〈성령 받으라〉 손뼉 준비. 성령 받으세요.

〈성령 받으라〉

성령 받으라 성령 받으라 예수 내게 말씀하셔서
성령 받으라 성령 받으라 예수 내게 말씀하셔서
할렐루야 성령 받았네 나는 성령 받았네
할렐루야 성령 받았네 나는 성령 받았네

아멘, 할렐루야! 그때 오순절 사건이 마가 다락방에 1차로 임했죠? 이게 최초의 사건이지요? 그다음에 사마리아 도시로 갔어요. 임했어요. 에베소 도시에 임했어요. 고넬료 가정에 임했어요. 그리고 이것이 소아시아를 한 바퀴 돌아서 로마에 임했어요. 그래서 유럽 한 바퀴를 돌고 영국 갔다가 미국으로 갔다가 대한민국에 왔어요. 여러분과 저도 성령 받을 수 있어요. 아멘. 세게 받읍시다. 곁다리 되지 말고요. 곁다리 되지 말고 오순절의 주인공이 되자! 옆 사람 축복해요. "오순절의 주인공이 됩시다." 세게 받아야 해요. 세게 받으세요. 할렐루야!

## 3. 오순절 사건의 능력

그래서 이 오순절의 역사, 이 한 사건 때문에 기독교가 존재하게 된 거라니까요? 이 오순절 사건 이후에 불과 200년 안에 로마의 네로 황제라고 하는 강력한 인간이 나타났어요. 지금 꼭 북조선의 그 누구야? 그렇지! 그놈과 비슷한 놈이 네로 황제인데, 네로 황제가 기독교인들을 그냥 아예 싹 잡아먹었어요.

그런데도 기독교인들이 땅속의 카타콤에 들어갔어요. 카타콤은 기독교인들이 만든 게 아니에요. 로마의 건설업자들이 모래를 구하려고, 살살 모래 꺼내기 위해서 땅속에 굴을 판 거요. 하나님은 그걸 통하여 이미 기독교인의 피난처를 만들어 놨어요. 주님의 섭리 안에서요. 그런데 로마의 건설업자들이 모래 꺼내려고 판 굴이 얼마나 깊이깊이 팠는지 들어가면 못 나와요. 길을 잃어버려서 들어가면 못 나와요. 거기에 기독교인들이 1년 동안 지하에 숨어 있었어요. 그러나 이 로마의 네로가 기독교를 없앨 수가 없었어요.

왜 그러냐? 오순절의 능력 때문에요. 오순절을 한번 받아 놓으면 못 고칠 병에 걸려요. 최후는, 마지막에는 순교예요. 오순절 체험한 사람은 최후는, 최후의 순간에는 순교할지언정 주님을 부인 안 해요. 오순절 오기 전의 신앙은 못 믿어요. 요거는 분위기 좋을 때만 그때만 잘 믿어요. "성령 받아라. 할렐루야! 성령 받았어." 그러다가 김정은이 딱 와봐요? 여기 김정은이 한번 와봐요? 김정은이 와서 "예수 믿을래, 안 믿을래?" 딱 그래봐요? "나 처음부터 안 믿어요." "그럼 너 사랑제일교회 왜 갔어?", "전광훈 그 인간이 하도 오라 그래서 구경하러 갔어요." "그래? 그러면 너 예수 사진 앞에 침 한 번 뱉어봐. 침." 6.25 때 그렇게 했어요. 6.25 때 인민군들이 와서 교회 다니는 사람을 다 죽인 게 아니에요. 교회 그동안 다녔어도 괜찮아요. 예수님 사진을 딱 놓고 "여기 침 뱉어봐." 그래서 가래침을 뱉는 놈은 다 살려줬어요. 안 뱉는 놈만 산 속에 데려가서 다 처형했어요. 그런데 침 뱉는 놈들이 다 누구냐? 장로, 목사들이에요. 평신도들이 순교를 더 많이 한 거예요. 아멘.

인간의 힘으로는 사탄을 못 이겨요. 오순절이 와야 이겨요. 그래서 여러분, 오순절 성령을 받으라는 거예요. 자기 신앙을 누가 자기가 책임을 져요? 자기 신앙을 누가 자기가 책임을? 큰소리 못 쳐요. 성령의 힘으로 이기는 거예요. 믿습니까?

그래서 사랑제일교회 성도들이여, 이번에 제가 오순절, 이 기도운동을 할 때, 오순절 사건이 마가 다락방에 임한 이후로 최고의 오순절이 임하여 이 물결이 한국을 덮치고 세계를 덮치고 큰 성령의 붐이 일어날지어다. 따라서 합니다. "주여, 주시옵소서." 할렐루야! 〈내가 매일 기쁘게〉입니다. 주님, 부어 주세요.

### 〈찬송가 427장〉 내가 매일 기쁘게

1. 내가 매일 기쁘게 순례의 길 행함은
주의 팔이 나를 안보함이요
내가 주의 큰 복을 받는 참된 비결은
주의 영이 함께 함이라

(후렴) 성령이 계시네 할렐루야 함께 하시네
좁은 길을 걸으며 밤낮 기뻐하는 것
주의 영이 함께 함이라

# III.
# 오순절은 언제 임하는가?

## 1. 7대 명절은 순차대로 온다

아멘, 할렐루야. 그런데 이 7대 명절의 특징이 뭐냐? 앞에 명절이 없으면 뒤에 명절은 안 오는 거예요. 이게 특징이란 말이에요.

유월절이 없는 사람에게 왜 무교절이 와요? 그 사람에게 왜 고난이 오냐고요? 고난도 축복입니다. 고난도 축복이에요. 고난이 아무에게나 오는 줄 알아요? 고난을 하나님이 누구에게나 다 줘요? 안 줘요. 유월절이 온 사람에게 고난이 와요. 아멘.

그리고 무교절의 찌꺼기인 이 선악과를 토하여 내고 흠도 없이 티도 없이 되지 않으면요? '흠도 없이, 티도 없이'라는 말은 선악과의 모든 것들이 다 빠져나간 것을 '흠도 없이, 티도 없이'라고 그래요. 믿습니까? 이 무교절이 있지 않은 사람은 초실절이 안 와요. 초실절이 안 온다고요. 40일 금식한다고 초실절이 올 줄 알아요? 안 와요.

그리고 이 초실절까지, 다시 해봐요, "유월절, 무교절, 초실절," 이 기초 공사가 잘 돼야 오순절의 능력이 덮여요. 이거 없이는 오순절이 안 오는 거예요.

## 2. 오순절이 없어진 한국 교회

그러니까 지금 우리나라 기독교의 신앙이 개판입니다. 한마디로 개판이에요. 왜 개판이 됐냐? 이게 목사님들이 복음을 똑바로 안 가르쳐요. 교회 안에서 특별히 유월절은 그냥 그런대로 그래도 말이라도 해요. 유월절, 예수님이 우리를 위해 십자가 죽었다고요. 무교절은요 그냥 무교병 떡 찢어 먹는 거, 이것만 가르쳐요. 구약 시대 무교절 했던 행사, 이것만 가르쳐요. 무교절의 복음적 의미, 바울 사도가 말하는 무교절, 지금 내가 네 주 동안 여러분에게 가르쳤던 무교절, 선악과, 이것은 대한민국 교회 목사님들이 말 자체를 안 해버려요. 말 자체를 안 해요. 왜 안 하냐? 몰라요. 솔직히 얘기해서 목사님들도 몰라요. 그래서 한국 교회의 비극이 온 거예요.

그러니까 오순절이 오냐? 오순절이 어디서 와? 오순절 온 사람을 도리어 이단이라 그래요. 오순절 온 사람을 거꾸로요. 오순절 온 사람이 숫자가 하도 적으니까요. 이따가 서정희 사모님 통해서 한번 들어보란 말이에요. 한국 교회 형편이 어떤지 한번 들어보라고요. 오순절 온 사람을 이단이라고 그래요. 사모님이 왜 주일날 여기 오는지 알아요? 이 사모님은 한국 교회 대형교회 다녀본 사람이에요. 그것도 장난기로 다닌 게 아니라 목숨 걸고 다녔어요. 그런데 옆의 사람들이 서정희를 보고 이단이라 그래요. 왜? 통성기도 세게 하지, 교회 가서 "주여!" 삼창하지, 방언하지? 하니까, "아이고 더러워, 방언." 사모님 보고도 더럽다고 하는 여자들이 있어요. 왜? 방언하면 좀 지저분하게 보이거든. 방언하면 침도 튀어나오지. 오순절 속에 안 들어가 본 사람은 그걸 알 수가 없어요. 알 수가 없어요. 아멘. 오순절이 강타할 때는 여자들이 치마가 다 찢어져요. 난리 나버려요. 난리 나요. 와당탕한단 말이에요.

한국 교회에 오순절 없어졌어요. 왜 없어졌냐? 이게 복음이 말이야 명확하지 못해서 그래요. 사랑제일교회는 세게 임해야 해요. 따라서 합니다. "오순절이여, 성령이여, 나를 피하여 가지 말고 세게 임하여 주세요." 아멘. 두 손 들고 아멘. 오순절이란 말을 하기는 해요. 어디서 용어는 배워서 하기는 하는데 원색적 오순절이 임하지 않는 거예요. 그러니까 여러분들은 제가 두 달 동안 한 번 다시 해봐요. "유월절, 무교절, 초실절," 이거 여러분, 인터넷에 들어가서 또 보시고 또 다지시고 해야 해요. 우리 교회 홈페이지 인터넷에 들어가서 여러분들은 내가 이렇게 다시 한번 보세요, 보세요, 그래도 여러분은 안 보지만요? 우리 교회 홈페이지를 내가 막아놨잖아요? 막아놨어요. 막아놨다고요. 누구도 못 보도록 막아놨잖아요? 목사님들만 아이디(ID)를 줘서 허가받은 사람에게만 이걸 내가 보게 해놨잖아요? 아멘? 그러니까 내가 전국의 부흥회 다니면요, 수도 없는 성도들이 나한테 와서 쪽지를 적어서 줘요. "목사님, 나한테만 목사님 교회 설교 좀 듣게 해주세요." "안 돼." "내가 한 달에 회비 백만 원씩 낼 테니까." 백만 원씩 낸다는 사람 많아요. "그럴 테니까 나한테 열어주세요." "안돼." 이렇게 내가 강력하게 막아놨다고요. 그런데 여러분들은 보라고 내가 사정하는데도 안 봐요. 참나. 도대체 무슨 이런 인간들이 다 있어? 내 도대체가. 도대체 어떻게 이런 인간들이 다 있어? 아이고, 아버지! 주여, 아버지! 참, 기가 막혀. 내가 거짓말 안 해요. 사실 그래요. 전국에서요, 내가 부흥회 하러 가면, 그 인터넷 좀 열어달라고 난리에요. 난리. 그런데 내가 안 열어줘요. 절대 안 열어줘요.

여러분, 기초를 다지세요. 따라 해보세요. "유월절, 무교절, 초실절." 아멘. 그리고 지금 우리 인터넷, 이 사이트가요? 평신도한테는 무조건 안 된다고 그래요. 목회자들한테만 심의해 보고 열어주는데, 목회자들만 열어줬는데, 우리 주일날 오늘 예배 보는 거 있지요? 요것이 일주일에 목사님들이

3,000명이 들어와요. 아멘. 그것도 막아놨는데도요. 허가받은 사람만 들어와요. 지구촌에서 최고예요. 아멘. 여의도 조용기 목사님 설교도 목회자들 천 명도 안 들어와요. 요거는 지금 내가 그래서 언제 어느 날 내가 한 번 이거 터트릴 생각이요. 터트리면 우리 홈페이지 다운될 거예요. 아마 수십만이 들어올지도 몰라요. 수십만이요. 아멘.

### 3. 무교절을 통과 못 하면 초실절도 오순절도 임하지 않는다

한국 교회 목사님들이 유월절 같은 것은 어느 정도 모양새는 말씀해요. 그러나 내가 볼 때 목사님들이 예수님 피도 제대로 설교 못 해요. 원천적인 말을 못 할 거예요. 그런데 무교절은요? 하여튼 간에 기독교 2000년 역사라고 보면 돼요. 2000년 역사에 무교절이 제대로 설명된 것은 여기밖에 없어요. 토하여 내세요. 선악과를 반납하세요. 아멘.

여러분은 좋은 자리에 앉아 있는 거예요. 이렇게 제가 104kg의 몸을 이끌고요? 보통 주일날 설교 40분 이상 하는 목사님들 봤어요? 봤냐고요? 나는요 한 시간 반, 두 시간도 설교하고요? 그런다고 여러분이 나한테 사례비 더 주냐고요? 더 주냐고? 그렇게 내가 애타게 가르치고, 여러분을 그렇게 가르쳤는데도 아직도 못 알아듣는 사람도 있어요. 아직도. 이 무교절의 원리를 아직도 못 알아들어요. 아직도 못 알아듣고 장로들이 틱 틱 틱 김밥 옆구리 터지는 소리나 하고요? 똑같이 앉아서 그렇게 들었는데도 말이야 견해를 내려놓으라고, 자기의 뜻을 내려놓으라고 그렇게 말하는데도 말이야 1월 첫 주부터 교회 안 나오고 장로가 돼서 말이에요.

사람마다 시험 들면 하고 싶은 말이 다 있어요. 무슨 말 하고 싶은지 미리 말해볼까요? "목사님은 나를 몰라." 이래요. 이게 시험 드는 인간들 99%의 노래의 제목이요. "목사님은 나를 몰라"? 몰라? 훤하게 다 알아요. 뭔 생각하는지도 다 알아요. 그리고 "목사님은 나를 오해하고 있어." 오해? 웃기는 소리 하지 말아요. 내가 설령 오해를 한다 해도 내가 내내 가르친 게 뭐예요? 무교절이 뭐라 그랬어요? 내려놓는 거라고. 견해 앞에 내려놓는 거라고. 그렇게 가르치는 데도 몰라요? 이것도 예화를 들어가면서, "내가 금란교회 김홍도 목사님 앞에 내가 세 시간 동안 무릎 꿇고 울었다. 그것도 사실 잘못한 것 없는데," 내 억울함을 가지고 내 예화까지 다 들어가면서 가르쳤잖아요? 아멘. 대구의 서현교회 장로님, 정규만 장로님 얘기도 내가 다 해가면서요. 아멘. 더 이상 어떻게 가르치란 말입니까? 나보고 어떻게 무교절을 더 이상 어떻게 가르치란 얘기요? 도대체가 어떻게 무엇을, 어떻게 가르치라는 얘기에요? 아멘. 그래도 못 알아들어요? 귓구멍이 열려야지! 할렐루야.

좋아요. 사랑제일교회 성도들이여, 짧은 인생 살 것도 없어요. 왔다 갔다 하면 끝나버려요. 인생, 짧은 인생 살면서 무교절에서 허덕이지 말고, 여기서 세월 허비하지 말고, 무교절을 관통해요. 통과해요. 내려놔요.

그런데 자기 쪽에서는 내려놓기 힘들다 그랬지요? 그것이 자기 쪽에서는 혼적 생명이라 그랬어요. 셀프-라이프(self-life)라 그랬어요. 따라서 합니다. "뜻, 의지, 견해." 이것이 자기 쪽에서는 생명입니다. 그러니까 내려놓기 힘든 거예요. 그거 내려놓으면 나는 멘붕 상태에 빠지는 것 같단 말이에요. '나는 뭐야? 그럼 아무것도 아니잖아?' 이러니까 여기 무교절에 와서 딱 막히는 거예요. 그걸 십자가에 죽여야 하는 겁니다. 그래야 우리는 초실절로 가요. 그리고 성령이 세게 부어져요. 아멘. 두 손 들고 아멘. 할렐루야! 성령의 역사가 세게 일어날지어다. 〈이 기쁜 소식을〉이에요.

〈찬송가 179장〉 이 기쁜 소식을

1. 이 기쁜 소식을 온 세상 전하세
큰 환난 고통을 당하는 자에게
주 믿는 성도들 다 전할 소식은 성령이 오셨네

2. 만왕의 왕께서 저 사로잡힌 자
다 구원하시고 참 자유 주셨네
승리의 노래가 온 성에 들리니 성령이 오셨네

3. 한없는 사랑과 그 크신 은혜를
늘 의심하면서 안 믿는 자에게
내 작은 입으로 곧 증거 하리니 성령이 오셨네

(후렴) 성령이 오셨네 성령이 오셨네
내 주의 보내신 성령이 오셨네
이 기쁜 소식을 온 세상 전하세 성령이 오셨네

〈방황하는 나에게〉

1. 방황하는 나에게 주님 오셔서
못 박힌 손 내밀며 오라 하시네
주님을 맞이하는 나의 마음에
성령의 단비가 내려옵니다

2. 너의 맘이 주님께 열리었느냐
믿음으로 주 말씀을 받을 수 있나
주여 나의 맘이 갈급하오니
성령의 빗속에 젖어듭니다

> 3. 모든 것을 믿음으로 간구하는가
> 말씀을 의지하여 응답받으라
> 주님께 모든 영광 전부 드리고
> 겸손의 자리에 낮아 있으라

아멘, 할렐루야! 여러분, 참, 내가 이거 보면요, 이 무교절 이게 문제예요, 이게. 왜 우리 교회에서 무교절을 가르치는 거에 대해서 성도들이 반발하는 사람들이 많냐 하면 한 번도 지구촌에서 이걸 가르친 적이 없어요. 없으니까 이것이 아주 이해가 안 되는 거예요. 그러나 이걸 건너뛰면 뒤의 명절은 없어요. 결국은 이 코스를 내 가슴에 정면으로 충돌해야 해요. 정면으로 부서져야 해요. 깨져야 해요.

그래서 바울이 뭐라 그래요? 고린도전서 1장에서 '내가 너에게 하는 말에 대해서 예하라.' 따라서 합니다. "예." 이게 뭐냐 하면, 선악과를 토하여 내라는 거예요. 선악과의 반대말이 "예"에요. 따라서 합니다. "예." '예 하고 아니라 함이 없느니라.'

이게 선악과의 반대말이에요. 선악과를 먹고, 아직도 선악과의 기운이, 잔재가 이 속에 있는 사람은 나타나는 현상이 여러 가지 있어요. 뭐냐? 그중에 하나가 꼭 뒤에 다음 말이 있어요. 다음 말이. 내가 "집사님, 이렇게 해." 그러면 "왜 해야 해요?" 꼭 뒤에 말이 따라붙어요. 이거 선악과가 아직 덜 나온 거예요. 선악과가 나온 사람은 두 번째 말이 없는 거예요. 그냥 "예"에요. 따라서 합니다. "<u>예</u>." 선악과를 다 토하여 낸 사람은 두 번째 말이 없는 거예요.

아담과 하와한테 하나님이 찾아왔어요. 선악과 먹고 난 뒤에 바로 왔어요. 오자마자 "아담아, 네가 어디 있느냐? 네가 왜, 먹지 말라는 선악과를 왜 먹었냐?" 그랬을 때 바로 아담은 이렇게 말해야 해요. "주여, 죽을죄를 지었습니다." 이 말로 끝나야 해요. 그런데 왜 꼭 마누라를 끌고 들어가려고 해요? 이유를 설명하려고 해요? "내가 왜 먹었냐 하면요? 하나님이 안 만들어줬으면 괜찮은데 마누라를 만들어 주셨잖아요? 그래서 그 여자가 먹으라고 해서 내가 먹었으니까 그 책임은 하나님한테도 일부가 있습니다." 이게 선악과 증상이에요. "하와야. 너는 왜 먹었어?" 그러면 다음 말이 바로 그냥 무너져야 해요. 따라서 합니다. "<u>주여, 죽을죄를 지었습니다.</u>" 이래야 사탄이 떠나가요. 그런데 하와가 뭐라 그래요? "왜 먹었냐고요? 하나님이 만들어 준 뱀 새끼가 와서 자꾸 날 보고 먹으라고 해서 먹었으니까. 뱀 새끼를 누가 만들었어요? 하나님이 만들었잖아요? 하나님도 내가 죄진 거에 대해서 책임을 좀 져야 해요." 선악과의 기운이 있는 사람은 꼭 뒤에 말이 또 붙어요. 설명이 붙어요. 여러분은 하나님 말씀할 때 뒤에 토 달지 마세요. 안 그러면 여러분, 무교절에서 못 나와요. 못 나와요. 70년 해야 해요. 70년. 꼭 70년 하나님 앞에 시달리고 하실래요? 그러지 말고 이삭처럼 모리아 산에 "누워" 그러면 그냥 누워야 해요. "아빠! 왜 누워? 집에서 죽이려면 죽이지 왜 산꼭대기까지 데려와서 난리야 이거?" 할 말이 많아요? 할 말이 많으면 안 돼요. "누워" 그러면 "아멘." "모가지 갖다 대" 그러면 "아멘." 아멘만 해야 해요. 아멘. 두 손 들고 아멘.

그러니까 여러분이 인터넷에 들어가서 또 보시고, 또 보시고, 또 보시고, 계속 보셔서 사랑제일교회 다니는 성도들의 위대함이 어디 있냐? "나는 무교절을 관통했다." 이게 우리의 자랑거리가 되어야 해요. 그러면 이제 오순절 성령이 세게 온단 말이에요. 세게! 저는 이번에 세게 올 줄 믿습니다. 다 방언 받으세요. 성령 받으세요. 그래서 다 오순절 마가 다락방보다 더 세게 받아서 충만 충만하여! 아멘. 두 손 들고 아멘. 〈성령 받으라〉입니다.

## <성령 받으라>

1. 성령 받으라 성령 받으라 예수 내게 말씀하셔서
성령 받으라 성령 받으라 예수 내게 말씀하셔서
할렐루야 성령 받았네 나는 성령 받았네
할렐루야 성령 받았네 나는 성령 받았네

2. 은사 받으라 은사 받으라 예수 내게 말씀하셔서
은사 받으라 은사 받으라 예수 내게 말씀하셔서
할렐루야 은사 받았네 나는 은사 받았네
할렐루야 은사 받았네 나는 은사 받았네

3. 능력 받으라 능력 받으라 예수 내게 말씀하셔서
능력 받으라 능력 받으라 예수 내게 말씀하셔서
할렐루야 능력 받았네 나는 능력 받았네
할렐루야 능력 받았네 나는 능력 받았네

# Ⅳ.
# 오순절을 실제 경험하자

**1. 하나님이 원하는 교회가 이루어진 오순절**

아멘. 할렐루야! 그렇게 보면, 우리가 쭉 이 7대 명절을 펴놓고 보면, 사실은 기독교의 신앙과 구원의 출발은 유월절로부터 시작이 되지만, 사실은 진짜 신앙생활, 창조 이후로 하나님의 의도가 이루어진 것은 창세기, 출애굽기, 레위기, 민수기, 쭉 지나서 오순절 마가 다락방에 가야 하나님이 원하는 교회가 드디어 이루어지는 거예요. 오순절 날 그때부터, 정말 하나님이 설계하셨던 진짜 교회가 오순절부터 출발이 되는 거예요. 그전의 교회는, 구약 교회는, 그건 시원찮아요. 그건 모형의 교회예요. 예표의 교회이기 때문에 뭔가 시원찮아요.

그러니까 여러분도 마찬가지예요. 우리도 마찬가지예요. 오순절 전의 신앙은 뭔가 시원찮아요. 언제 그 사람은 교회를 그만둘지 자기도 몰라요. 자기도 책임 못 져요.

그러나 오순절이 원색적으로 오면, 이제는 내 의지가 아니에요. 죽은 내 의지의 자리에 성령이 채우니까 성령이 강권적으로 나를 끌어가요. 강권적으로 날 인도해요. 그러니까 오순절 전의 신앙과 오순절 후의 신앙은 보통 다를 정도가 아니에요. 엄청난 거죠. 그럼에도 불구하고 오늘날 대한민국 교회가 오순절을 설명도 안 해요. 설명도요. 오순절 강림주일, 성령 강림 주일 행사하고 말아버려요. 실제 오순절의 역사가 오지를 않는 거예요. 그러면 오늘 이 자리에 오신 여러분들은 계속 말로만 들으면 안 되고, 실제로 오순절을 경험해야 해요.

## 2. 외통수에 걸린 제자들에게 성령세례가 왔다!

오순절을 경험하기 위해서 첫 번째 임한 오순절을 살펴봐야 해요. 어떻게 이 오순절이 왔는가? 자, 예수님이 죽었다가 부활했죠? 예수님이 십자가에 죽으니까 사람들이 실망하여 다 도망갔죠? 부활한 후에 흩어진 제자들을 다시 모았죠? 모아서 주님이 하늘나라로 승천하여 가면서 제자들에게 오순절을 약속한 거예요. 따라서 합니다. "내가 아버지께로 가면 몇 날이 못 되어 약속하신 성령을 부어주리라." 약속했어요.

　예수님의 약속을 딱 받고, 이 예수님의 제자들이 마가 요한 다락방을 빌렸어요. 빌려서 거기서 오순절 성령이 오도록 기다렸어요. '몇 날이라 그랬으니까 몇 날 며칠 내로 오겠지' 해서 계속 기다리면서 무엇을 했냐? 첫째는 베드로가 설교했어요. 베드로가 설교하기 시작했어요. 예수님의 부활 사건은 우연이 아니라 구약 성경에 예언된 대로 부활했다는 뜻이라고 설교했어요. 그다음에 예수님 제자 중에 가룟 유다가 자살해서 죽었잖아요? 자리 하나가 비었지요? 그것을 채우는 일을 했어요. 거기 모여서, 아멘, 열흘 동안 그 일을 했어요.

하다가 마지막 순간에는 뭘 했느냐? 이것이 중요한 거예요. 잘 들으세요. 오순절 성령이 사람에게 임할 때, 이 접촉점이 강력하게 일어나는 그 순간, 바로 그때의 그 짧은 순간, 성령이 임하기 직전 인간의 상태, 그 밑에 모였던 120명의 상태, 이 상태를 설명하려고 그래요. 여러분도 오늘 그런 상태로 들어가세요.

500명 중 380명이 집에 갔어요. 기다리다가 지쳐서요. "왜, 성령이 온다고 하더니 오지도 않네. 왜 이래? 이거?" 집에 갔어요. 어떤 사람은 또 "갔다가 내가 내일 또 와야지" 해서 갔어요. 그리고 120명이 딱 모였어요.

그때 모였던 이 성도들이 어떤 자세를 가졌냐? 그때 분위기를 한번 상상해 보세요. 자, 그들이 예수님의 부름을 받고

3년 반을 따라다녔어요. 행복했지요. 죽은 자 살리지요, 문둥병 낫지요, 앉은뱅이 일어나죠, 중풍병이 낫지요, 귀머거리 뚫리지요, 소경의 눈이 열리지요. 3년 동안 기상천외한 삶, 환상 같은 삶을 제자들은 살았단 말이에요.

그런데 어느 날 예수님이 죽는대요. "십자가에 죽는다." 그러니까 다 도망가버렸어요. 다요. 일차적인 위기가 한번 왔어요. 그런데 주님이 부활한 뒤에 흩어진 제자들을 다시 모았어요. 아멘. 모아서 이제 부활한 예수님과 40일 살 때 또 행복했어요. 너무 좋아요. 무슨 일 있으면 "평강이 있을지어다." 하고 예수님이 나타나요. 너무 좋았는데, 아니, 또 감람산에 모아 놓더니 또 하늘나라에 간다는 거예요. 제자들이 또 실망했어요. "갈 거 같으면 뭐 하러 불렀냐고, 또? 3년 동안 속아서 말이야 따라다니다가 신세 망쳐서 이제 집에 가서 옛날, 3년 전에 했던 일이라도 내가 한번 찾아보려고 그러는데, 또 오라고, 오라고 해서 불러놓더니, 또 왜 가요? 하늘나라?"

가면서 예수님이 하는 말이 "내가 너희와 함께 있었던 이 공간을 채우기 위하여 성령을 받으라. 성령을 받으면, 그가 오시면, 보혜사 성령이 오면, 내가 너희들에게 육체로 있었던 것보다, 부활로 있었던 것보다, 더 좋은 일이 일어나리라." 그리고 하늘나라에 갔단 말이에요.

가니까 또 예수님이 없어졌어요. 마가 다락방이 그때 공간은 다 불안과 초조와 공포와 위기에 사로잡혀 있었어요. 사람들이 바깥에도 무서워서 못 나갔어요. 왜? 나가면 "저 사람도 예수 따라다니는 놈이야." 하면서 바리새인, 사두개인 그리고 헤롯 당원들이 바깥에서 노려보고 있는 거예요.

그러니까 120명의 마가 다락방 그 안에 있었던 사람들이 그냥 장난치고 있었던 게 아니에요. 두렵고 겁나고 무서워서 그 안에 숨어 있었던 거예요. 숨어 있었던 거예요. 그러니까 그때 제자들의 심정은 어땠냐? 성령이 위로부터 안 오면 우리는 다음 인생은 없는 거예요. 완전히 인생 망한 거예요. 나가면 잡혀서 체포돼서 이제 그 후로는 내 인생이고 뭐고 없어지는 거예요.

그래서 성령세례 세게 오고, 성령이 강하게 오는 사람이 누구냐? 성령이 누구에게 강하게 오느냐? 외통수에 걸린 사람에게 와요. 다시 말해서 뭐냐 하면, 앞에서부터 유월절, 무교절, 초실절까지를 딱 알고요? 내가 성령세례에 대해서 지금 성령, 오순절을 설명하잖아요? 이게 이해된 사람은 '나는 성령세례, 성령 안 받고는 나 앞으로 인생 살 수 없겠다,' 요렇게 딱 외길로 이 가치와 필요성에 대하여 이것을 딱 붙잡은 이런 사람에게 성령이 와요. 그때의 120 문도의 심정은 '오늘 성령 안 주셔도, 안 받아도, 난 집에 가면 뭐, 또 다르게 또 예수님 섬길 수 있어. 신앙생활 또 할 수 있어.' 이게 아니고, 딱 한 가지 길이에요. '하늘의 영이 부어지면, 내 뒤의 삶의 인생을 살 수 있고, 안 그러면 나는 바리새인, 서기관, 제사장한테 붙잡혀서 내 인생이 북한의 장성택처럼 처형돼서 난 끝난다.' 이런 상태에 있는 사람에게 성령이 와요. 성령은 이런 사람에게 와요.

그래서 제자들이 그때의 위기감이 얼마큼 고조가 됐냐? 열흘이 됐어요. 몇 날이 못 되어 성령이 온다는데, 하루, 이틀, 구 일이 되어도 안 온 거요. 그때 제자들이 겁나서 벌벌 떨면서 바깥에 누가 심부름도 안 가려고 그래요. "베드로, 배고프니까 라면 좀 사 와." "나는 얼굴 다 팔려서. 알잖아? 나는 수제자라서. 바돌로매, 너는 열두 제자 중에서 이름도 별로 없는 놈이니까 네가 갔다 와." 그러면 "그래도 나는 열두 제자 속에 속하니까 나도 알아봐. 다른 사람 누가 가." "마리아, 네가 갔다 와. 마리아." "나도 다 알아봐. 내가 예수 따라다녀서 다 알아. 난 더 잘 알아. 사나이들이 말이야 꼭 여자한테 시켜 먹고 난리야." 이래서 사람들이 바깥에도 무서워서 못 가는 거예요.

그러니까 제자들이 그 상황을 돌파하여 나갈 수 있는 유일

한 길은 예수님의 언약에 생명을 거는 길밖에 없어요. 받아보자! 일단 이 성령을 받아보자! "성령이 너에게 오면, 내가 육체로 너희와 함께 있는 것보다 더 좋다. 부활한 상태로 내가 너와 함께 있는 것보다 더 좋다." 왜? 예수님이 육체로 이 땅에 계실 때는 모든 적을 다 막아줬단 말이에요. 아멘. 바리새인, 서기관 소용없어요. 다 막아준 거예요. 예수님이 함께 있었던 그 가치와 그때의 그것을 말할 수가 없는 거예요. 그런데 그거보다 더 좋은 상태가 성령이 오는 거라고 하니까 일단 성령을 받아보고 그다음 뭐, 집구석을 가든지 농사지으러 가든지 고기 잡으러 가든지 양 치러 가든지 그 후에는 따로 생각하고 일단은 예수님의 마지막 이것을 한번 체험해 보자!

### 3. 성령세례를 실제로 받자

오늘 그 마음을 품으세요. 2014년 승리하기를 원해요? 성령 받으세요. 따라서 해봐요. "받자!" 승리하기 원해요? 그런데 이 성령세례, 오순절을 현실화시키는 사람들이 많지 않아요. 사랑제일교회 성도들이여, 여러분은 성령세례가 현실이 돼야 해요. 성경을 보고 눈으로 아이 쇼핑(eye-shopping)하면 안 돼요. 눈으로 보고 그것을 즐기면 안 돼요. 내가 실제로 성령세례를 체험해야 해요. 은사 받자! 방언 받자! 세게 받자! 아멘. 옆 사람 다 축복해요. "성령세례 세게 받읍시다." 아멘,

할렐루야. <불길 같은 성신여> 손뼉 준비!

### <찬송가 173장> 불길 같은 성신여

1. 불길 같은 성신여 간구하는 우리게
지금 강림하셔서 영광 보여 줍소서

2. 주의 제단 불 위에 우리 몸과 영혼과
우리 가진 모든 것 지금 바치옵니다

3. 모든 것 다 바치고 비고 비인 마음에
주의 이름 위하여 성신 충만 합소서

4. 구속하신 주께서 허락하신 성신을
믿고 간구하오니 지금 내려 줍소서

(후렴) 성신이여 임하사 내 영혼의 소원을
만족하게 하소서 기다리는 우리게
불로 불로 충만하게 합소서

### <방황하는 나에게>

1. 방황하는 나에게 주님 오셔서
못 박힌 손 내밀며 오라 하시네
주님을 맞이하는 나의 마음에
성령의 단비가 내려옵니다

> 2. 너의 맘이 주님께 열리었느냐
> 믿음으로 주 말씀을 받을 수 있나
> 주여 나의 맘이 갈급하오니
> 성령의 빗속에 젖어듭니다

아멘, 할렐루야. 그 후에 성령의 오순절 역사가 일어난 사마리아, 에베소, 고넬료 집 등등하여 그다음에 유럽을 한 바퀴 돌 때도, 항상 그때 성령이 임할 때 그때 밑바닥의 분위기는 전쟁이 끝난 뒤에요.

우리나라도 이 성령세례가 제일 세게 임할 때가 6.25 끝난 뒤예요. 그때 사람들의 심령의 밭이 "야! 이거 외에는 살길이 없다." 그랬어요. 미국에서도 이 성령의 오순절이 처음 시작할 때 흑인촌에서였어요. 흑인촌. 막 미국의 부호들, 막 무슨 뭐 잘 사는 동네, 롱 아일랜드, 뉴욕, 이런 데서 일어난 게 아니에요. 전부 서민, 밑바닥 그런 데서 일어난 거예요. 심령의 사모함이 있는 곳에서요.

오순절의 원리는 우리가 이렇게 주님을 사모해야 합니다. 사랑제일교회 성도들이여, 오순절의 구경꾼 되면 안 돼요. 이제 오늘부터 내가 한 주일 동안 이거 밀고 나갈 텐데, 아멘, 오순절의 구경꾼 되면 안 돼요. 내가 외통수로 "나는 성령세례 안 받고 오순절 안 받으면 차라리 인생 살 필요가 없다." 이러한 사모함의 가치를 하나님께 보여드려야 해요.

주님은 우리에게 상품을 소개할 때, 오순절을 소개할 때, "내가 육신으로 있는 것보다 실제 더 낫다." 그랬어요. 그럼 오순절의 가치가, 그것이, 상품이 시시해요, 대단해요? 예수님이 "육체로 내가 너 옆에 있는 거보다 더 낫다." 그랬거든요. 아멘. 그런데 이 말도 성령을 받아봐야 알아요. 성령 받으면, 이 세상 그 무엇과도 바꿀 수 없다는 걸 알아요. 그 가치 속으로 들어가서 알게 된단 말이에요. 믿습니까?

## 4. 전심으로 구할 때 성령세례가 임한다

그래서 제자들이 바짝 고조돼 있다가 성령을 받았어요. 왜? 이거 성령세례 외에는 밖에 나갈 수도 없어요. 이거 아니면, 오순절 성령 안 받으면 우리는 이제 그 후에 없어요. 그러니까 바짝 긴장하고 있다가, 그것이 계속 업(up) 돼서 곧 분위기가 계속 초조함과 위기감이 계속 업 돼서, 성령이 마지막에 탕하고 칠 때, 그때는 어느 정도가 됐었냐? 들어봐요. 어느 정도 됐었냐? 14절 상태가 된 거예요. 14절 상태. 자, 사도행전 1장 14절 읽어보세요. 이 상태까지 온 거예요. 여기서 휘발유에 불이 붙은 거예요. 딱, 하나님이 딱 불을 붙인 거예요. 자, 14절이요. 시작. '여자들과 예수의 모친 마리아와 예수의 아우들로 더불어 마음을 같이하여 전혀 기도에 힘쓰니라.' 따라서 합니다. "<u>마음을 같이하여 전혀 기도에 힘쓰니라.</u>" '전혀 기도에 힘썼다'는 이 말은 우리 한국말 번역으로는 그때 그들의 고조 상태, 그들의 심령의 상태가 어느 정도로 고조됐다는 것이 느낌이 안 와요.

여러분, 지금 이 성경 읽어봐도 "'전혀 기도에 힘썼다.'"? 아, 기도 좀 세게 했구나.' 이렇게 되죠? 그런데 이것을 다시 보면 헬라어 원어에는 이렇게 돼 있어요. '프로스칼테룬테스' (προσκαρτεροῦντες)라고 돼 있어요. 이 말은 '전심으로'라는 말이에요. 따라서 해봐요. "<u>전심으로.</u>" 이 '전심으로'의 원래 성경 언어는 한국말로는 약하게 느껴진단 말이에요. 원어의 성경, 원래 그때 쓰인 말에 의하면, 그것이 이 사람들이 어느 정도 전심이었었냐? 사람이 저녁에 잠을 자다가 강도가 칼을 들고 들어왔어요. 그래서 남자 가장에게 칼을 가지고 목에다 탁! 대고 툭툭 치면서 "일어나." 해요. 그때 이 남자가 생각해요. '죽었다. 짧은 세상 끝나는구나. 나도 죽고, 또 잠자는 우리 애들도 인생이 끝나는구나.' 이때 이 남자는 이판사판이에요. '야! 어차피 죽는 거.' 그래서 칼끝을 딱 쳤어요. 치니까 칼이 떨어졌어요. 강도하고 둘이 그 칼을 잡으려고 격투가 붙었어요. '내가 이기면 우리 가족 다 살아. 내가 지면 나와 가족이 다 죽어.' 그러면 그 칼을 잡기 위하여 강도하고 둘이 힘겨루기에 들어가서 그때 힘겨루기에 그 힘의 양이 어느 정도일까를 여러분, 대답해 봐요. 그때 힘쓰는 '전심으로'가 어느 정도일까? "아저씨, 칼 만지지 마. 내가 먼저 잡을게"? 아니지! 목숨 걸고, 젖 먹는 힘을 다하여, 내 인생 전체 힘을 다 퍼붓고 그렇게 힘을 겨루었다 이거예요. 야곱이 얍복강에서 천사와 함께 씨름했다! 그것도 동일해요. 아멘.

그러니까 성령세례를 놓고 기도하는 것은 하나님과의 교제의 기도가 아니에요. 성령세례를 받고 난 뒤에는 나중에 감미롭게 "오소서, 진리의 성령님." 이렇게 해도 돼요. 그건 성령세례 받고 난 뒤에 그래도 돼요. 그러나 성령세례를 놓고 기도할 때는 싸움의 기도예요. 사느냐, 죽느냐예요.

그러면 성령세례를 우리 한국 땅에 실제, 이론 말고 일대일로 성도들에게 임하게 한 사건은? 지금 전 세계에 지금 이 방송이 다 나가요. 지금 전 세계에 지금 실시간으로 다 보내요. 저 중국에 있는 지하교회의 성도들 때문에 내가 지금 보내는 거예요. 한국 땅에서 부흥 강사, 목사님, 사역자 중에 성령세례가 성도들에게 실제 임하도록 집행한, 가장 성도들에게 성령세례가 많이 임하게 한 사람이 전광훈 목사예요. 한번 봐

봐요. 원색적 성령이 임하게 하는 사건, 한국의 어느 부흥사들도 그것을 못 하는 거 내지는 안 해요. 저는 30년 동안 그 넓은 체육관, 도시마다 있는 그 체육관에 삼천 명, 오천 명, 만 명 모이는 데서도 일대일로 내가 탁 붙잡고, 몸이 깨어져 가면서 성령세례가 임하도록 기도했어요. 그래서 실제 대한민국의 사역 중에서 성령세례를 일대일로 임하게 한 가장 유명한 사역은 전광훈 목사의 사역이에요. 아멘. 이거는 객관적이고 뭐고, 이건 인정을 해야 해요. 저를 통하여 성령 받은 성도가 수십만이에요. 수십만이요. 아멘.

그러면 목사님이 어떻게 성령세례를 성도들에게 30년 동안 집회 다니면서 일대일로 성령이 임하게 했냐? 바로 요 부분입니다. 뭐냐? 사도행전 1장 14절이에요. 내가 이 성경 구절을 아주 실감 나게 설명한단 말이에요. 아멘.

요 마지막 5분, 내가 성령세례 설교를 두 시간 동안 해 놓고, 마지막 몰고 가는 이 5분에 지금 이 멘트(ment), 이것이 한국 강산에 성령이 임하게 한 거예요. 그 첫 번째 사건이 뭐냐? '프로스칼테룬테스' 이 용어를 내가 설명하는 거예요. 따라서 해봐요. "전심으로." 이 전심이 일반적 전심이 아니라는 거예요. 이 원어에 깊이 들어가 보면, 그것이 원래 교회에 있던 용어가 아니에요. '프로스칼테룬테스'라는 이 말은 원래 세상에서 강도가 들어왔을 때 강도하고 겨루는 힘, 그것을 가리키던, 원래 세상 말이에요. 그것이 성경 안으로 들어왔어요.

그런데 오늘날 기독교인들은 성령 받기 위해서 그 용어의 수준까지 못 가는 거예요. 성령세례를 마치 장난기로 구한단 말이에요. "주여, 주세요. 줘 봐요. 줘요. 안 줘도 괜찮아요. 그러면 내일 올게요." 동해 물과 백두산이, 그다음 말이 뭐요? 마르고 닳도록 기도해도 성령세례가 안 와요.

성령세례는 지금부터 여러분, 저와 함께 성령세례를 위해 기도하는데, 아멘, 1년 치 늘어져서 할 기도를 5분 안으로 압축을 시켜요. 1년 동안 늘어져서 할 기도 있잖아요? 1년 동안 늘어져서 픽 퍼져서 말이야 집에서 말이야 새우깡 먹으면서, "주여, 아버지 하나님," 초코파이 먹으면서 "아유, 아버지 하나님," 이렇게 하는 거, 그걸 전부 딱 줄여서 5분 안으로 당겨요. 아멘. 5분 안으로 당겨서 지금부터 기도에 들어가는데요? 하늘의 성령, 오순절 마가 다락방의 성령의 역사가 처음 있었던 이후로 전 세계를 한 바퀴 돌고 지금 한국에 있어요. 사랑제일교회가 이번에 오순절 역사를 일으킬 때, 이 파도가 한국을 덮어야 해요. 그러기 위해서 이 5분의 기도가 한국교회가 사느냐, 죽느냐의 기도에요. 여러분이 사느냐 죽느냐의 기도에요.

 이 기도에 들어가는데, 한번 연습해 봐요. "주여!" 안 돼, 안 돼. 이거 약해. 다시. "주여!!" 그러면 여기서도 여러분이 내가 "주여" 따라서 시킬 때 입을 안 열고 지금 가만히 있는 사람이 있어요. 이 사람은 아직도 무교절이 안 끝난 사람이요. 왜? 자기 견해 가지고 '왜 소리를 질러? 별놈의 교회 다 봤네. 꽥꽥하고 난리야. 하나님이 뭐 귀먹었어?' 그래요. 그래서 내가 그랬잖아요? 앞에 무교절이 안 지나간 사람은 안 온다고요? 이거는, 유월절도 그렇고 무교절 초실절도 그렇고, 이해하고 들어가는 게 아니에요. 체험하고 이해하는 거예요. 오순절도 "왜 소리를 질러야 하느냐?" 그걸 묻지 말아요. 그걸 이해하고 오순절이 오는 게 아니에요. 일단은 내가 오순절이 오면 이해가 돼요. "아, 목사님이 이래서 부르짖으라고 했구나." 이해가 돼요. 다시요. "주여!!!" 할렐루야. 하늘의 오순절이 오기 전에 여러분의 입부터 열려야 되는 거예요. 다시요. "주여!!!"

 그러니까 한국 교회가 왜 오순절이 안 오냐? 목사님들이 이렇게 하는 걸 지저분하다고 생각하는 겁니다. 그러니까 강남에 있는 교회들이 주일날 안 부르짖는 거예요. 전부 다 아주 세련되고 상큼하고 이런 예배를 추구하다 교회가 다 망해

버리는 거예요. 교회는 세련된 것이 아닙니다. 교회는 원래부터 지저분한 거예요. 그러니까 갈릴리 출신 아니에요? 갈릴리 출신들이 무슨 칫솔이 어디 있었겠어요? 이를 어떻게 닦아요? 그래서 서정희 사모님, 나보고 냄새난다고 하지 마요. 내가 딱 갈릴리 출신이에요. 그러니까 오순절은 원색적으로 부딪혀야 원색적으로 와요. 다시 해 봐요. "주여!!!" 할렐루야!

그러면 이 시간부터 그런 마음을 딱 품고 두 손 높이 들어요. 높이 들고, 자, 손 내려요. 다시 손 내려요. 손 내려요. 오순절 성령이 바로 오기 직전의 상태로 우리의 자세를 가져야 해요. 그때 자세를 내가 설명했어요. 아멘. 자, 참고로 보세요. 내가 정말 오순절 성령이 오기 직전 상태로 내가 고조됐느냐? 그만큼 열망하고 사모하는 상태에 갔느냐? 그 중에 하나가 뭐냐? 지금부터 기도할 때 옆 사람의 기도가 내 귀에 들리면 안 돼요. 옆 사람의 기도가 내 귀에 들리는 사람은 아직도 주님을 사모함에 대한 절정에 못 간 거예요. 옆 사람의 기도가 내 귀에 들리면 안 돼요. 내 기도만 내 귀에 들려야 해요. 아멘. "목사님도 그 되지도 않은 말 좀 하지 마요. 끝까지 들어주려니까 열받아서 못 들어주겠네. 무슨! 내 옆에 지금 누가 앉았는지 알아요? 제일 센 여자가 앉았어요. 센 여자가. 이 여자 기도 소리 때문에 내가 내 기도 못 해요." 그런 사람도 핑계 대지 마요. 자기의 기도 소리가 제일 셀 수 있어요. 누구든지 백 프로 다 자기 기도 소리만 들려야 해요. 왜 그러냐? 자기 입하고 귀가 제일 가까워요. 누구든지 자기 입하고 귀가 제일 가깝기 때문에 누구든지 자기 소리만 들리게 돼 있어요. 옆 사람 기도 소리 필요 없어요. 아멘.

그리고 성령세례 안 오는 사람 중에는 자리를 잘 앉아야 해요. 가족이, 마누라하고 둘이 붙어 앉는 사람, 성령세례 잘 안 와요. 왜냐하면, 자꾸 의식이 돼요. 내가 "주여" 그러면 옆에 있는 마누라가 이렇게 말할 것 같아요. "아이고, 주제에. 오늘도 집에서 개 발광을 떨고 와놓고 무슨 또 소리를 질러?" 이거 벽을 깨야 해요. 그거 딱 무시해버려야 해요. '내가 집에서는 개 발광 떨어도, 오늘은 받아야 되겠다. 나는 옆에 있는 너하고 관계없어. 내가 살고 봐야지.' 여자들도 그래요. 내가 여기서 "주여!" 하고 소리 지르면, 남편이 의식되는 거예요. 남편이 이렇게 말할 것 같아요. "에이그, 집구석에서 네가 한 행동을 생각해 봐라. 성령? 성령이 왔다 가도 가겠다." 이렇게 옆에 있는사람이 비웃을 것 같단 말이에요. 그걸 깨라고요. "관계없어! 나는 성령 받아야 살아!" 아멘.

두 손 높이 드시고 "주여" 삼창하고 2, 3분 동안 다른 기도 하지 마세요. 이번엔 딱 성령 받는 기도만 하는 거예요. 그리고 한번 받은 사람은 재충만 받아야 해요. 재충만 받을 수 있어요. "주여!" 삼창하며 기도해요!

"주 예수님, 성령을 받아야 하겠습니다. 주님이 약속하신 것을 내가 이제 백 프로 이해했습니다. 보혜사 성령님, 하늘 문을 열어주세요. 처음으로 120문도 마가 다락방에 임했던 성령이 동일하게 임하여 주시옵소서. 은사를 부어주시옵소서. 능력을 부어주세요. 그때 120문도가 있었던 그들의 심령처럼 나는 더 갈급해졌습니다. 나는 더 마음이 고조되었습니다. 뒤로 물러설 수 없습니다. 하나님, 나는 뒤로 물러설 수 없습니다. 성령의 폭탄을 부어주시옵소서. 예수님 이름으로 기도 드리옵나이다. 아멘."

# 14

## 오순절②
## 오순절을 한국 교회에 확대하자

**설교 일시** 2014년 1월 12일 (주일) 오전 11시

**대　　상** 사랑제일교회 주일 3부 예배

**성　　경** 고린도전서 5:6-8

　6 너희의 자랑하는 것이 옳지 아니하도다 적은 누룩이 온 덩어리에 퍼지는 것을 알지 못하느냐

　7 너희는 누룩 없는 자인데 새 덩어리가 되기 위하여 묵은 누룩을 내어 버리라 우리의 유월절 양 곧 그리스도께서 희생이 되셨느니라

　8 이러므로 우리가 명절을 지키되 묵은 누룩도 말고 괴악하고 악독한 누룩도 말고 오직 순전함과 진실함의 누룩 없는 떡으로 하자

# Ⅰ.
# 복음을 가르치지 않는 한국 교회

## 1. 7대 명절의 세 가지 의미

세게 받자! 7대 명절의 축복을 세게 받자! 하나님께서 자기 백성을 위하여 일곱 가지 명절을 주셨습니다. 그 순서가 이러하니, 따라서 합니다. "<u>유월절.</u>" 다시요. "<u>무교절.</u>" 다시요. "<u>초실절.</u>" 다시 "<u>오순절.</u>" 다시 "<u>나팔절.</u>" 다시 "<u>속죄절.</u>" 다시 "<u>장막절.</u>"

왜 주셨냐? 세 가지 의미가 있다고 그랬어요. 첫째는 구약 성도 이스라엘 백성들에게 주신 하나님의 축복이다. 이스라엘 백성들은 이거 일곱 개 때문에 복을 받았어요. 세계적인 사회학자들이 다 공통으로 어느 누가 하나 빠짐없이 공통으로 하는 말이 어떻게 나라가 없어진 지 2000년이 됐는데 회복이 되었는가 하는 겁니다. 이스라엘 나라가 2000년 전에 흩어졌잖아요? 예수님을 십자가에 못 박히게 한 죄로, 예수님 십자가 못 박힐 때 로마 군병들에게 예수를 십자가에 못 박는 이 죄를 우리와 우리 후손에게 돌려달라고 우리가 책임지겠다고요? 그 죗값 그대로 이스라엘은 2000년 동안 전 세계에 흩어져서 완전히 나라 자체가 없었어요. 2000년 동안 없어진 나라가, 어떻게 2000년 동안 없어졌던 나라가 2000년 후에 어떻게 회복이 되냐고요. 말도 없어졌어요. 히브리어 없어진 말을 다시 2000년 전의 말을 복구해냈어요. 그 이유에 대하여 많은 사회학자들이 거의 공통적으로 말하는 게 이스라엘 백성들은 어느 나라에 흩어져 가든지 이거 일곱 개를 붙잡고 살았다는 겁니다. 2000년 동안 그러니까 소련, 러시아로 간 유대인들은 러시아말 쓰죠. 독일로 간 사람들은 독일말 쓰죠. 전 세계 다 흩어졌는데도 유대인들의 연합, 끈끈함 이것을 그대로 2000년 동안 붙잡고 있었던 핵심적 사건이 뭐냐? 이게 7대 명절이라는 거예요. 그냥 이게 기가 막힌 거예요. 이 유대 나라는 이것 때문에 이스라엘이 회복된 거예요. 아멘.

두 번째는 이것은 예수 그리스도, 이 세상을 창조하신 하나님이 사람의 육체의 옷을 입고 이 땅에 오셔서 여러분과 저를 위해서 하실 큰 일곱 가지의 구속사입니다. 유월절은 뭐냐? 따라서 합니다. "이렇게 죽으리라." 주님의 십자가의 사건입니다. 무교절이 뭐냐? 따라서 합니다. "무덤에 있으리라." 초실절, 따라서 합시다. "부활하리라." 오순절, "성령을 부어주시리라." 나팔절, "재림하시리라." 속죄절, "알곡과 쭉정이를 가리시리라." 장막절, "천년왕국을 주시리라." 할렐루야. 이해가 됐어요? 이와 같이 예수 그리스도가 이 세상에 사람으로 오셔서 여러분과 나를 위해서 하실 큰 일곱 가지의 구속사입니다. 구속사.

세 번째가 제일 중요하다고 그랬어요. 이것은 신약 시대, 지금 우리 시대 성도들의 심령 속에 임하실 큰 7대 복음의 축복이에요. 유월절이 사람 속에 들어오면 어떤 일이 생기냐? 인간 최고의 축복인 구원의 역사가 일어납니다. 구원! 이건 보통 심각한 게 아니에요. 구원받으라! 구원받으라니까 뭐 10원에서 하나 빠지는 9원인지 알아요? 그 9원이 아니고 셀베이션(salvation)이란 말이에요. 셀베이션! 구속! 다시 말해서 '천국 간다,' 이거예요. 천국 가는 능력을 얻는다는 거예요. 인간 최고의 축복입니다.

따라서 합니다. "무교절." 이건 예수님이 무덤 속에 있었던 것처럼 하나님은 오늘날도 우리를 무교절의 무덤에다 집어넣어요. 이 무교절이 문제란 말이에요. 무교절이요. 내가 무교절을 가르쳐도, 아직도 무교절을 못 알아듣는 사람이 너무 많아요. 여러분은 알아들을지어다.

7대 명절은 모두 정확한 핵심 키가 있습니다. 유월절의 키는 피입니다. 피. 피가 핵심적 단어예요. 따라서 합니다. "피."

'그 피가 맘속에 큰 증거 됩니다.' 아멘. 이 피가 유월절을 승부하는 거예요. 여러분의 가슴에 주님 피가 젖어 있습니다. 두 손 높이 들어요. '그 피가 맘속에' 부르겠습니다. 아버지!

그 피가 맘속에 큰 증거 됩니다  
내 기도 소리 들으사 다 허락하소서  
내가 주께로 지금 가오니  
골고다의 보혈로 날 씻어 주소서

아멘. 예수님 피에 승부를 거세요.

무교절의 키는 뭐냐? 선악과입니다. 선악과. 선악과를 토해내야 해요. 아멘. 옆 사람 다 손잡고 말해 봐요. "선악과를 토하여 냅시다." 선악과는 뭐라 그랬어요? 따라서 합니다. "뜻, 의지, 견해." 하나님의 뜻, 의지, 견해 앞에 자기의 뜻, 분리된, 독립된 자기의 뜻, 의지, 견해를 갖는 것, 이것이 선악과란 말이에요. 하나님은 사람을 무교절의 무덤 속에 집어넣어서 인간 속에 있는 독립된 뜻, 이걸 꺼내려고 그래요. 독립된 의지를 토하여 내라고요. 그렇게 말했는데도 못 알아들어요? 세상에! 한 달 내내 가르쳤잖아요? 신앙은 무교절이 거의 다라고요? 자기의 뜻을 가지면 안 된다고요? 자기의 뜻, 자기의 견해 이거 가지면 안 돼요. 그렇게 말했는데도 못 알아들어요? 아이고! 앞으로 무교절 못하는 사람들의 머리를 다 깎아버릴 거예요. 여러분의 자녀들이 학교 가서 공부 제대로 안 하고 숙제 안 해오고 하면 선생님들이 벌주잖아요? 그렇지요? 그럼 내가 여러분에게 벌을 좀 준들 뭐 문제가 있겠냐고요? 그러니까 확실히 알아야지요. 뜻을 반납하자고요. 자기의 독립된 뜻, 의지, 견해를 자기가 가지고 있으면 사약이라 그랬어요. 사약이요. 사약을 마시고 인간이 살 수 있냐 말이에요. 사약을 여러분은 오늘 다 해독 해야 해요. 십자가의 능력으로요. 예수님의 십자가는 바로 선악과의 반대 행위입니다. 대칭입니다. 그래서 예수님은 '뜻을 반납하러 온 예수'라 그랬어요. "아버지여, 아버지여 내 뜻대로 마옵시고, 아버지의 뜻대로 되기를 원하나이다." 여러분도 예수님처럼 뜻을 반납하면 여러분의 무교절의 무덤이 열려요. 활짝 열릴지어다!

사랑제일교회 성도들은 이 무교절 여기서 계속 희생되면 안 돼요. 여러분이 무교절에 나올 수 있는 자격이 있나, 없나를 보기 위하여 계속 하나님이 시험을 해요. 이번 일주일을 사는 동안에도 피가 거꾸로 돌고, '내가 이거는 도저히 못 참겠다. 내가 천국을 안 갔으면 안 갔지, 내 지옥을 갔으면 갔지, 내가 이거는.' 이런 사건들을 하나님이 나한테 붙인다고요. 그때가 기회에요. 그때가 기회입니다. 따라서 합니다.

"<u>주여.</u>" 다시요. "<u>주여.</u>" 이러면요? 하나님이 "됐다. 너는 무덤에서 나와." 그러면 무덤이 열리는 거예요. 무덤이 톡톡 열리기 시작하는 거예요. 아멘. 할렐루야! 아멘 입니까? '열려라 에바다'입니다. 손뼉 준비. 주여, 열어주세요.

### <어두워진 세상 길을>

1. 어두워진 세상 길을 주님 없이 걸어가다
나의 영혼 어두워졌네
어느 것이 길인지 어느 것이 진리인지
아무것도 알 수 없었네
주님 없이 살아가는 모든 삶 실패와 좌절뿐이네
사랑하는 나의 주님 내 영혼 눈을 뜨게 하소서

2. 아무것도 알 수 없고 아무것도 볼 수 없고
아무것도 들을 수 없네
세상에서 방황하며 이리저리 헤매일 때
사랑하는 주님 만났네
어두웠던 나의 눈이 열리고 막혔던 귀가 열렸네
답답했던 나의 마음 열리고 나의 영혼 살리네

(후렴) 열려라 에바다 열려라 눈을 뜨게 하소서
죄악으로 어두워진 나의 영혼을
나의 눈을 뜨게 하소서

아멘. 열릴지어다. 그러니까 한국 교회가 말이야 보면 신앙이 시원찮은 게 무교절을 제대로 가르치는 사람이 없어서 그래요. 이게 보통 문제가 아니에요.

## 2. 복음을 가르치지 않는 한국 교회

오늘 내가 오순절 하려고 하는데, 문제는 이 한국 교회가 참 불쌍해요. 왜 불쌍하냐? 이 7대 명절을 전부 통칭하여, 일곱 개 이걸 전부 합해서 이걸 대표적으로 뭐라 그러냐면 복음이라 그래요. 따라서 합니다. "복음." 복음이라는 것은 이 7대 명절 일곱 개를 복음이라고 합니다. 그런데 이 복음을 정확히 가르치는 사람이 거의 없어요. 한국 교회가 지금 완전히 소멸해 가는 거예요. 한국 교회가 지금 보통 위기가 아니에요. 교회에서 복음을 안 가르쳐요. 목사님들이 뭐 웰빙, 뭐 오래 사는 거, 건강하게 사는 거, 이 세상을 뭐 재미있게 사는 거, 설교의 패턴이 그런 것으로 바뀌어 버렸어요.

하나님은요? 잘 들어보세요. 하나님은 우리 사람들에게 할 말이 너무 많아요. 너무 많지만, 하나님이 꼭 하고 싶은 말은 이거 일곱 개예요. 꼭 하고 싶은 말을 이 7대 명절에다 하나님이 걸어놨어요. 성경이 두껍잖아요? 얼마나 두꺼워요? 성경을 보세요. 창세기부터 요한계시록까지 이게 전부 하나님의 말씀이에요. 하나님이 사람에게 하고 싶어 하는 말이에요. 그런데 성경을 간추리고 또 함축하고 또 함축하면 결국 이거 일곱 개, 7대 명절로 딱 귀결이 된다 이겁니다. 믿습니까? 하나님이 사람에게 "이거 일곱 개만큼은 내가 꼭 말하고 싶다. 너희들이 이거 일곱 개는 꼭 들어달라."

그런데 중간에 있는 목사님들이 성도들한테 전달을 못 하는 거예요. 그래서 한국 교회가 보통 위기가 온 게 아니에요. 교회에 가서도 복음을 못 들어요. 복음을요. 지금 우리가 상고하는 이런 것을 아주 리얼(real)하게 진지하게 못 들어요. 전부 지금 한국 교회가 초점이 바뀌어서 천주교가 다 돼 가려고 그래요. 천주교가 왜 천주교가 됐을까요? 하루아침에 된 게 아니에요. 서서히 타락하다 보면 그렇게 되는 거예요. 이런 마당에 우리 사랑제일교회는 하나님의 눈동자를 똑바로 살피고 하나님이 무슨 말을 하고 싶어 하는지를 빨리 알아차리고 이 통로를 붙잡아야 해요. 믿습니까?

따라서 합니다. "초실절." 아멘. 따라서 합니다. "해의 부활, 달의 부활, 별과 별의 부활." 따라서 합니다. "부끄러운 부활, 최후의 부활, 삶의 부활." 부활이, 다 초실절의 부활이 일어나야 해요. 믿습니까? 오늘도 이 가운데서 초실절 현상이 일어나야 해요. 해의 부활! 달의 부활! 옛날에 들은 것을 다 생각하시고, 잊어버리면 다시 또 인터넷 들어가셔서 다시 들어보라고요. 다시! 아멘. 서정희 사모님 오늘 여기 와 계시는데, 사모님을 보라고요. 1부 예배 때 여기 앉아서 이 말씀을 똑같이 들었죠. 2부 예배 또 듣죠? 앞에 나와서 설명도 하죠? 그러고도 한 주일 동안 집에서 이걸 세 번, 네 번을 또 들어요. 또요. 아멘. 왜 그러냐? 이것에 대해서 젖으려고 그러는 거예요. 젖으려고요. 할렐루야! 여러분들도 한 번 듣고 다 안다고 생각하는 사람은 아주 건방진 사람이에요. 절대 한 번 듣고 다 몰라요. 이해됐어요? 사모님도, 저 서미영 사모 말이야, 내가 어떨 때 사모님 차를 타보면 내 설교가 나와요. 그래서 "이거 뭐야?" 그러면 매주일마다 내가 설교한 것을 방송실에다 달라고 해서 차에다 꽂아 놓고 다니면서 듣는대요. 내가 어제그저께 우연히 타봤더니 듣고 있어요. 사모님도 그렇게 듣는데 여러분이 뭐 그렇게 잘났다고 말이야 한 번 들으면 다 안다고 생각해요? 그러니까 착각하는 거예요. 푹 젖어야 해요. 푹 젖어야 해요. 믿습니까? 따라서 합시다. "초실절."

자, 찬송을 한 개씩 다 불렀어요. 유월절은 아까 〈주 십자가를 지심으로〉, 무교절은 '열려라 에바다,' 매주일마다 한 개씩 부르자고요. 알았죠? 그러면 〈다시 사신 구세주〉예요. 초실절이에요. 아버지!

## <찬송가 151장> 다시 사신 구세주

1. 다시 사신 구세주 나 항상 섬기네
온 세상 조롱해도 주 정녕 사셨네
그 은혜로운 손길 부드러운 음성
내 평생 주님 함께 늘 계시네

2. 온 세상 살펴보니 주 사랑 알겠네
내 맘이 아플 때도 주 사랑 알겠네
이 세상 풍파 이길 힘 주시는 주님
마침내 영광중에 주 오시네

3. 주 믿는 성도들아 다 기쁜 노래로
주 예수 우리 왕께 다 찬양 드리세
이 세상 소망이요 참 친구 되시는
주 예수 영원토록 찬양하세

(후렴) 예수 예수 늘 살아 계셔서
주 동행하여 주시며 늘 말씀하시네
예수 예수 내 구세주 예수
내 맘에 살아 계시네 늘 살아 계시네

아멘, 할렐루야! 아멘. 여러분 다 초실절의 영광이 나타날지어다.

# II.
# 오순절을 말하지 않는 한국 교회

## 1. 오순절은 7대 명절 중 하나이다. 오순절만 부인할 수 없다

그리고 오순절이에요. 오순절. 따라서 합니다. "오순절." 네 번째 명절입니다. 오순절은 뭐냐? 성령의 기름 부음이에요. 오늘 이 시간에 여러분, 오순절을 할 텐데 길게 할 거예요. 아까 2부 예배 길게 한 거 봤죠? 조금 줄여서 오후 5시까지만 할 거예요. 왜 갑자기 또 불안, 초조, 공포가 임해서 난리예요? 바쁜 사람은 가요. 가도 괜찮아요. 왜냐하면 가는 사람은 어떻게 되나? 오순절의 약속을 받는 사람이 500명이었었거든요? 그런데 오순절이 임할 때는 120명에게 임했어요. 그래서 가는 사람한테는 성령이 안 와요. 120명한테 왔어요. 여러분에게 세게 와라! 주여! 한번 해봐요. "주여!" 다시요. "주여, 주시옵소서."

그런데 문제는 뭐냐? 오늘 이 시대에 이 오순절을 말하는 사람이 없어요. 없는 정도가 아니에요. 한국 교회는 목사님들이 웃겨요. 목사님들이 이 7대 명절 설교를 제대로 못 해요. 그러니까 지금 한국 교회 목사님들에게 성도들만 희생되는 거예요.

나도 이제 막 날리려고 그래요. 왜 막 날리려고 그러냐? 내가 성령 운동을 35년을 해봤어요. 집회도 하고, 목회자 집회도 했는데, 성령이 제일 세게 역사할 때가 언제냐? 제일 세게 역사할 때가 언제냐면 강력하게, 이 성령 운동에 대해서 잘못된 사람들을 내가 강력하게 책망할 때, 그때 기름 부음이 제일 세게 임해요. 왜 그러냐? 요한복음에 보면 주님이 말씀했어요. "보혜사 성령이 너희에게 오시면," 따라서 합니다, "<u>오시면</u>," "죄에 대하여, 의에 대하여, 심판에 대하여, 책망하리라." 성령은 위로의 영만 되는 게 아닙니다. 성령은 책망의 영도 돼요.

그러니까 한국 교회 목사님들이 큰 죄를 짓고 있어요. 마치 북한에 있는 김정은하고 똑같아요. 김정은 그놈이 이천만 명의 북한 사람들 붙잡고 완전히 종으로 삼고, 이게 뭐, 저 이라크의 후세인처럼 인질극을 벌여요. 지금 대한민국 교회 목사님들이 지금 성도를 붙잡고 인질극을 벌여요. "뭐, 너도 가지 말고 나도 가지 말자." 그래서 성도들을 붙잡고요? 아이고! 아버지! 아니 오순절이 없어졌다고요? 한국 교회 목사님들이 다 이 오순절을, 90 프로는 오순절을 부인해요. 부인해요. 오순절 없어졌다는 거예요.

그러면 요 7대 명절을 앞뒤로 딱 잘라서 봐요. 앞에 네 개 명절, 뒤에 세 개 명절, 요걸 딱 따로 분리해 놓고, 오순절 하나만 가지고 딱 보면서 이것이 지금 있나 없나 보면, 하루종일 신학자들이 모여서 토론하고 목사님들이 모여서 연구해 봤자 해답이 안 나와요. 이걸 딱 하나만 잘라놓고 오순절이 이 시대에 있을까, 없을까, 진짜 있어? 아이고! 밤새도록 해 봐요. 그럴 것이 아니라, 오순절을 앞에 있는 명절과 함께 펼쳐 놓아야 해요. 유월절, 무교절, 초실절과 함께요. 유월절은 있냐? 있다. 무교절은? 있다. 그럼 이 연장선에서 보면 오순절은 당연히 있는 거예요. 그렇지요?

그런데 여기서 지금 여러분 중에도 이 가운데서도 다른 교회를 다니다가 우리 교회 온 사람들은요? 지금 내가 오순절 설교하는데 굉장히 받쳐요. 앞에까지는 은혜를 잘 받고 있다가 이 오순절 설교, 지금 내가 지난주부터 설교하는 이 오순절 설교가 걸려요. 시험이 들어요. '저거는 아닌데, 이게 뭐야?' 하면서 시험 들어요. 왜 그러냐? 한국 교회 목사님들이 완전히 범죄행위를 저질러 놨어요. 왜? 오순절에 대해서 부인해요. 오순절은 없다? 없기는 왜 없어? 오순절이 만약에 없으면 유월절도 없어야지. 유월절이 있으면 오순절이 있는 거예요.

## 2. 오순절의 중요성을 희석하는 것은 더 악한 일

그리고 더 나쁜 인간들은 이런 자들입니다. 목사님 중에도 더 나쁜 인간들이 누구냐? "있기는 있는데." 오순절이 있기는 있다고 그래요. 왜? 성경에 앞뒤로 원체 분명하게 오순절이 나타났으니까요. "있기는 있는데, 별로 중요하지 않다." 요건 더 나쁜 자들이에요. 오순절은 중요해요. 그냥 건너뛸 명절이 아니에요. 아멘. 그렇기 때문에 한국 교회에 오순절의 성령이 안 찾아와요. 덮지를 않아요. 그러니까 당연히 교회는 망해요. 우리나라 교회가 지금 망해 가는 중이에요.

이와 같은 상태에서 사랑제일교회 성도들은 복음의 관점을 정확히 가지고 이 하나하나, 이 명절 하나의 주제도 그냥 건너뛰면 안 돼요. 이 모든 동그라미 일곱 개, 7대 명절을 통달해야 해요. 여러분의 가슴속에 쏙 들어가야 해요. 다시 한 번 "주여." 다시 "주여, 주시옵소서." 할렐루야!

사도들 시대 때는요? 자기가 부족하거나 자기한테 뭐가 좀 없으면 다른 사도에게 있는 은사를 함께 공유했다고요. 베드로후서에 보세요. 베드로가 뭐라고 말하는가? 베드로가 이렇게 말해요. "내게 있는 은사 중에 없는 것이 더러 있다. 이것은 바울에게 있다. 그러니까 바울이 너희에게 쓴 편지를 자세히 돌아가면서 읽어라. 그리고 은혜를 받아라."

베드로가 누구냐고요? 베드로와 바울은? 이 두 사람은 같이 놀 수도 없는 선후배 차이입니다. 베드로는 수제자예요. 그리고 예수님이 이 땅에 계실 때 직접 사도로 임명한 사람이에요. 바울은 새파란 후배예요. 바울은 어떤 사람이냐? 다메섹 도상에 가다가 자기가 스스로 사도 된 사람이에요. 빛이 비치면서 음성이 들리기를 "오늘부터 너, 사도 하라."는 거예요. 그러니까 옆에 있는 사람이 "빛이 어디 있어요?" "일로 와 봐. 여기 빛이 있어." "안 보이는데요?" 그러니까 바울이 자기 혼자만 빛을 보는 거예요. 같이 가던 일행은 빛을 못 봤다고 그랬어요. 바울만 보이는 거예요. 이해돼요? 바울만 보이는 빛 속에서 자기가 혼자 스스로 사도가 됐으니, 그 사도를 누가 인정하겠냐고요? 그러니까 사도바울이 죽고 난 100년까지도 사도바울의 사도성에 대해서 많은 교회가 의구심을 가졌어요. 진짜 바울이 사도가 맞냐고요. 그러니까 베드로와 바울은요, 이것은 같이 설 수도 없는 선후배 차이입니다. 아멘. 이해돼요?

그래서 사도바울은 자기의 사도권에 대해 늘 열등의식이 있어요. 주님은 사도로 임명했는데, 사람들이 바울 사도를 안 알아준단 말이에요. 그래서 바울이 쓴 모든 편지는 이렇게 돼 있어요. 첫 번째 글이 '예수 그리스도로 말미암아 사도 된 바울은' 하고 꼭 그 말을 넣어요. 왜? 자기가 사도가 아니라고 할까 봐 계속 그 말을 넣어요. 그리고 또 이렇게 말해요. '사람으로 말미암아 된 것도 아니오, 내가 스스로 지원해서 된 것도 아니라 예수 그리스도로 말미암아 사도가 된 나 바울은.' 베드로전서에 그런 말 있나요? 베드로가 '나 사도 된 베드로는' 이런 말 안 해요. 왜? 베드로는 다 사도인 줄 알아요.

이렇게 베드로와 바울이 차이가 있다, 이 말이에요. 그런 상태인데도 베드로 보라고요. 얼마나 겸손한지. 아멘. 얼마나 자존심을 버리고 했는지. 베드로가 바울의 설교를 들으라고 하는 거예요. 이해돼요? 바울의 설교를 들으라고 한 것이요?

요즘 목사님들은 나쁜 사람들입니다. 왜? 자기한테 오순절의 능력이 없으면, 오순절 능력을 임하게 하는 사랑제일교회에 보내야 할 거 아니에요? 그래요, 안 그래요? 위탁 교육을 해야지요. 아니, 요즘은 목사님들이 다 후세인같이 인질극을 벌이느라고 "같이 죽자. 우리 죽을 때까지는 뭔지 모르니까. 같이 죽어봐야 아니까. 죽을 때까지 나하고 같이 죽자." 보통 문제가 아닙니다. 지금 한국 교회에서 오순절을 제대로 집행하는 사람이 거의 없어요. 거의 없어요. 거의 없어요.

# Ⅲ.
# 전심으로 사모하는 자에게 임하는 성령세례

## 1. 성령세례를 한국 교회에 확대하자

그래서 아까 2부 예배도 그거 하다가 시간이 좀 늦었는데, 오순절은 백번 말 보다 실제로 체험 해야 해요. 그런데 지금 오늘도 서정희 사모님 내가 모셔 왔는데, 서정희 사모님을 내가 여기에 모셔 온 이유는 얼굴이 이뻐서가 아니에요. 지금 내가 이 시대에 딱 보니까 오순절을 집행하는, 딱 손만 대면 방언이 터져요. 오순절의 능력은 손 딱 댈 때 방언이 터지는 것이 오순절의 능력이에요. 현재 이 오순절을 집행하는 한국의 제1인자가 서정희예요. 30년 전에 하나님이 불러서 이리저리 굴리고 다 연단하고 해서 이 영성을 주셨어요. 그것도 일반 가정이 아니에요. 세상에! 한국 최고의 코미디 황제인 서세원의 부인이 돼서요. 그 정도 그 세계 그 물결에 타면요? 다 타락한다고요. 은혜 좀 받아도 다 타락하는데, 거기서 어떻게 이걸 30년을 지켜왔는지! 그러니까 영이 싱싱한 거예요. 방에서 혼자 문 잠가놓고 혼자 기도하고! 아멘. 할렐루야. 그래서 오늘도 이 예배 마지막 뒤에는 이제 사모님이 앞에 나와서 멘트만 하는 게 아니라 이 성령 사역을 집행할 겁니다. 아까 2부 예배 때도 방언 다 받았어요. 방언 못 받은 사람들은 이제라도 다 나와요. 알았죠? 이쁜 사모님한테 받으면 더 잘 터져요. 알았지요? 그러니까 다 나와서 세게 받아요. 할렐루야! 그래서 이 오순절 집회를 우리 교회가 지금 당분간은 계속해야 해요. 왜? 이게 지금 오순절이 없어졌어요. 한국 강산에서 없어졌다고요.

지금 아직도 우리가 장로 두 명이 속 썩이는 바람에 지금 교회 조직을 제대로 임명을 못하고 있어요. 지금 아직 교회에 구역 뭐, 기관, 아직 새해가 됐는데도 지금 내가 임명을 못하고 있어요. 이걸 내가 이제 발표 해야 해요. 발표하는데, 우리 교회 모든 조직은, 올해 교구장을 평신도 교구장 체제로 간단 말이에요. 가는데, 구역장 더하기 교구장들은 다음 주부터 내가 설교 다 해 놓고 통성기도를 할 때, 능력 기도 받으실 분들을 다 안내 해서 데리고 나와서 여기 앞에다 앉혀 놓으란 말이에요. 아멘. 그러면 사모님이 사역을 한단 말이에요. 할렐루야! 그래서 우리 교회는 처음 오는 날 방언 다 받도록 해야 해요. 오래 끌 것 없어요. 처음 오는 날 방언 백 프로 다 받도록 해요. 알았지요? 아멘이요? 사모님! 수고롭지만! 사모님, 내가 부를 때 사모님이라고 부르는 게 좋아요? 서정희 전도사라고 부르는 게 좋아요? 전도사? 그렇지?

아유, 다행이에요. 왜냐하면 사모님이라고 부르면 내가 좀 버거워요. 힘들어요. 서세원 마누라니까. 그런데 전도사 그러면 이건 만만해요. 전도사는 내 밥이지, 뭐 까짓것. 그러니까 앞으로 전도사 하자고요. 알았죠? 전도사! 그렇지, 됐어요. 이게 만만해. 서 전도사, 사역 잘해. 알았지? 그렇지, 아이! 만만하다. 이제 그래서 우리 교회는 앞으로, 우리 올해 1년 동안 이 사역을 하는데, 이제 커지면 우리가 대학 체육관으로 가려고 해요. 아멘. 가고 그다음에는 주일날 야외 집회 하려고 해요. 그래서 십이만 명으로 확대하려고 해요. 주일날 대예배를 십이만 명으로 확대하자고요.

그전에는, 사실은 내가 35년 동안 이 오순절 성령 사역을 하면서 목사님들의 눈치 보느라고요? 목사님들이, 참, 목사님들이 말이야 개척교회 해서 성도를 한 200~300명 모아놨는데 거기에 대고 내가 성령 받으라 해버리면 어떻게 되겠어요? 내가 지금까지 TV 설교 안 했잖아요? 왜? 목사님들이 신경 쓸까 봐요. 그런데 이제는 주님 오실 날도 멀지 않았고 또 내 나이가 86살이에요. 올해 내 나이가 86살 되다 보니까 이제는 목사님들이나 이 사람 저 사람 눈치 봐줄 게 없어요.

왜? 한국 교회 성도들이 불쌍한 거예요. 일생 오순절 모르고 무덤까지 간다고요. 딱 죽고 난 뒤에 하늘나라 심판대 앞에 딱 서면 이 7대 명절 동그라미 일곱 개가 딱 나타나요. 심판대 앞에서 주님이 물어요. "너, 이 동그라미 일곱 개와 어떤 관계를 맺고 살았냐?" 심판대 앞에서 이렇게 묻는다고요. 그럴 때 "유월절? 이건 내가 5 프로 알았네요." 5 프로 알면 되겠어요? "무교절? 이거는 0.2 프로 알았네요. 초실절, 이거는 50 프로 알았네요. 오순절? 오순절은 통과입니다." "네 맘대로 왜 통과시켜?" 심판대 앞에서 다 드러난다고요.

그러니까 불쌍한 일천만 기독교인을 내가 그냥 둘 수가 없어요. 아멘. 한국 교회는 이제 네 성도, 내 성도가 없어요. 이젠 주님이 오실 날이 멀지 않았어요. 적나라하게 7대 명절을 다 적용 시켜서, 아멘, 오순절 못 받은 사람은 받아야 해요. 교회 다닌 지 30년 됐거나 50년 됐거나 장로가 됐거나 전도사 됐거나 목사가 됐거나 계급과 관계없어요. 오순절 받아야 해요. 이거 오순절 모르고 그냥 지나가면 범죄행위란 말이에요. 그래서 우리가 이 주일 예배를 십이만 명으로 확대하려고 해요. 무조건 성령 받자! 오순절 받자! 오순절 노래 불러요. 〈성령 받으라〉에요. 손뼉 준비.

### <성령 받으라>

1. 성령 받으라 성령 받으라 예수 내게 말씀하셔서
성령 받으라 성령 받으라 예수 내게 말씀하셔서
할렐루야 성령 받았네 나는 성령 받았네
할렐루야 성령 받았네 나는 성령 받았네

2. 은사 받으라 은사 받으라 예수 내게 말씀하셔서
은사 받으라 은사 받으라 예수 내게 말씀하셔서
할렐루야 은사 받았네 나는 은사 받았네
할렐루야 은사 받았네 나는 은사 받았네

3. 능력 받으라 능력 받으라 예수 내게 말씀하셔서
능력 받으라 능력 받으라 예수 내게 말씀하셔서
할렐루야 능력 받았네 나는 능력 받았네
할렐루야 능력 받았네 나는 능력 받았네

**2. 오순절에 대한 두 가지 반응** : 부러워함 vs. 조롱함

아멘, 할렐루야! 우리 교회는 처음 오는 날 오순절의 능력이 뒤집어씌워져야 해요. 사도행전 2장 1절 같은 역사가 일어나야 해요. 다시 한번 읽어봐요. 사도행전 2장 1절, 한목소리로 세게 읽어봐요. 시작. "1 오순절 날이 이미 이르매 저희가 다 같이 한곳에 모였더니 2 홀연히 하늘로부터 급하고 강

한 바람 같은 소리가 있어 저희 앉은 온 집에 가득하며 3 불의 혀같이 갈라지는 것이 저희에게 보여 각 사람 위에 임하여 있더니 4 저희가 다 성령의 충만함을 받고 성령이 말하게 하심을 따라 다른 방언으로 말하기를 시작하니라."

아멘. 요것이 오순절입니다. 그런데 7대 명절은 순서별로 일어납니다. 따라서 합니다. "유월절." 다시, "무교절, 초실절." 따라서 합니다. "오순절." 이와 같은 오순절 현상이 일어났을 때 두 가지의 반응이 생겼다 그랬어요. 하나는 뭐냐? 오순절을 핍박하고 조롱하고 씹는 사람들. 또 하나는 뭐냐? 오순절을 부러워하는 사람들.

처음에 이 오순절의 약속을 받은 사람은 500명이라고 했어요. 500명이요. 감람산에서 예수님이 하늘나라로 승천하여 가면서 주님이 오순절의 약속을 한 사도행전 1장 4절 한 번 봐요. 이 약속을 받은 사람이 500명이라고요. 자 읽어봐요. 시작. "4 사도와 같이 모이사 저희에게 분부하여 가라사대 예루살렘을 떠나지 말고 내게 들은바 아버지의 약속하신 것을 기다리라 5 요한은 물로 세례를 베풀었으나 너희는 몇 날이 못 되어 성령으로 세례를 받으리라 하셨느니라."

아멘. 따라서 합니다. "약속을 기다려라. 아버지의 약속을 기다려라." 이 약속을 기다리라고 한, 이 약속을 받은 사람이 몇 명이라고요? 500명. 500명. 500명인데 이 약속을 기다리라고 한 것이 열흘입니다. 열흘. 그때 열흘이라고 주님이 날짜를 딱 안 정해 줬어요. 그냥 몇 날이라 그랬어요.

그러니까 하루를 기다려도 안 오네? 그래서 세 명 집에 갔어요. 이틀 기다려도 안 오네? 50명 갔어요. 3일 기다려도 안 오네? 70명 갔어요. 나중에 열흘 동안 기다리는 동안에 380명이 떨어져 나갔어요. 사랑제일교회는 이번에 이 오순절 운동에서, 오순절의 흐름에서 한 사람도 떨어지면 안 돼요. 나한테 임할 때까지 붙잡아야 해요. 중간에 포기하거나 오순절을 던지면 안 되는 겁니다. 그래서 380명이 나자빠졌어요. 집에 갔어요. 안 오니까, 기다려도 안 오니까요. 주님이 열흘이라고 딱 정해놨으면 중간에 갔다가 열흘째 다시 와도 될 텐데 주님이 '몇 날이 못 되어'라고 했기 때문에 언제 올지 모르는 거예요. 그런데 딱 120명이 남았을 때 성령이 강타한 거예요. 믿습니까?

오순절 역사가 일어나니까 그때 사람들이 막 몰려왔어요. 몰려왔는데, 한 번도 약속도 안 받은 사람도 몰려오고 380명 도망갔던 사람도 다시 왔어요. 와서 두 가지 반응을 일으켰어요.

하나는 뭐냐? 부러워하는 사람들이 있었어요. "와! 나도 이 자리에 있을걸. 오! 나는 왜 오순절 못 받았을까? 어유! 나 여기 있으려고 했는데 말이야. 내 옆에 있는 개 집사가 자꾸 가자고 해가지고. 아유! 내가 그때 가지 말자 그랬잖아? 가지 말자고. 네가 자꾸 집에 가자고 해서, 집에 가는 바람에 우리는 못 받았잖아?" 이렇게 부러워하는 사람들, 아쉬워하는 사람들이 있었어요. 이렇게 성령의 역사와 오순절을 부러워하는 사람은 머지않아서 자기도 받아요. 부러워하는 사람에게는 자기도 와요.

그런데 또 하나의 종류는 뭐냐? 조롱하는 사람이에요. 사도행전 2장 12절 보세요. 시작. '다 놀라며 의혹하여 서로 가로되.' 이거는 부러워하는 사람이에요. 또 13절, 시작. '또 어떤 이들은 조롱하여 가로되 저희가 새 술이 취하였다 하더라.' 바로 이거예요. 이렇게 조롱하는 사람은요? 오순절이 영원히 안 와요. 그럼 여러분들은 오순절에 대하여 사모해야 해요, 조롱해야 해요? 사모하는 통로를 붙잡으세요. 그 사람에게는 오순절이 꼭 와요. 따라서 합니다. "주여, 사모합니다."

그러니까 베드로가 이 두 종류의 사람들이 몰려오는 걸 보고 양쪽 사람을 놓고 베드로가 지금 설교하기 시작하는 거예요. "여러 부형들아, 오순절 사건이 여러분 앞에 펼쳐졌다.

그래서 뭐라 그랬어? 집구석에 내가 가지 말라 그랬지? 갔다 와서 말이야 별소리 다 하고 있어. 그래도 괜찮아. 너희들이 지금 먼저 오순절 첫 번째 사건, 120명이 성령 받은 걸 보고 부러워할 필요 없어. 너희들도 기도하면 와." 이게 베드로의 제안이에요. 저도 여러분에게 베드로와 똑같은 말을 하고 싶어요. 여러분들도 사모하면 와요. 오늘날도 임해요. 아멘.

두 번째, 봐요. 비판하고 조롱하는 사람들에 대해서 베드로가 "야, 씹지 마. 우리가 새 술에 취한 거 아니야. 이것은 구약에 이미 요엘 선지자가 예언한 것이 지금 이루어진 거야." 믿습니까? "너희들도 씹을 일이 아니고, 오순절을 비판할 일이 아니고." 한국 교회 목사님들이여, 대한민국 교회 성도들이여, 오순절을 씹지 말고 사모하라! 씹으면 당신은 불행하게 돼. 영원히 당신은 오순절로부터 버림을 당해. 오순절을 사모할지어다. 베드로가 말을 하면서 베드로가 뭐라 그러느냐? "절대로, 여러분! 오순절에 대해서 생각을 그렇게 하면 안 된다. 비판하지 말라." 아멘.

## 3. 오순절은 앞의 세 명절을 회복하고 뒤의 세 명절을 보증한다

### 1) 성령세례는 단회가 아니다

베드로가 그렇게 설교하니까 어떤 일이 일어났나? 사도행전 2장 37절을 보시라고요. 2장 37절 시작. "37 저희가 이 말을 듣고 마음에 찔려 베드로와 다른 사도들에게 물어 가로되 형제들아 우리가 어찌할꼬 하거늘 38 베드로가 가로되 너희가 회개하여 각각 예수 그리스도의 이름으로 세례를 받고 죄 사함을 얻으라 그리하며 성령을 선물로 받으리니."

아멘. 베드로가 양쪽에 두 가지 종류를 놓고 "부러워하는 사람, 조롱하는 사람, 잔소리 마. 떠들지 말고 잘 들어." 그랬더니 베드로의 말을 듣고 '저희가 이 말을 듣고 마음에 찔려 사도들에게 물어 가로되 형제들아 우리가 어떻게 하면 성령을 받을 수 있겠나? 우리가 어찌할꼬.' 했어요. 따라서 합니다. "어찌할꼬."

그랬더니 베드로가 성령 받는 법을 제안하기 시작했어요. 38절, 시작. '베드로가 가로되 너희가 회개하여 각각 예수 그리스도의 이름으로 세례를 받고 죄 사함을 얻으라 그리하면 성령을 선물로 받으리니.' 39절, 세게 한 번 읽어요. 시작. '이 약속은 너희와 너희 자녀와 모든 먼 데 사람 곧 주 우리 하나님이 얼마든지 부르신 자들에게 하신 것이라 하고.'

여기서 '이 약속'은 무슨 약속이에요? 따라서 합니다. "이 약속은." '이 약속'은 바로 오순절의 약속입니다. 사도행전 1

장 4절에 하신 주님의 약속입니다. 사도행전 1장 4절의 약속을 다시 한번 보라고요. 시작. '사도와 같이 모이사 저희에게 분부하여 가라사대 예루살렘을 떠나지 말고 내게 들은바 아버지의 약속하신 것을 기다리라.' 아멘. 바로 이 약속입니다. 이 약속이 2장으로 넘어가서 다시 봐요. 사도행전 2장 39절 다시 봐요. 시작. '이 약속은 너희와 너희 자녀와 모든 먼 데 사람 곧 주 우리 하나님이 얼마든지 부르신 자들에게 하신 것이라 하고.' '이 약속'은 무슨 약속이라고요? 오순절 약속입니다. 오순절.

그 오순절이 베드로가 말한 '이 약속'이에요. '이 약속은 첫째, 너희와.' 따라서 합니다. "너희와" '그다음에 너희의 자녀와 그다음에 먼 데 사람과 앞으로 주 하나님이 얼마든지 부르는 자에게 계속 체험할 수 있는 사건이다.' 이렇게 오순절을 열어놨어요. 단회가 아니에요. 단회가 아닙니다.

그런데 어찌하여 한국 교회는 오순절이 없어졌다고 하나요? 신학교가 잘못된 거예요. 신학교에서 이 오순절을 다 단회로 가르쳐요. 단회로요. "오순절은 2000년 전에 한 번으로 지나간 거다." 대표적인 신학자인 아브라함 카이퍼라는 사람은 뭐라고 말했냐? "이 오순절은 교회가 처음 생길 때 하나님이 교회의 머리 위에 기름을 부으셨다. 그 후로는 저수지에다, 오순절 마가 다락방 때 온 성령을 저수지에 가둬놨다가 하나님이 파이프로 요렇게 교회마다 2000년 동안 빼서 쓰도록 만들어놨다." 거짓말이야! 이건 사기예요. 이건 사기야! 신학자고 뭐고 이건 사기입니다. 이거는 아니야! 따라서 해요. "아니야." 어디 성경에 그렇게 돼 있어? 그래서 "오순절은 끝났다. 끝났다." 이렇게 가르치니까 그다음에 동네 가서 개척 교회하고 목회하는 목사님들이 그대로 또 앵무새처럼 신학교에서 배운 그대로 "오순절은 지나갔다. 단회다. 없어졌다. 2000년 전에 사도행전 그때만 있고, 지금 없다." 이러니까 그 피해는 다 누가 보냐고요? 다 성도들이 보는 거예요. 성도들이 다 피해를 봐요.

그런데 아예 오순절이 없어졌다 하는 사람보다 더 나쁜 인간들이 누구냐? 나 이제 막 날리려고 그래요. 내가 이제는 봐줄 수가 없어요. 한국 교회 성도들이 불쌍해서 안 되겠어요. 이건 더 나쁜 인간들이에요. "오순절이 있기는 있는데." 뭐 하는데? 그렇지요? 아주 교활해요. 왜? 없다고 하려다 보니까 성경이 원초적으로 앞뒤에 오순절이 있다고 하는 거에 대해서 그걸 어떻게 말을 바꿀 수가 없으니까요. 그래서 "있기는 있는데, 별로 중요하지 않아." 그렇게 말해요. 요건 더 나쁜 사람들이에요. "있기는 있는데, 별로 중요하지 않아." 아니야! 중요해요. 아주 중요해요.

### 2) 오순절은 앞의 세 명절을 회복한다

왜 중요하냐? 오순절이 오면, 하늘의 능력이 덮이면, 하늘의 능력은 앞에 지나간 명절 세 개, 여기에 기름을 부어요. 따라서 해봐요. "유월절." 다시. "무교절", "초실절." 이것을 다시 성령이 회복을 시켜요. 그래서 오순절이 온 뒤에 다시 유월절을 상고하면 유월절의 깊이는 말할 수 없어요. 오순절 오기 전에 유월절을 상고한 건요? 이번에 여러분, 유월절 말씀 상고했죠? 은혜받았죠? 이 은혜는 마지막 은혜가 아니에요. 오순절이 온 뒤에 다시 유월절을 가봐요. 그러면 주님의 피 흘림에 대하여 가슴에 확 젖어버려요.

그래서 오순절의 능력을 왜 부어주냐? 오순절이 오면 앞에 지나간 명절 세 개를 다시 우리에게 일으켜 주세요. 믿습니까? 두 손 들고 아멘. 할렐루야! 여러분, 예수님의 피에 대해서 확실히 아십니까? 오순절 능력이 온 뒤에 다시 예수님 피를 생각해 보세요. 지금 내가 알았던 피는 알지 못한 거였다고 말할 거예요. 여러분, 자아가 다 파쇄됐다고 믿습니까? 오순절의 능력이 온 뒤에 자기를 다시 보세요. '아, 내 자아가 아직도 안 죽었구나.' 그걸 알게 돼요. 다 세게 임할지어다!

### 3) 오순절 성령 받아 한국 교회 일천만 명을 건져내자

그러나 오순절은 단회가 아닙니다. 따라서 합니다. "아니고." '이 약속은.' 따라서 합니다. "이 약속은." "이 약속은 너희와 너희 자녀와 먼 데 사람과 앞으로 얼마든지 부르는 자에게 계속하여 나타난다." 이것이 베드로의 결론이에요.

그런데 어찌하여 이 시대는 오순절이 다 지나갔다고 그러고, 없어졌다고 그러고, 왜 그러냐고요. 그래서 이 시대 사역자 중에 오순절을 집행하는 사람이 거의 없어요. 부흥회도 없어요. 요즘 부흥회에서 방언 터지는 거 봤나요? 요즘 방언 터지는 부흥회가 거의 없어요. 없어져 버렸어요.

그래서 내가 보니까 서정희 전도사님이 지금 이 시대에 영이 제일 싱싱해요. 영이 싱싱하냐, 안 싱싱하냐는 안수를 딱 했을 때 방언 터지는 거 보면 알아요. 안수 딱 했을 때 방언 터지는 사람은 영이 싱싱한 거예요. 아멘. 그래서 서정희 전도사님이 늙기 전에 할머니 되기 전에 우리가 다 빼먹자고요. 우리가 다 이용해서 다 빼먹자고요. 알았죠? 아마 서정희 전도사님도 10년 정도만 사역하면요? 이쁜 얼굴 다 쭈그러져요. 왜? 이 성령 사역이 만만치 않거든요. 애 낳는 것보다 더 힘들어요. 진액이 쫙쫙 빠져나가요. 내가 이걸 35년 해봐서 알잖아요? 이거요, 안수 한 번 하고 나면, 이 속에 있는 진액이 쫙쫙 빠져나가는데, 사람이 탈진이 생겨버려요. 그래도 순교의 정신으로 해야 해요. 여러분은 세게 받기만 하면 돼요. 다시요. "주여!" 다시요. "주여!"

   우리 교회 구역장님들과 또 우리 교회 교구장들은 자기만 은혜받으면 안 돼요. 이 서정희 전도사님이 하는 것처럼 바로 여러분들도 안수하면, 바로 새 신자들이 방언 터지도록 이걸 전부 다 벤치-마킹(bench marking) 해서 서정희를 롤-모델(role model)로 삼아요. 서정희를 롤-모델로 삼고, 우리가 또 기도하면 다 성령의 세례가 임하고, 방언이 터지고, 능력이 전가되는 이러한 일을 해서, 대한민국 일천만 명을 다 건져내자! 사랑제일교회 가면 첫 시간에 들어가자마자 방언 터진다! 아멘! 그래서 우리 매 주일 천명 이상을 방언 터트리는 이 사역을 하여 이 민족을 건져내자고요. 동의하십니까? 두 손 들고 아멘. 할렐루야! 오소서, 진리의 성령이여, 부어 주시옵소서. 이 시간도 강하게 부어주시옵소서.

<오소서 진리의 성령님>

오소서 진리의 성령님 이 땅 흔들며 임하소서
거짓과 탐욕 죄악의 무너진 우리 가슴 정케 하소서
오소서 진리의 성령님 하늘 가르고 임하소서
거룩한 불꽃 하늘로서 임하사 타오르게 하소서
주 영광 위해
부흥의 불길 타오르게 하소서

> 진리의 말씀 이 땅 새롭게 하소서
> 은혜의 강물 흐르게 하소서
> 성령의 바람 이 땅 가득 불어와
> 흰옷 입은 주의 순결한 백성 주의 영광 위해 이제 일어나
> 열방을 치유하며 행진하는 영광의 그날을 주소서

아멘, 할렐루야. 강하게 불의에 대해서 책망을 해야 해요. 성령세례가 지나간 단번에 있었던 단회예요, 연속이에요? 이걸 입으로 자꾸 말을 해야 해요. 성령은 입을 통하여 와요. 성령이 좋아하는 말을 입으로 자꾸 해주면 성령이 기름 부어요. 그러니까 이걸 자꾸 시인하는 게 좋아요. 다시요. 단회요, 연속이요? 따라서 합니다. "성령님, 부어주세요." 이렇게 자꾸 말을 해야 해요. 믿습니까? 세게 받을지어다. 따라서 합니다. "주여."

그런데 우리나라 성도들은 처음 들은 말에 지배당하고 있어요. 첫 지식이 뒤의 지식을 지배한다고 하는 인간의 연약함 알지요? 사람이 무슨 말을 먼저 들어 놓으면 처음 지식이 뒤에 오는 지식을 지배해요. 거짓말이라도 처음 들어 놓으면 뒤의 지식을 지배한다고요. 내 옛날에 말의 위력에 대해서 말씀드렸죠? 괜히 아무것도 아닌데, 우리 교회 오는 길에 전봇대가 하나 있는데, 평소에는 그냥 저녁이고 낮이고 새벽

기도고 그냥 재미있게 다녔어요. 그런데 누가 하는 말이 "어제 이 전봇대에서 누가 목매 죽었다." 그 말을 딱 들으면, 그 다음 날 오면서 거기를 꼭 쳐다봐요. 거짓말인데도 그걸 꼭 이렇게 의식하고 또 한 번 본다고요. 이렇게 사람이 한번 들은 말은 뒤에 오는 지식을 지배해요. 그래서 내가 이 말의 피해를 제일 많이 본 사람 아니에요? 전광훈 목사를 처음에 딱 보면 대번 이래요. "빤스 색깔이 뭔가?" 대번 인터넷에서 본 거 그것부터 먼저 생각하는 거예요. 그러다가 설교 듣고 은혜받고 해서 뒤집어지면, "아니네. 전광훈 목사를 거짓말로 떡칠해놓았구나." 이걸 나중에 알아요. 그럼 그전에까지는 처음 들은 거짓말이 그 사람에게 피해를 주는 거예요.

성령세례가 바로 그런 거예요. 오순절이 그런 거예요. 한국 교회 성도들이 오순절에서 왜 확 안 매달리는 줄 알아요? 먼저 떡칠을 다 해놨어요. 본교회 목사님들이 "그거 없어진 거야. 옛날 거야. 또 있다고 해도 별로 안 중요해." 이래버리니까요. 그러면 왜 목사님들이 그따위로 설교를 하냐? 자기가 성령세례를 집행할 능력이 없는 거예요. 이제 나도 막 까버리려고요. 할 수 없어. 봐줄 일이 아니야. 이제. 봐줄 일이 아니야. 목사님들이 성령세례를 집행할 능력이 없어요. 없으니까 애매하게 말하는 거예요. 애매하게요. "성령세례는 별로 안 중요해. 오순절은 별로 안 중요해." 안 중요하긴 뭐가 안 중요해? 너는 안 중요하지? 우리는 중요해요. 사랑제일교회는 중요해요. 그리고 뭘 그렇게 어렵다고 그래요? 그냥 "성령세례가 있다. 나도 사모한다. 주여, 주세요." 이렇게만 하고 그냥 이쁜 서정희 전도사님이 얼굴에다, 딱 귀퉁머리 한 대만 때리면 방언이 터지는 걸, 그걸 왜 못해요? 그걸? 귀퉁머리 갖다 대봐요. 이게 딱 때리면 방언이 터지는 걸, 그걸 왜 못하냐고요. "아이참, 여자한테 어떻게 귀퉁머리 맞아?" 그러면 영원히 받지 마요. 안 돼요. 그렇다고 귀퉁머리 안 때려요. 그러니까 사모하는 마음만 가지고 있으면 주님은 다 주세요.

### 4) 적극적으로 구해야 성령세례가 온다

우리 하나님이 성령세례에 대해서 하신 말씀이 있어요. 성령세례를 피동적으로 구하는 사람에 대해서 우리 주님이 하도 안타까우므로 하신 말씀이 누가복음 11장이에요. 이렇게 말했어요. "너희 중에 누가 아들이 떡을 달라하면 돌을 주면서 '자, 이게 떡이다. 먹어라.' 이럴 부모가 어디 있냐? 너희 중에 어느 부모가 아들이 '생선 먹고 싶어, 동태구이, 생선 먹고 싶어. 꽁치, 고등어. 생선 줘.' 하면 뱀을 잡아서 '요것이 꽁치다.' 하고 줄 부모가 있어, 없어? 그와 같이 하늘의 하나님이 사랑하는 자기 백성들에게, 구하는 자에게 성령을 주시지 않겠느냐?" 성령 구하는 자세에 대해서, 피동성에 대해서 주님이 책망한 거예요. 그러니까 안심하고 구하라, 이거예요. 구하는 자에게는 성령을 부어주신다, 이거예요. 믿습니까?

오순절의 능력, 성령의 능력이 사람에게 임하게 한, 우리 한국 강산에 임하게 한 대표적인 노래, 제일 강하게 쓰임 받은 찬송가가 〈이 기쁜 소식을〉이에요. 〈이 기쁜 소식을〉이 1등이에요. 〈이 기쁜 소식을〉 이게 한국 강산을 성령으로 덮게 한 노래예요. 불러보자고요.

### 〈찬송가 179장〉 이 기쁜 소식을

1. 이 기쁜 소식을 온 세상 전하세
큰 환난 고통을 당하는 자에게
주 믿는 성도들 다 전할 소식은 성령이 오셨네

2. 만왕의 왕께서 저 사로잡힌 자
다 구원하시고 참 자유 주셨네
승리의 노래가 온 성에 들리니 성령이 오셨네

3. 한없는 사랑과 그 크신 은혜를
늘 의심하면서 안 믿는 자에게
내 작은 입으로 곧 증거 하리니 성령이 오셨네

(후렴) 성령이 오셨네 성령이 오셨네
내 주의 보내신 성령이 오셨네
이 기쁜 소식을 온 세상 전하세 성령이 오셨네

> **〈방황하는 나에게〉**
>
> 1. 방황하는 나에게 주님 오셔서
> 못 박힌 손 내밀며 오라 하시네
> 주님을 맞이하는 나의 마음에
> 성령의 단비가 내려옵니다
>
> 2. 너의 맘이 주님께 열리었느냐
> 믿음으로 주 말씀을 받을 수 있나
> 주여 나의 맘이 갈급하오니
> 성령의 빗속에 젖어듭니다
>
> 3. 모든 것을 믿음으로 간구하는가
> 말씀을 의지하여 응답받으라
> 주님께 모든 영광 전부 드리고
> 겸손의 자리에 낮아 있으라

### 5) 오순절은 뒤의 세 명절을 보증한다

아멘, 할렐루야. 그러면 오순절은 우리가 건너뛰어야 할 명절이에요, 받아야 해요? 오순절 없는 뒤의 명절은 없어요. 오순절을 건너뛰면 나팔절도 시원찮아요. 네가 무슨 그리스도의 신부로서 주님을 어떻게 맞이해? 이 나팔절은 오순절 농사를 어떻게 지었는가에 대한 평가예요. 어떻게 들려 올라가요? "올라가세. 올라가세." 못 해요. 오순절 능력이 와야 해요.

요건 주님이 연결을 딱 시켜놨어요. 세례 요한이 예수님에 대해서 말할 때 "나는 너에게 물로 세례를 주거니와 내 뒤에 오시는 이는 나보다 능력이 많으니 성령과 불로 오순절을 주리라." 그렇게 해 놓고 바로 이어서 하는 말이 "그는 타작마당을 정하게 하사 손에 키를 들고." 이것이 바로 나팔절과 속죄절을 말하는 거예요. 이걸 바로 이어서 말을 했어요. 이어서요. 믿습니까? 그러니까 뒤의 명절을 위해서라도 오순절은 받아야 하는 거예요. 받기를 원하시면 아멘. 두 손 들고 아멘.

## 4. 전심으로 구하는 자에게 성령세례가 임한다

그러면 오순절은 누구에게 임하는가? 지난주에 말씀드린 대로 1장 14절을 그대로 붙잡으세요. 이 오순절은요, 오순절은 사모하는 자에게 와요. 1장 14절의 상태를 이와 같은 감정과 이와 같은 자세를 오순절이 올 때까지 풀지 말고, 마음의 상태를 풀지 말아야 해요. 이 상태를 그대로 가지고, 그대로 가지고 밀고 가라고요. 오순절이 나에게 세게 올 때까지. 얼마큼 세게 올 때까지? 무디처럼 올 때까지요.

드와이트 L. 무디는요? 무디, 스펄전, 토레이, 찰스 피니, 그와 같은 한 시대 영계의 대가들 있죠? 그 사람들처럼 무디는 이 오순절 성령이 세게 왔을 때 무디의 기도록에 어떻게 돼 있어요? "주여, 그만 주세요. 내 숨이 멈출까 하나이다. 주여, 그만 주세요. 내가 숨이 끊어질까 하나이다." 성령이 사람을 강하게 압도하면요? 사도 요한은 밧모섬에서 어떻게 돼 있냐? '내가 그 앞에 죽은 자같이 되어, 내가 성령에 감동되었더니.' 요한계시록 1장에 이렇게 돼 있잖아요? '내가 하나님의 신에 감동되었더니, 내가 그 앞에 죽은 자같이 되어.' 성령이 세게 임하면요? 다니엘서는 어떻게 되어있어요? 다니엘은 '내 뼈가 녹는 듯하나이다.' 하나님의 신에 사람이 강하게 압도되면, 이 육이 감당을 못하여 녹는 것 같은 느낌을 받는다고요. 우리 거기까지 한번 받아보자! 다시 해봐요. "주여!" 할렐루야.

사도행전 1장 14절 다시 한번 읽어봐요. 시작. '여자들과 예수의 모친 마리아와 예수의 아우들로 더불어 마음을 같이하여 전혀 기도에 힘쓰니라.' '전혀 기도에 힘쓰니라.' 따라서 합니다. "힘쓰니라." 이 말은 '프로스칼테룬테스'라고 하는데, 지난주에 뭐라 그랬어요? 강도가 칼을 잡고 들어왔을 때, 이 사람이 '이제 죽었다.' 생각하고 어차피 죽을 거 일어나서 칼을 쳤더니 칼이 떨어져서 강도하고 둘이 그 칼을 서로 잡으려고 '내가 이기면 우리 가족 다 살아. 내가 지면 우리 가족과 내가 다 죽어.' 이렇게 강도하고 둘이 칼을 놓고 격투가 붙었는데 그때 힘쓰는 그 힘의 양을 '프로스칼테룬테스'라고 그래요. 그때 사람이 힘을 쓸 때 얼마만큼 쓸까요? 얼마만큼 써요?

그러니까 성령 받을 때는 그만큼 힘써 기도해야 해요. 주님이 겟세마네 동산에서 기도할 때 얼굴에 땀이 흐르는데 뭐처럼? 이런 기도를 교회 안에서 안 한단 말이에요. 성령 받는 데는 다른 걸 의식할 필요가 없어요. 다시 해봐요. "주여!" 아멘.

이 기도는 성령이 처음 온 오순절 마가 다락방뿐이 아니고 사도행전 전체 흐름에서 성도들의 그때 한 기도의 패턴이 성경에 쓰여 있어요. 자, 시간 다 갔어요. 한 가지만 말씀드릴게요. 보세요. 초대교회 성도들, 사도행전 성도들이 어떻게 기도했는가? 그들의 기도의 모양을 성경이 어떻게 말하는가?

베드로가 복음을 전하다가 감옥에 갇혔어요. 베드로의 교인들이 내일이면 베드로가 순교 당한다는 걸 알고 철야기도를 시작했어요. 베드로의 성도들이 오순절 마가 다락방 바로 거기서 기도했어요. 그 자리란 말이에요. 베드로가 담임 목사예요. 그때 오순절 교회에 담임목사 베드로를 위하여 성도들이 막 주님을 향하여 기도한 거예요. "주여, 주여" 하고 기도하는데 하나님이 천사를 보내서 감옥에 있는 베드로를 꺼냈어요. 꺼내서 베드로가 자기 성도들이 기도하는 오순절 마가 다락방 교회로 왔어요. 바깥에서 베드로가 문을 두드렸는데 기도하는 성도들이 베드로가 문 두드리는 소리를 못 들었다고 그랬어요. 못 들었다는 말은 기도를 묵상기도 했다는 거예요, 세게 했다는 거예요? 그게 바로 아까 14절의 기도, 아까 사도행전 1장에 '프로스칼테룬테스' 목숨 걸고 강도하고 이판사판 하는 기도예요. 그 기도가 그때만 된 게 아니라 사도행전에 있는 모든 기도가 이 '프로스칼테룬테스', 이 전심으로의 기도의 흐름이 계속 갔다는 거예요. 아멘. 하도 기도에 집중하여 그것도 밤중에 밤이 넘어 새벽 한 시, 두 시 이렇게 됐는데 집중해서 기도한 거예요. 철야기도하는 사람들이 초저녁에는 소리 꽥꽥 지르면서 "주여, 주여" 몇 마디 하다가 새벽 두 시, 세 시 되면 다들 그냥 힘이 없어서 기도하다가 "아이고! 주여. 아버지." 이럴 시간인데요? 베드로가 자기 교회 가봤더니, 새벽 두 시, 세 시 그때까지도 성도들이 기도가 약해지지 않고, 밤을 새우면서 기도의 높은 그 애씀의 기도가 계속 이어졌다는 거예요. 우리 사랑제일교회는 초저녁부터 기도해서 새벽 두 시, 세 시까지 가도 계속 그 자세 그 열망이 계속 이어지도록 해야 해요. 그러니까 초대교회 성도는 기도를 지금 우리 한국 교회 성도들처럼 얌전 피우게 안 했다는 거예요. 아멘. 오늘 우리는 그 기도를 다시 한번 하기로 해요.

그리고 이 기도를 여러분, 이제 3일 남았어요. 3일. 오순절은 열흘이라 그랬죠? 열흘? 그래서 오늘 저녁에도 하고, 내일 저녁도, 모레 저녁도, 수요일까지 합니다. 아멘. 열흘 동안 바짝 매달려요! 풀지 마요. 주님을 풀어주지 마요. 예수님을 풀어주지 말고 바짝 붙잡고 예수님을 쪼여가란 말이에요. 따라서 합니다. "주여!" 다시요. "주여!" 두 손 높이 드시고 "주여" 삼창하며 통성으로 기도하겠어요.

# 15

# 오순절③
# 방언의 중요성

**설교 일시**  2014년 1월 19일 (주일) 오전 11시

**대　　상**  사랑제일교회 주일 3부 예배

**성　　경**  사도행전 2:1-4

　　1 오순절 날이 이미 이르매 저희가 다 같이 한곳에 모였더니

　　2 홀연히 하늘로부터 급하고 강한 바람 같은 소리가 있어 저희 앉은 온 집에 가득하며

　　3 불의 혀같이 갈라지는 것이 저희에게 보여 각 사람 위에 임하여 있더니

　　4 저희가 다 성령의 충만함을 받고 성령이 말하게 하심을 따라 다른 방언으로 말하기를 시작하니라

# Ⅰ.
# 7대 명절의 복음

## 1. 7대 명절의 복음을 듣는 것이 최고의 축복

할렐루야! 7대 명절의 축복을 받읍시다. 옆 사람 다 축복해 봐요. "7대 명절의 축복을 받으세요." 앞뒤로 해봐요. "세게 받으세요. 못 받으면 바보입니다. 확실히 받읍시다." 아멘.

하나님이 구약 시대 성도에게 일곱 가지의 명절을 주셨다고 그랬어요. 따라서 합니다. "유월절, 유월절의 축복을 받읍시다." 따라서 합니다. "무교절, 세게 받읍시다." 따라서 합니다. "초실절, 강하게 받읍시다." "오순절, 충만하게 받읍시다." "나팔절, 내 것이 됩시다." "속죄절, 알곡이 됩시다." "장막절, 체험합시다."

왜 주셨느냐? 크게 나누어서 세 가지의 영적 의미가 있다고 그랬어요. 첫째, 구약 성도에게 주신 하나님의 축복이에요. 구약 성도 이스라엘 백성들은 이거 일곱 개 붙잡고 가다가 세계 제일의 복을 받았어요. 저 이스라엘 사람들은 지금도 이거 붙잡고 있어요. 뭔 뜻인지도 모르고 하나님이 하라고 하니까 그냥 한 거예요. 형식적으로 뜻도 모르고 해도 하나님이 복을 줬다면 우리는 뜻을 알고 하니 얼마나 더 큰 게 오겠어요? 당연히 우리는 세게 받을 수밖에 없어요. 따라서 합니다. "받자." 다시요. "받자." 사랑제일교회에서 이 주제로 저하고 두 달 석 달 말씀을 상고하는데 이 말씀을 저와 함께 공유하면서, 여러분, 인생을 성공 못 하는 사람은 그다음 말은 뭐라고 해야 할까요? 사람으로 안 태어난 게 나을 뻔했어요. 그러나 사랑제일교회 다니는 모든 성도는 일단은 최고의 축복을 받을 자리에 와 있어요. 지금 우리가요. 한 번이라도 이 '7대 명절의 축복을 받자' 이 말씀을 한 번이라도 들은 사람들은, 여러분, 복받은 사람들이에요. 아멘. 다시 해봐요. "유월절, 무교절, 초실절, 오순절, 나팔절, 속죄절, 장막절."

둘째로 이건 왜 주셨냐? 예수님 사랑해요? 여러분과 저의 사랑의 대상인 예수님이 이 세상에 오셔서 여러분과 저의 구속을 위해 구원을 위해 유익을 위해 하실 일곱 가지의 복음의 사건입니다. 구속사입니다. 구속사.

유월절은 뭐냐? 여러분과 저를 위해서 이렇게 죽으리라. 눈물 나는 얘기지요. 이렇게 죽으리라. 이게 유월절이에요. 유월절 노래 한번 부르고 가자고요.

### ⟨찬송가 199장⟩ 주 십자가를 지심으로

1. 주 십자가를 지심으로 죄인을 구속하셨으니
그 피를 보고 믿는 자는 주의 진노를 면하겠네

2. 흉악한 죄인 괴수라도 예수는 능히 구원하네
온몸을 피에 잠글 때에 주의 진노를 면하겠네

3. 심판할 때에 모든 백성 행한 일대로 보응 받네
죄 있는 자는 피를 믿게 주의 진노를 면하겠네

4. 구주의 사랑 크신 은혜 보혈의 능력 의지하세
심판의 불이 내릴 때에 주의 진노를 면하겠네

(후렴) 내가 그 피를 유월절 그 양의
피를 볼 때에 내가 너를 넘어가리라

아멘 할렐루야. 무교절, 따라서 합니다. "무덤에 있으리라." 초실절, "부활하리라." 오순절, "성령을 부어주시리라." 나팔절, "재림하시리라." 속죄절, "알곡과 쭉정이를 가리시리라." 장막절, "천년왕국을 주시리라." 여기까지 우리 한번 밀고 나가기 원하시면 아멘! 최후의 승리자, 천년왕국까지 여기까지 우리 승리자 돼요. 그렇지요? 최후 승리까지! 천년왕국이 최후 승리입니다. 두 손 높이 들고 '최후 승리를 얻기까지'입니다. 아버지!

최후 승리를 얻기까지 주의 십자가 사랑하리
빛난 면류관 받기까지 험한 십자가 붙들겠네

아멘 할렐루야. 천년왕국까지 한번 때려봅시다. 그러니까 하나님은 여러분과 저에게 이 일곱 가지를 주시기 위하여 예수님을 이 땅에 보내서 이런 순서별로 예수님이 완성하셨고 앞으로도 완성하실 거예요. 아멘.

그런가 하면 제일 중요한 게 세 번째예요. 세 번째가 중요해요. 잘 들으세요. 세 번째 이거는 신약 시대, 지금 우리 시대에 성도들의, 여러분과 나의 심령 속에 하나님이 주실 큰 7대 복음의 축복입니다. 유월절이 사람 속에 임하면 뭔 일이 생기냐? 인간 최고의 축복인 구원의 역사가 일어난다! 구원의 역사, 여러분, 구원의 역사입니다. 인간 최고의 축복이 구원입니다. 여러분, 꼭 구원의 반열에서 떨어지지 마세요. 구원의 반열에서, 여러분, 흔들리지 마세요. 꼭 붙잡으세요.

그리고 유월절을 통하여 구원이 임한 사람은 무교절의 축복을 주신다! 무교절은 무덤인 것처럼 오늘 우리도 하나님이 무덤을 만들어 놓고 각양각색의 무덤을 주세요. 따라서 합니다. "물질의 무덤, 가정의 무덤, 자녀의 무덤, 사업의 무덤, 질병의 무덤." 여러 가지 무덤에 집어 넣어놓고 하나님이 무덤 속에서 우리를 정화한다고요. 정화!

따라서 해봐요. "초실절." 이거는 부활의 영광이에요. 드디어 부활의 영광입니다. 따라 해봐요. "해의 부활, 달의 부활, 별의 부활, 별과 별의 부활." 따라서 합시다. "최후의 부활." 따라서 합시다. "삶의 부활." 삶의 부활까지 연결되도록 초실절의 영광이 나타나라! 믿습니까? 다 초실절 영광이 나타나야 해요. 할렐루야! 그러니까 우리 삶 속에 초실절 현상이 일어나도록 앞에서부터 기초를 잘 다져야 해요. 제일 어려운 게 무교절입니다. 무교절이요.

## 2. 선악과를 토해내는 비결 : "아멘"을 세게 하자

7대 명절마다 키가 있다고 그랬죠? 유월절의 키는 피라 그랬어요. 피. 피의 의미 속으로 깊이 들어가야 해요. 예수 보혈의 피 안으로요.

무교절의 키는 선악과라고 그랬어요. 선악과. 선악과를 토하여 내자! 선악과를 반납하자! 옆 사람 다 손잡고 해봐요. "선악과를 반납합시다. 확실히 반납합시다." 아멘. 시간만 허비하지 말고 빨리빨리 반납하고 무덤에서 나오자! '열려라 에바다'예요. 손뼉 준비. 활짝 열어주세요!

> **<어두워진 세상 길을>**
>
> 1. 어두워진 세상 길을 주님 없이 걸어가다
> 나의 영혼 어두워졌네
> 어느 것이 길인지 어느 것이 진리인지
> 아무것도 알 수 없었네
> 주님 없이 살아가는 모든 삶 실패와 좌절뿐이네
> 사랑하는 나의 주님 내 영혼 눈을 뜨게 하소서
>
> 2. 아무것도 알 수 없고 아무것도 볼 수 없고
> 아무것도 들을 수 없네
> 세상에서 방황하며 이리저리 헤매일 때
> 사랑하는 주님 만났네
> 어두웠던 나의 눈이 열리고 막혔던 귀가 열렸네
> 답답했던 나의 마음 열리고 나의 영혼 살리네
>
> (후렴) 열려라 에바다 열려라 눈을 뜨게 하소서
> 죄악으로 어두워진 나의 영혼을
> 나의 눈을 뜨게 하소서

아멘. 하나님은 자기의 사랑하는 자에게 이 무교절의 무덤을 주셔서 선악과 따먹은 거, 선악과 따먹고 우리 몸에 퍼진 선악과의 독약을 주님이 전부 해독시키려고 해요. 우리 속에 세포 하나하나에서 선악과를 싹 뽑아내려고요. 그래서 우리를 무덤 속에 넣어놓고 우리를 자근자근 자근자근 하나님이 밟는다 이거예요. 하나님이 나에게서 이 선악과를 반납받기 위해서요. 그런데 선악과는 뭐라 그랬어요? 따라서 합니다. "뜻, 의지, 견해." 하나님의 뜻 외에 독립된 자기의 뜻, 하나님의 의지 외에 독립된 자기의 의지, 하나님의 견해 외에 독립된 자기의 견해를 갖는 것, 요것이 선악과라 그랬어요. 그렇게 가르쳐줘도 못 깨달아요? 그렇게 가르쳐줘도? 여러분 몸속에 벌써 독이 다 퍼져 있어요. 여러분의 독립된 뜻, 독립된 의지, 독립된 견해, 토하여 내기 원해요?

그런데 한 번 먹은 선악과가 쉽게 안 나와요. 그걸 토하여 내는 좋은 방법이 뭐냐 하면, 아멘을 세게 해야 해요. 아멘을 하면요? 내 뜻은 무너지고 아버지의 뜻이 서게 돼요. 아멘을 안 하면요? 자기 뜻이 점점 더 견고해져요. 그러니까 여러분들이 선악과가 바깥으로 튀어 나가기 원하면 무조건 아멘 하세요. 이해 안 돼도 아멘 하세요. 이 아멘이 보통 큰 위력이 있는 게 아니에요. 아멘 하면 어두움이 물러가요. 아멘 하면 사탄이 나에게 왔다가도 떠나간다니까요. 사탄이 어디 붙는지 알아요? 아멘 안 하는 사람한테 붙어요. 아멘 안 하는 사람에게요. 그래서 사도바울이 뭐라고 말해요? '내가 너에게 하는 모든 말에 대해서는.' 따라서 해 봐요. "예." 세게 해 봐요. "예." '예 하고 아니라 함이 없느니라.' 영어로 해봐요. 영어로. 내가 너에게 하는 모든 말은 다 예스(Yes) 해야 해요, 노(No)우 해야 해요? 아따! 예스 잘한다. 노우 하면 안 돼요. 노우 하는 사람은 못 나와요. 절대 무덤에서 못 나와요. 하나님이 안 보내줘요. 하나님이 누구신데요? 그런 상태에서 우리를 부활시킬 수는 없어요. 그런 상태에서 우리를 확대할 수는 없어요.

그래서 하나님이 여러분과 저에게 항복을 받아내려고 이 선악과 토해내게 하려고 이번 한 주일 동안도 하나님이 수고를 많이 하셨어요. 여러분에게 부도도 맞게 하시고 돈도 떼이게 하시고 또 아프게 해서 병원도 갔다 오게 하시고, 여러분을 이 무교절의 무덤에서 꺼내려고, 여러분 속에서 이 선악과를 꺼내려고 하나님이 작업을 많이 했어요.

그런데도 못 깨달아요? 여러분, 못 깨닫고 멍해서 하나님께 달라붙어서 하나님이 때리면 거기다 대들기나 하고요? 때리면 "더 때려봐. 더 때려봐." 하나님이 "뒤질래, 이놈아?" "죽여 봐." 하나님을 못 이겨요. 하나님을 절대 못 이겨요. 아멘. 확실히 깨달았어요. 확실해요? 그 끈적끈적한 무교절에서 나오세요. 인간은 못돼먹었어요. 못돼먹어서 전부 자기 생각, 전부 자기의 의에 붙잡혀서 이렇게 가르쳐도요? 내가 뭐라 그러면 또 발끈하고요? 발끈? 뭘 발끈해? 이렇게 가르쳐도 못 깨닫느냔 말이에요. 시간이 없어요. 시간이 없어요. 이렇게 하다 보면 세월 다 가버려요. 빨리 승부하자! 나오자! 따라서 합니다. "나오자." 무교절에서 나와! 아멘.

따라서 합니다. "초실절." 그래야 초실절의 영광이 나타나지요. 모든 삶의 초실절이 일어나야지요. 나중에 최후의 초실절을 가지고 때려야지요. 아멘. 여러분의 삶에 하나님의 영광이 있을지어다! 〈호산나〉에요. 손뼉 준비.

〈호산나〉

1. 호산나 호산나 호산나 높은 곳에서
호산나 호산나 호산나 높은 곳에서

2. 영광 영광 왕의 왕께 영광을
영광 영광 왕의 왕께 영광을

(후렴) 주의 이름 높여 다 찬양하라 귀하신 주
나의 하나님 호산나 높이 외치세

# II.
# 성령의 기름 부음을 받자

## 1. 오순절은 성령의 기름 부음이다

아멘 할렐루야. 그다음은 오순절입니다. 오늘 우리는 오순절을 상고하고 있어요. 오순절은 성령의 기름부음이에요. 성령세례입니다. 따라서 합니다. "성령세례." 왜 오순절이 중요한가? 오순절, 사도행전 2장 1절 다시 본문 읽어요. 다시 읽어봐요. 이것이 처음 오순절입니다. 시작. "1 오순절 날이 이미 이르매 저희가 다 같이 한곳에 모였더니 2 홀연히 하늘로부터 급하고 강한 바람 같은 소리가 있어 저희 앉은 온 집에 가득하며 3 불의 혀같이 갈라지는 것이 저희에게 보여 각 사람 위에 임하여 있더니 4 저희가 다 성령의 충만함을 받고 성령이 말하게 하심을 따라 다른 방언으로 말하기를 시작하니라."

　이것이 오순절입니다. 따라 해봐요. "오순절." 사랑제일교회 다니는 사람들은 3개월 안에 100 프로 오순절 속으로 들어가야 해요. 오순절을 건너뛰면 안 돼요. 이 일곱 가지 명절 중에 단 하나도 건너뛰면 안 돼요. 전부 내 것으로 체험해야 해요. 아멘. 다 우리가 이 7대 명절 속으로 들어가야 해요.

## 2. 오순절의 성령은 보증의 영이다

오순절이 왜 중요하냐? 오순절이 오면, 오순절 성령으로 확 덮으면 지나간 세 절기 있죠? 다시 해봐요. "<u>유월절, 무교절, 초실절.</u>" 여기에 젖을 수가 있어요. 우리에게 오순절이 안 오면 이 유월절, 무교절, 초실절을 예배드릴 때만 들어가요. 예배 마치고 집에 가면 생각이 하나도 안 나요. 그리고 이것이 그냥 예배 시간에 설명 들을 때만 '맞아. 맞아. 예수님 피에 내가 젖어야 해,' 이렇게 생각하지 24시간 내내 그 안에 내가 침몰할 수가 없어요.

그런데 성령 받으면 이 앞에 지나간 명절, 동그라미 세 개에 내가 젖어요. 확 젖어버려요. 24시간 주님의 피에 젖어버려요. 그리고 우리가 오순절이 없으면 무교절의 선악과를 토하여 낸다고 말은 하지만 여기서 정신을 바짝 차릴 때는 토하여 낸다고 그래요. 삶 속에 들어 가 버리면 다 잊어버려요. 그럼 또 혈기가 다 나버리지요? 또 뻗치지요? 자기 맘대로 떠들지요? 성령의 오순절이 오면 내가 자아가 죽고 선악과를 토하여 낸 상태를 유지할 수 있어요. 24시간 유지할 수 있다고요. 이해돼요? 그래서 오순절의 능력이 나를 붙잡아야 하는 거예요. 두 손 들고 아멘. 따라서 합니다. "주여, 주시옵소서." 할렐루야! 충만할지어다. 그래서 오순절이 충만해야 해요. 그리고 초실절의 영광을 이 오순절이 다시 끌어내요. 우리를 다 부활절의 영광으로 우리를 끌어낸단 말이에요. 믿습니까?

그리고 또 오순절이 오면, 성령세례를 받으면 뒤에 있는 세 명절 있죠? 따라 해봐요. "나팔절, 속죄절, 장막절." 이 세 가지를 성령이 확실히 우리에게 확인시켜 줘요. 이걸 보장해요. 보증. 보증. 성령은 보증의 영이에요. 성령은 인을 쳐서 보증물로 주신단 말이에요. 보증물로. 앞으로 나팔절, 속죄절, 장막절에 내가 주인공이 된다는 보장이 없어요. 그런데 성령이 오시면 '내가 너를 책임지고 이 세 명절의 주인공 가운데 세워주리라.' 말씀하세요. 그래서 성령 받아야 하는 거예요. 그래서 성령 받아야 해요. 아멘. 그래서 오순절이 지금 딱 한가운데 있는 명절인 거예요. 앞에 셋, 뒤에 셋 있어요. 오순절은 딱 이 가운데 있는데 오순절을 세게 받으면 지나간 앞의 세 명절도 성령이 책임지고 우리에게 집행하여 계속 이루시고 또 앞으로 오는 뒤의 세 명절에 대해서도 하나님의 성령이 우리를 담보 한단 말이에요. 책임지고요. 성령은 보증의 영이에요. 보증의 영. 책임진다 이 말이에요. 믿습니까? 그러니까 성령 세게 받아야 한다고요. 〈성령 받으라〉

에요. 손뼉 준비.

### <성령 받으라>

1. 성령 받으라 성령 받으라 예수 내게 말씀하셔서
성령 받으라 성령 받으라 예수 내게 말씀하셔서
할렐루야 성령 받았네 나는 성령 받았네
할렐루야 성령 받았네 나는 성령 받았네

2. 은사 받으라 은사 받으라 예수 내게 말씀하셔서
은사 받으라 은사 받으라 예수 내게 말씀하셔서
할렐루야 은사 받았네 나는 은사 받았네
할렐루야 은사 받았네 나는 은사 받았네

3. 능력 받으라 능력 받으라 예수 내게 말씀하셔서
능력 받으라 능력 받으라 예수 내게 말씀하셔서
할렐루야 능력 받았네 나는 능력 받았네
할렐루야 능력 받았네 나는 능력 받았네

# Ⅲ.
# 성령세례는 지금도 있다

## 1. 오순절을 부인하는 한국 교회

아멘. 이렇게 중요한 오순절을 오늘날 이 시대의 한국 교회는 이 오순절에 대해서 눈을 못 떠요. 한국 교회가 오순절에 대하여 큰 죄를 짓고 있는 거예요. 지금 한국 교회 목사님들이 오순절을 안 가르쳐요. 교회 안에서 오순절을 안 가르치는 이유는 왜 그러냐? 목사님들 자신이 오순절이 없는 거예요. 오순절 경험이 없어요. 우리나라 교회 목사님들 90 프로가 오순절 체험이 없어요. 본인이 없으니까 이걸 집행할 수가 없는 거예요. 말하기도 힘든 거예요.

그래서 그동안에는요? 제가 35년 동안 부흥회하고 30년 목회하면서 사실은? 한국 교회 목사님들의 자존심 때문에 한국 교회 목사님들에게 내가 이걸 다 전달해서 목사님들을 통하여 각 교회 성도들에게 내려가게 하려고 내가 방송 설교도 안 했어요. 내가 보통 착한 사람이 아니에요. 방송 설교도 안 하고 우리 교회 인터넷도 내가 다 막아놨어요. 왜? 목사님들을 변화시켜서 목사님들을 통하여 성도들이 은혜받게 하려고요. 제가 그렇게 40년 동안 내가 낮은 자리에서 겸손하게 정말 한국 교회 전체를 위해 내가 하려고 했는데요? 가만히 요즘 보니까 이게 안 되겠어요. 왜? 목사님들이 점점 더 이 잘못된 자기의 신앙, 오순절을 부인하는 이것을 정상으로 굳히려고 그래요. 굳혀서 '오순절은 없다. 이 시대에 없다.' 그래요.

오순절이 없어요? 오순절 하나를 딱 떼어놓고 있다, 없다 논쟁하면 하루종일 있다, 없다가 판결 안 나요. 그러나 7대 명절에 딱 걸어놓고 보라고요. 아멘. 이걸 딱 걸어놓고 보면 오순절에 대해서 '앗' 소리 못 해요. '앗' 소리 못 해. 만약에 오순절이 오늘날 없다면 유월절도 없어야지요. 예수 믿는 피도 없어야지요. 만약에 피와 선악과와 부활이 있었다면 오순절도 있는 거예요. 왜 7대 명절 중에 나팔절 예수님 재림도 인정하고 오순절 앞뒤를 다 인정하면서 오순절만 왜 부인하려고 하냐고요? 오순절만 왜 빼먹으려고 하냐고요? 안 돼! 따라서 합니다. "안 돼."

그래서 제가 이제는 올해 들어와서 정책을 바꿨어요. 왜? 주님 오실 날도 멀지 않았고 더 이상 한국 교회가, 목사님들 때문에 성도들이 피해를 볼 수 없어요. 이제는 내가 완전히 홀딱 까려고 해요. 까서 정면승부를 하려고요.

제가 2월에 우리 교단의 부총회장이 됐어요. 부총회장이 얼마나 높은지 알아요? 모르지요? 제가 부총회장이 됐어요. 그래서 우리나라 전국 목사님들을 다 향하여 신학자들을 불러서 공개 토론회를 내가 하려고 그래요. 정면승부를 하려고 해요. 오라, 이거예요. 와서 세종문화회관? 세종문화회관은 너무 비싸서 안 돼요. 프레스센터에서 하든지 해서 계속 토론회 하려고 해요. 과연 오순절은 없어졌는가? 이 시대의 오순절은 지나간 사건인가? 엘리야의 갈멜산 재단의 승부를 하려고 해요. 여러분, 기도 세게 하세요. 이판사판 내가 하려고 해요.

그래서 거짓말 가지고 사기 치는 목사님들은 아예 교회를 떠나! 당신 때문에 왜 어린 양들이 피해를 봐야 하냐고! 한국 교회에 오순절이 없어졌다고? 아니, 성경에 멀쩡하게 있는데? 오순절 봐요. 이게 7대 명절로 걸어놓으면 이건 오순절이 딱 들어가 있는 거 아니에요? 그런데 왜 오순절이 없다고 그렇게 거짓말하냐고요?

또 오순절 없다고 하는 목사님들은 그나마 그래도 좀 귀여워요. 왜? 무식이 힘이니까. 사람은 모든 면에서 무식이 힘이에요. 무식이 담대를 낳아요. 무식하면 담대해요. 목소리 큰 사람 봐요. 대략 무식해요. 많이 아는 사람은 힘이 조금 떨어져요. 그런데 내가 목소리가 크잖아요? 왜냐하면 내가 무식하니까 막 질러버리지 그냥. 사람이 모를 때 힘이 있는 거예요.

더 야비하고 더 나쁜 사람들은 뭐냐? 오순절이 있는 줄 알아요. 뻔하게 알아요. 강남 목사님들, 다 알아요. 대형교회 목사들, 다 알아요. 알면서 자기한테 오순절이 없는 거예요. 없으니까 자기한테 없는 것을 감추려고 교묘하게 "오순절이 있기는 있는데, 있기는 있는데 별로 중요하지 않아." 그래요. 이 사람들은 더 나쁜 자들이에요.

뭐라고? 있기는 있는데 안 중요하다고? 천만의 말씀! 오순절 중요해요. 굉장히 중요해요. 여러분, 오순절의 영에 확 덮여야 해요. 완전히 삼킨 바가 돼야 해요. 믿습니까? 사랑제일교회 오시는 분들은 3개월 안에 오순절 체험하게 하라! 3개월까지 갈 것 없어요. 이제 매주일마다 우리 오순절 기도회를 계속할 거니까. 아멘. 이 오순절을 처음 받을 때 세게 받아야 해요. 그래야 역사가 일어나요. 따라서 합니다. "주여!" 다시요. "주여, 주시옵소서!" 오늘도 세게 받읍시다. 〈이 기쁜 소식을〉입니다.

### ⟨찬송가 179장⟩ 이 기쁜 소식을

1. 이 기쁜 소식을 온 세상 전하세
큰 환난 고통을 당하는 자에게
주 믿는 성도들 다 전할 소식은 성령이 오셨네

2. 만왕의 왕께서 저 사로잡힌 자
다 구원하시고 참 자유 주셨네
승리의 노래가 온 성에 들리니 성령이 오셨네

3. 한없는 사랑과 그 크신 은혜를
늘 의심하면서 안 믿는 자에게
내 작은 입으로 곧 증거 하리니 성령이 오셨네

(후렴) 성령이 오셨네 성령이 오셨네
내 주의 보내신 성령이 오셨네
이 기쁜 소식을 온 세상 전하세 성령이 오셨네

따라서 합니다. "주여, 주시옵소서!" 그래서 이 오순절의 약속을 받은 사람은 500명입니다. 500명. 감람산에서 예수님이 500명을 모아 놓고 하늘나라로 승천하시면서 주신 약속이 오순절이에요. 내가 이제 너희 보는 데서 하늘나라 올라간다, 이거예요. 올라가면 몇 날이 못 되어 오순절이 임하리라! 따라서 합니다. "몇 날이 못 되어." 우리 예수님이 오순절의 약속을 주시고 올라가셨어요. "몇 날이 못 되어 하늘로부터 성령의 세례가, 성령의 세례가 너희에게 강타하리라." 아멘.

성령이 사람한테 올 때 조용히 안 와요. 시내산에서 성부 하나님이 강림할 때도 봐요. 조용히 오는 거 아니죠? 천지가 진동했다고 그랬지요? 그렇지요? 예수님이 이 땅에 오실 때도 보면요? 그 베들레헴에 올 때도 '천하가 소동하여 가로되' 그랬어요. 성자 예수가 이 땅에 올 때도 천하에 소동이 일어났어요. 성령 하나님이 오순절 마가 다락방에 올 때도 천지가 진동했어요. 오늘 여러분에게 성령이 올 때도 천지가 진동하는 거예요. 하나님이 누군데요? 아멘. 박근혜 대통령이 가도 천지가 진동하는데 하나님이 우리 속에 오는데 천지가 진동이 일어나는 거예요.

오는데, 그 약속을 받은 사람은 500명이라고요. 500명. 500명인데 열흘을 못 기다려서 380명이 떨어졌어요. 그래서 120명이 남았을 때, 그때 오순절의 첫 사건이 마가 다락방에서 강타한 거예요. 믿습니까? 그때, 그 120명이 모였을 때 오순절 사건이 일어났는데 일어나자마자 도망갔던 380명이 돌아왔어요. 돌아와 보니까, 세상에, 주님이 약속하신 것을 자기들은 못 받았거든요? 120명만 받았단 말이에요.

그러니까 두 가지 종류의 현상이 생겨요. 첫째는 뭐냐? 부러워하는 사람이에요. "아! 나도 이 자리에 있을걸. 그 사이에 성령이 왔네. 나, 어떡하면 좋아?" 이렇게 부러워하는 사람이요. 부러워하는 사람은 머지않아 자기에게도 성령이 와요. 앞으로 여러분, 성령 받는 사람을 부러워하세요. 오늘도 성령 받는 사람을 부러워하세요. 부러워하는 사람에게는 머지않아 성령이 덮쳐요. 그 사람에게도 온다 이 말이에요. 아멘.

그런데 또 하나의 사람이 뭐냐? 조롱하는 사람이에요. 갔다 와 보니까 성령이 온 거예요. 오니까 이 사람들이 뭐라 그러냐? "에이, 이게 성령이라고? 에이! 치! 나 여기 안 있기를 잘했네. 미쳤어, 미쳤어." 하고 자기가 못 받은 것에 대해서 오히려 받은 사람을 비판하고, 핍박하고, 조롱하는 사람이요. 이 사람은요? 인간으로 안 태어난 게 나아요. 여러분은 이쪽 조롱하는 줄에 서면 안 돼요. 내 옆의 사람에게 오순절 사건이 일어나고 성령 받고 은사 받고 방언 받고 하는 걸 보고 부러워해야 해요. 부러워해야지, "아이고! 미쳤어. 아이, 난 저렇게 더러운 거 안 받아. 저게 방언이야? 방언이 뭐 이렇게 더러워? 침이 튀어나오고 말이야. 아이고! 옆 사람 기도도 못 하게 하고 말이야. 나를 치고. 아이고, 미쳤지. 저게 무슨 성령이야?" 이런 사람들은요 저주받은 사람이에요. 당신에게는 성령 받을 일이 없어요. 큰일 나는 거예요. 오늘 이 자리에 오신 여러분들은 다 성령 받는 사람을 부러워하세요.

## 2. 베드로의 오순절 설교

그러니까 베드로가 이 두 무리를 향하여 설명하러 나온 거예요. "여러분, 여러분이 없을 때 성령 임한 거에 대해서 부러워하지 마. 너희들에게도 머지않아 또 와. 너희들, 이 가운데서 성령 받은 걸 보고 네가 못 받았다고 비판하지 마. 씹지 마. 미쳤다고 하지 마. 그렇게 하면 너희들이 죽어. 뜻을 돌이켜." 아멘. 그러면서 베드로가 설명에 들어갔어요. "이 성령의 세례는 한 번, 너희 보는 이것이 한 번으로 지나간 게 아니라 너희들에게 다시 온다." 믿습니까? 따라서 합니다. "오리라."

2장 39절의 말씀을 베드로가 못을 딱 박아놔요. 한목소리로 읽어봐요. 시작. '이 약속은 너희와 너희 자녀와 모든 먼 데 사람 곧 주 우리 하나님이 얼마든지 부르시는 자들에게 하신 것이라 하고.' 거봐요. '이 약속은.' 이 약속이 뭐냐? 1장 4절에 있는 약속이에요. 1장 4절을 다시 한번 보자고요. 자, 1장 4절, 예수님이 땅에 계실 때 승천하기 직전에 감람산에서 하신 약속이 이 약속이란 말이에요. 4절 시작. '사도와 같이 모이사 저희에게 분부하여 가라사대 예루살렘을 떠나지 말고 내게 들은바 아버지의 약속하신 것을 기다리라.' 아버지의 무엇을 기다리라? 아버지의 약속이 뭐냐? 5절이에요. 5절, 시작. '요한은 물로 세례를 베풀었으나 너희는 몇 날이 못되어 성령으로 세례를 받으리라 하셨느니라.' 이것이 아버지의 약속이에요. 그래서 이 약속은, 따라서 합니다, "이 약속은," 한 번으로 지나간 것이 아니고 2장 39절에 보니까요? 2장 39절 다시 보세요. "이 약속은 너희와 너희 자녀와 모든 먼 데 사람 곧 주 우리 하나님이 얼마든지 부르는 자들에게 계속 일어날 사건이므로 이 시간에 너희들이 보는 것, 너희들이 잠깐 집에 갔다 온 사이에 성령이 온 것에 대해서 섭섭해하지 말고 지금도 너희들이 기도하면 너도 이렇게 받을 수 있어." 하고 오순절 사건을 미래로 열어놓은 거예요. 아멘.

그런데 어떻게 된 건지 우리나라 교회는 90 프로 이상이요? 90 프로예요, 90 프로, 90 프로 이상의 목사님들이 뭐라고 말하느냐? "오순절은 없어졌다. 사도행전에 그때 한 번 있고 없어졌다." 이걸 단회라 그래요. 단회. "한 번으로 끝났다." 교회 안에서 이렇게 가르친단 말이에요. 이러니까 성도들이 오순절을 어떻게 받아요? 받을 길이 없지요.

그리고 또 목사님들 중에는 아주 얄밉게 요렇게 가르쳐요. "방언 받으세요." 그러면 "방언이 없어졌다." 그래요. 오순절 역사가 곧 방언이 아니지만, 성경에 보면, 오순절 사건이, 이 성령세례가 분명하게 임한 다섯 군데가 있어요. 다섯 군데요. 첫째, 마가 다락방에 처음 임할 때 120 문도예요. 두 번째는 사마리아 교회예요. 사마리아 교회. 그다음은 고넬료 가정이에요. 고넬료 가정에 성령이 온 거예요. 그다음에 에베소 교회에 왔어요. 아멘. 그리고 마지막으로 로마 교회에 왔어요. 로마서 1장에 있어요. 그 다섯 군데, 분명히 성령세례가 임한 곳에 보면, 다섯 군데 중에서 방언이 터진 데는 세 군데예요. 나머지 두 군데는 진동만 왔어요. 진동만요. 그러니까 방언을 꼭 받아야 성령세례를 받는다, 하는 것은 아니에요. 성경적으로요. 왜? 3대 2니까. 그러나 방언까지 받는 게 더 확실해요. 아예 방언까지 받는 게 좋아요.

그런데 이 방언이 없어졌다고요? 이렇게 방언을 싫어하고 비평하고 비하하고 방언을 살짝 까고 말이에요. 방언에 대해서 아주 안 좋게 생각하는 목사님들이 90 프로예요. 한국 교회 목사의 90 프로. 그러니 성도들이 어떻게 방언을 받냐고요? 어떻게 받냐고요? 또 방언을 받은 성도들이 각 교회에 더러 있어요. 한 십 분의 일은 있다고 봐야 해요. 십 분의 일이 있는데 기를 못 펴요. 목사님이 누르니까 기를 못 펴요.

그래서 지금까지는 제가 목사님들을 통해서 이 성령세례를 일으키려고 했는데 이제는 안 되겠어요. 내가 목사님들한테 맡겨놨다가는 한국 교회가 망하겠어요. 이거 망하고 성도들이 불쌍해서 안 되겠어요. 이제는 정식으로 내가 까려고요. 어떻게 방언이 없어졌냐 말이요? 없어지지 않은 거예요.

# IV.
# 방언은 중요하다

## 1. 방언을 격하시키는 한국 교회 목사들

그다음에 이 방언에 대해서 말이야 요렇게 생각한다고요. '방언이 있기는 있는데 별로 중요하지 않다.' 천만의 말씀! 아주 중요해요. 방언이 중요하지 않다는 말은 주로 어디를 보고 하냐? 고린도전서 13장을 보고 그런 소리 해요. 고린도전서 13장을 한번 넘겨봐요. 고린도전서 13장을 보면 방언이 조금 격하 돼 있어요. 방언이 조금요. 한번 읽어봐요. 1절부터 시작. "1 내가 사람의 방언과 천사의 말을 할지라도 사랑이 없으면 소리 나는 구리와 울리는 꽹과리가 되고 2 내가 예언하는 능이 있어 모든 비밀과 모든 지식을 알고 또 산을 옮길 만한 모든 믿음이 있을지라도 사랑이 없으면 내가 아무것도 아니요."

여기에 보면, 방언과 예언이 사랑의 은사 앞에 눌리는 것같이 이렇게 성경이 돼 있어요. 그런데 그게 아니에요. 왜 아니냐 하면 잘 보세요. 주로 이 방언과 은사와 성령세례 이것을 까는 목사님들이 주로 써먹는 성경이 고린도전서 13장이에요. 13장을 가지고 자기의 성령세례 못 받은 것을 합리화시키려고 자꾸 덤벼요.

## 2. 방언은 은사의 시작이다

그러나 여러분이 분명히 알아야 할 것은 고린도전서 13장은 고린도전서 12장을 통과하지 않는 사람은 13장을 해석할 능력이 없어요. 12장을 완전히 삼켜야 해요. 아멘. 고린도전서 12장이 뭐냐고요? 12장이 은사 장이에요. 고린도전서 12장 1절부터 읽어봐요. 12장이 안 되면 뒤에는 안 되는 거예요. 뒤에 있는 13장은 손대면 안 되는 거예요. 이해를 못 한단 말이에요. 자, 1절부터 읽어 봐요. 시작. "1 형제들아 신령한 것에 대하여는 내가 너희의 알지 못하는 것을 원치 아니하노니 2 너희도 알거니와 너희가 이방인으로 있을 때에 말 못하는 우상에게로 끄는 그대로 끌려갔느니라 3 그러므로 내가 너희에게 알게 하노니 하나님의 영으로 말하는 자는 누구든지 예수를 저주할 자라 하지 않고 또 성령으로 아니 하고는 누구든지 예수를 주시라 할 수 없느니라 4 은사는 여러 가지나 성령은 같고 5 직임은 여러 가지나 주는 같으며 6 또 역사는 여러 가지나 모든 것을 모든 사람 가운데서 역사하시는 하나님은 같으니 7 각 사람에게 성령의 나타남을 주심은 유익하게 하려 하심이라."

8절부터 아홉 가지 은사예요. 시작. "8 어떤 이에게는 성령으로 말미암아 지혜의 말씀을 어떤 이에게는 같은 성령을 따라 지식의 말씀을 9 다른 이에게는 같은 성령으로 믿음을 어떤 이에게는 한 성령으로 병 고치는 은사를 10 어떤 이에게는 능력 행함을 어떤 이에게는 예언함을 어떤 이에게는 영들 분별함을 다른 이에게는 각종 방언 말함을 어떤 이에게는 방언들 통역함을 주시나니."

이것이 바로 아홉 가지 은사예요. 사랑제일교회는 이 아홉 가지 은사를 사모하세요. 그런데 여기에 방언의 은사가 제일 끝에 기록이 돼 있어요. 지혜의 말씀을, 지식의 말씀을, 믿음을, 병 고치는 은사를, 이렇게 해서 제일 끝에 방언이 쓰여있어요. "제일 끝에 쓰여있으니 이 방언의 은사는 꼴찌다. 그러니까 사랑의 은사를 받은 사람은 방언의 은사 필요 없다." 이렇게 목사님들이 가르치는데 이건 완전 거짓말이에요. 그건 가짜예요.

왜 가짜라는 걸 말씀드리냐? 이 말을 빨리 알아들으세요. 우선 은사가 임할 때 보면 지혜의 말씀, 지식의 말씀 쭉 내려오다 뒤에 방언의 은사가 끝에 있어요. 이 은사의 정말 중요한 것은 지혜의 말씀의 은사가 중요해요. 그건 사실이에요. 목사님이 받은 은사예요. 저는 지혜의 말씀의 은사가 와 있어요. 그래서 내가 성경을 관통하는 거예요. 다른 사람이 못 보는 성경을 보는 거예요.

그런데 중요해도 은사가 임할 때는 밑에서부터 임해요. 방언으로부터 시작이 돼요. 앞에 있는 방언의 과정을 안 거치고, 뭐 지혜의 말씀의 은사를 난 바로 받겠다? 그리고 사랑의 은사 바로 받겠다? 거짓말이에요. 그러니까 밑에 있는 은사가 먼저 온다고요. 받을 때는 방언부터 터진다고요.

그러니까 고린도전서 12장의 은사가 없는 사람은 13장의 사랑의 은사로 못 가요. 사랑의 은사는 접근도 못 하는 거예요. 접근도 못 해요. "그런데 목사님, 어떤 사람은 방언도 못 하고, 뭐, 예언도 못 하고, 12장의 은사 하나도 없어도, 어떤 권사님은 사랑이 너무 많은데요?" 그것은 혼적 사랑이에요. 혼적 사랑이란 말이에요. 성령으로 깨어지는 사랑이 아니고 성품으로부터 나오는 사랑도 있어요. 이해돼요? 두 손 들고 아멘. 할렐루야. 여러분은 성령으로 밀고 나오는 사랑의 은사가 부어져야 해요.

**3. 방언의 중요성을 강조한 바울**

**1) 나는 너희가 다 방언 말하기를 원한다 (고전 14:5)**

그리고 고린도전서 12장에 방언이 격하 돼 있다? 격하된 게 아니에요. 그 말은 완전히 사기예요. 거짓말이에요. 설령 그렇다고 쳐줘도 14장을 보면요? 이 방언이 얼마나 강조되는지 몰라요. 아멘. 14장 5절 한 번 보시라고요. 14장 5절. 자, 사도바울이 우리 방언을 얼마나 강조하는지 한번 봐야 해요. 시작. '나는 너희가 다 방언 말하기를 원하나 특별히 예언하기를 원하노라.' '나는 너희가 다 방언하기를 원한다.' 그럼 만약에 13장이 "이제 사랑의 은사를 받은 사람은 방언이 필요 없다."라고 된다면 14장에 이 말이 필요가 없는 거예요. 만약에 14장의 이 말씀이 12장, 13장 전에 기록됐다면 지금 90 프로의 한국 교회 목사님들, 방언 싫어하는 목사님들의 말이 일리가 있다고 할 수 있지만, 이것이 13장 뒤 14장에 있다, 이거예요. 아멘.

그럼 내가 물어볼게요. 자, 고린도전서 14장을 기록할 때 바울 사도가 14장을 기록할 때 사도바울에게는 사랑의 은사가 있었을까요? 없었을까요? 있어요, 없어요? 있지요? 이미 13장은 바울이 통과하고 가는 거지요? 아멘. 바울 사도는 은사의 도사예요. 은사의 도사요. 아멘. 예수님 다음에 최고로 간 사람이에요. 그럼 사도바울이 이 14장 5절을 기록할 때 사도바울에게는 지혜의 말씀이 있을까요? 없을까요? 다른 은사도 이미 다 있는 거예요. 다 있는 상태에서도 바울이 14장에서 방언을 강조하는 것은 이 방언이 다른 은사를 끌고 나오기 때문입니다. 방언을 많이 해야 다른 은사가 끌려 나와요. 믿습니까? 그래서 나는 너희가 다 방언 말하기를 원한다고 한 거예요. 50 프로예요, 다예요? 다 받으세요. 성경 그대로 다 방언 받으세요.

### 2) 방언 말하기를 금하지 말라 (고전 14:39)

그리고 14장 39절을 보세요. 자, 39절을 한목소리로 읽어봐요. 시작. '그런즉 내 형제들아 예언하기를 사모하며 방언 말하기를 금하지 말라.' 방언 말하기를 뭐 하지 말라? 그런데 이것이 고린도전서 13장 다음인 14장에 나오는 말이에요. 만약에 13장에 있는 '사랑의 은사가 다다. 그리고 일만 마디 방언하는 것 보다 사랑이 최고다.'라는 이 말이 문자 그대로라면 뒤에 14장 39절은, 이건 기록될 수 없는 거예요. 그런데 봐요. 14장에서 뭐라 그러냐? '내 형제들아 예언하기를 사모하며 방언 말하기를 금하지 말라.' 따라서 해봐요. "금하지 말라." 한국 교회가 지금 이 죄를 범하고 있는 거예요. 금하지 말라 그러는데 왜 금하냐 말이에요? 직접적으로 금하는 목사님도 있어요.

그런데 그거보다 더 나쁜 목사님들은 교활하게, 아주 교활하게 "방언이 있기는 있는데. 있기는 있는데." 그래요. 그래서 있기는 있는데 어떻게 하란 말입니까? 별로 중요하지는 않고 방언보다 더 큰 은사 받는 게 좋다고요? 천만에 만만에! 방언을 해야 다른 은사를 끌고 나와요. 사랑제일교회여, 충만할지어다.

많은 목사님이 저한테 개인 상담하자고 그렇게 전화해요. "나, 시간 없어요." "아유, 한 번만 만나주세요. 내가 청교도 따라다닌 지 10년 따라다녔는데 한 번도 안 만나줘요?" "아유, 나, 힘도 없어. 힘도 없어." 그래서 왔어요. "그래 뭐요? 한번 말해봐." "목사님한테 있는 능력이 어떻게 하면 옵니까?" 이렇게 물어봐요. 그래서 내가 딱 한 마디만 해요. "나한테 있는 능력과 은사가 목사님한테 있기를 원해요?" "그렇다." 그래요. 그러면 "내 이를 보세요. 자, 내 이를 보세요." 그래요. 원래 내 이는요? 내 이가 깨끗하지 않아서 전체를 못 열어 주겠어요. 그런데 내 이가 하여튼 이거 봐요. 이렇게 뼈

드러졌잖아요? 뻐드러진 거 맞지요? 원래 내가 중고등학교 다닐 때는 이가요, 이게 안 뻐드러졌어요. 내 이는 정확하게 밑으로, 안으로 났어요. 우리 누나가 나보고 그래요. "우리 집에는 옥니가 없는데 왜 너만 이가 안쪽으로 돼 있냐? 네가 성질이 더러우려고 그래. 성질이 더러우려고." 최 씨들이 성질이 더럽잖아요? 그래서 이가 약간 안쪽으로 돼있다고요. 원래 내 이는 그렇게 생겼어요. 그런데 하도 방언을 많이 해서 방언하다가 내 이가, 혀가 내 이를 쳐서 이가 이렇게 밀려 났어요. 내가 하는 말이 그래요. "능력 받기 원해? 나한테 있는 은사가 너한테 가길 원해? 이가 뻐드러지도록 방언해 봐. 하늘의 은사가 오리라."

방언에 죄를 짓는 사람은 은사가 업이 안 돼요. 점점 상승 안 돼요. 방언은 면허증 따는 것이 아니에요. 방언 딴 날부터 시작이에요. 방언 받으면 그때부터 끝나는 게 아니고 방언은 계속해야 하는 거예요. 그러면 점점 능력이 더 큰다, 이거예요. 이해돼요? 방언 받으세요. 아멘.

그래서 내가 지금도 엄청나게 방언해요. 방언하고요? 힘이 떨어지고 피곤하고 하면 무조건 방언해요. 방언해요. 이불 속에 들어가서 방언해요. 방언하면 영이 상쾌해지고 그냥 승천해지고요? 아멘. 그래서 제가 옛날에 기도하러 다니고 산에 기도하러 다니면 저녁에 누워서 이렇게 잠자면서도 방언 한단 말이에요. 잠자면서도 방언하니까 옆에 있는 할아버지들하고 어른 목사님들한테 내가 얼마나 쫓겨났는지 몰라요. "야! 듣기도 싫어. 시끄러워. 바깥에 나가서 해. 바깥에 나가서." 방언하다가 수없이 쫓겨나고 나는요? 옛날에는 승용차 없었잖아요? 옛날에, 30년 전에, 복잡한 시내버스 타고 다니면서도 계속 방언했어요. 방언하다 보면 옆의 사람이 그래요. "이렇게 더운 날도 춥습니까?" 내가 입을 떠니까 따따따 하니까 추워서 떠는지 알고요. 방언이 쏟아져 나오니까 그렇게 말하는 거예요. 아멘. 그리고요? 이렇게 밥 먹다가 뭐, 무의식중에 있다가도 방언이 탁 튀어나올 때가 있어요. 그냥 방언이 탁 튀어나올 때는 내 앞에 나도 알지 못한 큰 시험이 와 있어요. 그걸 나는 모르는 거예요. 이게 방언이 미리 하는 거예요. 거기에 대해서요. 여러분도 방언을 받으세요. 세게 받으세요. 따라서 합니다. "<u>주여!</u>" 다시요. "<u>주여, 주시옵소서!</u>" 〈방황하는 나에게〉입니다. 손뼉 준비.

### 〈방황하는 나에게〉

1. 방황하는 나에게 주님 오셔서
못 박힌 손 내밀며 오라 하시네
주님을 맞이하는 나의 마음에
성령의 단비가 내려옵니다

2. 너의 맘이 주님께 열리었느냐
믿음으로 주 말씀을 받을 수 있나
주여 나의 맘이 갈급하오니
성령의 빗속에 젖어듭니다

3. 모든 것을 믿음으로 간구하는가
말씀을 의지하여 응답받으라
주님께 모든 영광 전부 드리고
겸손의 자리에 낮아 있으라

### 3) 내가 너희 모든 사람보다 방언을 더 말하므로 하나님께 감사하노라 (고전 14:18)

아멘. 할렐루야. 오늘 제가 여러분에게 설명한 것처럼, 이 고린도전서 13장을 가지고 한국 기독교인 중에 90 프로가 방언을 대적하고 있어요. 방언의 대적자입니다. 대적자요. 여러분 주위의 사람들에게 방언한다고 해봐요? 아까 내가 말한 고린도전서 13장을 가지고 당장 여러분을 깔아뭉개려고 그래요. 그럴 때 말씀으로 이겨야 해요. 잘못된 것이 정상으로 지금 굳어지려고 해요. 이렇게 되면 천주교 돼버려요. 천주교 돼버려요. 우리 사랑제일교회는 사명이 큰 거예요. 한국 교회를 다 건져내야 해요. 다 성령으로 바로 세워야 해요. 아멘.

그러니까 세 성경 구절을 딱 외우고 있어야 해요. 아멘. 고린도전서 14장 5절, 아까 말한 14장 39절, 그리고 마지막으로 14장 18절이에요. 이 세 성경 구절을 외우고 있어야 해요. 그래야 이 성령세례와 오순절에 대해서 밀고 나갈 수 있는 거예요. 자, 14장 18절 한번 읽어 봐요. '내가 너희 모든 사람보다 방언을 더 말하므로 하나님께 감사하노라.' 다시 한번 시작. '내가 너희 모든 사람보다 방언을 더 말하므로 하나님께 감사하노라.' 한 번만 더, 시작. '내가 너희 모든 사람보다 방언을 더 말하므로 하나님께 감사하노라.'

### 4. 오순절의 가치를 알고 전심으로 사모하며 구하는 자에게는 다 성령세례를 부어주신다

아멘. 그러니까 우리 교회는 교회 등록하고 3개월 안에 무조건 다 방언 받게 해야 해요. 믿습니까? 할렐루야. 그래서 성령의 세례, 성령세례와 은사는, 이 오순절은, 오순절의 키는 사모함입니다. 사모함. 따라서 해봐요. "사모함." 못 받는 사람 하나도 없어요. 다 받게 돼요. 사모하는 사람은 다 받게 돼요. 계속 사모하기를 바랍니다. 오늘도 사모하세요. 오순절이 내게 실제 뒤집어 쓰여 임할 때까지 사모하세요. 믿습니까?

그럼 지금부터 오순절 기도를 다시 한번 하는데요? 할렐루야! 오순절 기도는, 이거는 사도행전 1장 14절 상태로 들어가라고 했어요. 따라서 합니다. "전심으로." 이 오순절의 기도는, 모든 오순절의 기도가 그 후에도 마찬가지예요. 2000년 동안 한 시대에서 오순절의 중심이 된 사람들, 무디, 스펄전, 토레이, 찰스 피니, 다 할 것 없어요. 오순절의 능력에 간 모든 사람은 사도행전 1장 14절까지 간 사람입니다. 14절이요. 다시요. "전심으로."

제가 말했지요? 아멘? 어떤 사람이 저녁에 잠을 자는데 칼을 들고 들어왔다. 강도가 들어왔어요. "어유, 다 죽었다. 에이, 어차피 죽는 거 이판사판이야!" 칼을 쳤더니 칼끝이 떨어졌어요. 둘이 서로 칼을 잡으려고 격투가 붙었어요. 그때 "내가 이기면 우리 가족이 다 살아. 내가 지면 다 죽어." 그때 힘 쓰는 그 힘, 그 힘이 어느 정도냐? 그걸 헬라어 원어로 '프로스칼테룬테스'라 그래요. 그때 힘쓰는 그 힘이 어느 정도다? 여자들이 아기 낳을 때 쓰는 힘은 저리 가라예요. 그 이상의 경지를 가야 하는 거예요. 아멘. 다시 해봐요. "주여!" 다시요. "주여!!!" 오늘도 사모할지어다, 믿습니까?

그래서 요 말씀을 딱 가슴에 품고 기도해야 해요. 그럼 누가 그런 기도까지 할 수 있느냐? 오순절의 가치를 안 사람,

이 말씀의 흐름을 알아채서 '오순절은 꼭 받고 가야 하는 거구나. 저걸 그냥 건너뛰어서는 안 되겠구나.' 이 가치를 안 사람은 오순절과 승부할 수 있는 자세가 생겨요.

무디, 스펄전, 토레이, 찰스 피니, 요한 웨슬레가 오순절을 놓고 마지막 승부할 때 보면요? 그들은 이미 오순절의 가치를 알았어요. 숨이 멈출 만큼 절박하게 기도해요. 그리고 하나님께 데려가라 그래요. 오순절 안 주려면 차라리 내 생명을 거두라 그래요. 이렇게 급박하게 매달린 사람이 결국은 오순절을 뚫어내고 하늘의 능력과 닿는단 말이에요. 믿습니까?

오늘 이 오순절의 기도를 한번 합시다. 두 손을 높이 드세요. 자, 두 손 높이 드시고 "주여" 삼창하면서 "하나님, 내게 오순절의 능력을 주시옵소서. 저도 몰랐을 때는 편안히 살았지만 알고 난 이상 나는 편안히 살 수 없어요. 나는 오순절의 능력으로 가야 해요. 받아야 해요. 하늘 문을 열어 주세요. 아버지! 이 시대적 은사를 주시옵소서. 사도행전 2장에 있었던 오순절 사건 이후에 가장 큰 은사를 부어주세요. 가장 큰 능력을 더해주세요." "주여" 삼창하며 기도하겠습니다.

"주 예수님! 부어주시옵소서. 내 영이 사모하고 있습니다. 간절히 사모하고 있습니다. 애타도록 기다리고 있습니다.

은사 위에 은사를 주세요. 능력 위에 능력을 주세요. 아버지 하나님! 성령의 세례를 강타하여 주세요. 시대적 은사를 부어주세요. 예수님 이름으로 기도하옵나이다. 아멘."

# 16

## 오순절④
## 오순절의 능력을 받자

**설교 일시** 2014년 1월 26일 (주일) 오전 11시

**대　　상** 사랑제일교회 주일 3부 예배

**성　　경** 사도행전 4:27-31

27 과연 헤롯과 본디오 빌라도는 이방인과 이스라엘 백성과 합동하여 하나님의 기름 부으신 거룩한 종 예수를 거슬러

28 하나님의 권능과 뜻대로 이루려고 예정하신 그것을 행하려고 이 성에 모였나이다

29 주여 이제도 저희의 위협함을 하감하옵시고 또 종들로 하여금 담대히 하나님의 말씀을 전하게 하여 주옵시며

30 손을 내밀어 병을 낫게 하옵시고 표적과 기사가 거룩한 종 예수의 이름으로 이루어지게 하옵소서 하더라

31 빌기를 다하매 모인 곳이 진동하더니 무리가 다 성령이 충만하여 담대히 하나님의 말씀을 전하니라

# Ⅰ.
# 오순절의 능력으로
# 무교절의 무덤에서 나오자

7대 명절의 축복을 받자! 하나님이 구약 시대 이스라엘 백성들에게 일곱 가지의 명절을 주셨어요. 따라서 해봅시다. "유월절, 무교절, 초실절, 오순절, 나팔절, 속죄절, 장막절". 왜 주셨냐? 크게 세 가지라고 그랬어요. 첫째, 구약 성도인 이스라엘 백성들, 유대인에게 주신 하나님의 축복입니다. 이스라엘 백성들은 구약 시대부터 지금까지, 저 이스라엘 나라는 이거 일곱 개 붙잡고 살다가 세계의 제일의 복을 받았어요. 세계 제일의 복을 받았습니다. 둘째, 이것은 여러분과 저의 사랑의 대상인 예수 그리스도가 이 세상에 오셔서 이루실 구속사입니다. 예수님 사랑하십니까? 예수님 사랑하시면 아멘 합시다. 진실로 사랑하시면 아멘. 사랑이 안 돼도 아멘을 하다 보면 사랑이 되어집니다. 사랑은 마음으로 하는 게 아니라 입으로 하는 거예요. 시인을 해야 해요. 시인합시다. 자꾸 말을 해야 해요. 따라서 하세요. "사랑하십니까? 예수님 사랑하십니까?" 〈나 무엇과도 주님을 바꾸지 않으리〉 한번 하고 가자고요. 나 무엇과도 주님을 바꿀 수 없어요.

### 〈나 무엇과도 주님을 바꾸지 않으리〉

나 무엇과도 주님을 바꾸지 않으리
다른 어떤 은혜 구하지 않으리
오직 주님만이 내 삶의 도움이시니
주의 얼굴 보기 원합니다
주님 사랑해요 온 맘과 정성 다해
하나님의 신실한 친구 되기 원합니다

아멘. 예수님 사랑하시면 아멘. 두 손 들고 아멘. 아이고, 3부 예배 때는 어둠을 다 이겼다. 2부 예배 때는 내가 어둠을 못 이겨서, 앞에서, 아이고, 나 죽을 뻔했네. 아이고, 아버지! 여러분과 저의 사랑의 대상인 예수 그리스도 그분은 이 땅에 오시기 전에 이 세상을 만드신 하나님의 본체예요. 7대 명절은 이 예수님이 이 땅에 사람으로 오셔서 하실, 여러분과 저를 위해서 하실 큰 7대 구속사입니다. 구속사. 예수님은 이거 일곱 개를 여러분과 저를 위해서 하시려고 오셨습니다. 유월절이 뭐냐? "이렇게 죽으리라." 따라서 합니다. "<u>이렇게 죽으리라.</u>" 날짜도 안 틀리고 주님은 유월절을 완성하셨어요. 따라서 합니다. "<u>무덤에 있으리라.</u>" 주님은 무교절 동안에, 3일 동안에 날짜도 안 틀리고 무덤 속에 있었어요. 따라서 합니다. "<u>부활하시리라.</u>" 날짜도 안 틀리고 초실절 날 부활을 했어요. 따라서 합니다. "<u>성령을 주시리라.</u>" 따라서 합니다. "재림하시리라." 따라서 합시다. "알곡과 쭉정이를 가리시리라." 여러분 다 타작마당에서도 알곡이 될지어다! 하나님의 타작마당에서 알곡이 돼야 한다! 믿습니까? 알곡과 쭉정이를 가린다 이거예요. 그리고 "우리를 천년왕국으로 인도하여 주시리라." 이야! 가슴이 부푼다! 가슴이 부풀어! 천년왕국으로 우리를 이끌어가시리라! 이야! 따라 해봐요. "이야." 억지로 해봐요. 다시, "이야." 천년왕국은 분명히 옵니다. 틀림없이 와요. 아멘.

자, 세 번째 가장 좋은 거는 7대 명절은 신약 시대, 지금 우리 시대 성도들의, 여러분과 나의 심령 속에 임할 일곱 가지 큰 복음의 축복입니다. 믿습니까? 그러면 유월절이 사람의 가슴에 임하면 무슨 일이 생기냐? 인간 최고의 축복인 구원의 역사가 일어납니다. 사랑제일교회 다니는 성도들의 심령 속에 이 7대 명절의 일곱 개 동그라미가 다 들어가면 좋겠지만, 최소한 유월절은 들어가 있어야 해요. 그래야 구원이 일어납니다. 구원이요. 그렇지요? 유월절의 피에 젖읍시다. 유월절 노래 한번 불러요. 자, 〈주 십자가를 지심으로〉입니다. 손뼉 준비.

### ⟨찬송가 199장⟩ 주 십자가를 지심으로

1. 주 십자가를 지심으로 죄인을 구속하셨으니
   그 피를 보고 믿는 자는 주의 진노를 면하겠네

2. 흉악한 죄인 괴수라도 예수는 능히 구원하네
   온몸을 피에 잠글 때에 주의 진노를 면하겠네

3. 심판할 때에 모든 백성 행한 일대로 보응 받네
   죄 있는 자는 피를 믿게 주의 진노를 면하겠네

4. 구주의 사랑 크신 은혜 보혈의 능력 의지하세
   심판의 불이 내릴 때에 주의 진노를 면하겠네

   (후렴) 내가 그 피를 유월절 그 양의
   피를 볼 때에 내가 너를 넘어가리라

아멘. 유월절의 축복을 받읍시다. 아멘. 두 번째가, 따라서 합니다. "무교절." 누구든지 무교절을 겪어야 하는 거예요. 구원받은 사람을 하나님이 무교절의 무덤으로 집어넣어요. 두 번째 코스입니다. 따라서 합니다. "물질의 무덤, 질병의 무덤, 가정의 무덤, 자녀의 무덤, 사업의 무덤, 사역의 무덤." 각양각색의 무덤으로 우리를 쓸어 넣어서 하나님이 우리로 하여금 무교절을 치르게 합니다. 믿습니까? 따라서 합니다. "초실절." 초실절이 되면 하나님이 우리를 부활의 영광으로 덮어주세요. 따라서 합니다. "해의 부활, 달의 부활, 별의 부활, 별과 별의 부활." 따라서 합시다. "생활의 부활, 최후의 부활, 물질의 부활, 다 부활." 다 부활할지어다. 초실절의 영광이 하늘로부터 덮어져라! 믿습니까?

그리고 이제 오늘의 순서인 오순절입니다. 오순절. 따라서 합니다. "오순절." 그럼 오순절은 왜 오느냐? 오순절은 성령의 강타입니다. 성령의 강타. 왜 오냐? 오순절이 뒤집어씌워지면 지나간 앞의 세 명절 있지요? 따라 해봐요. "유월절, 무교절, 초실절." 이것을 성령으로 덮어버립니다. 오순절이 안 오면 유월절이 내 속에 와도 씨만 옵니다. 씨만 와요. 이 유월절을 다른 사람으로 옮길 수 있는 능력은 없는 거예요. 나 혼자 속에만 와서 요렇게 겨우 생명만 살아서 팔딱팔딱한다고요. 그러나 오순절이 뒤집어씌우면 내 속에 유월절이 풍성해지고, 나한테 온 유월절을 다른 사람으로 옮길 수 있어요. 믿습니까? 오순절이 오면요. 무교절 보세요. 교회에서 예배드릴 때는 "아 그래 죽어야지. 자아가 죽어야지!" 이렇게 정신을 차리지만, 예배 마치고 나가면요? 무교절이 뭔지, 또 뻗치는 대로 살고 소리 지르고 싸우고 별 발광 다 떨어요. 그런데 오순절이 오면 이 오순절이 무교절을 잡아줘요. 24시간 나를 탁 누르면서 자아의 죽음을 진행시킨다고요. 믿습니까? 할렐루야.

 이 7대 명절마다 정확한 키워드가 있어요. 유월절은 피라고 했습니다. 피. 뭐라고요? 피와의 관계가 분명해야 해요. 피와의 관계가 중요합니다.

 무교절은 선악과입니다. 선악과. 선악과를 반납해야 해요. 선악과를 토하여 내야 해요. 자, 옆 사람 다시 확인시켜 봐요. "선악과를 토하여 냅시다." 선악과를 토하여 내라고요. 선악과 붙잡고 있지 말고, 반납하라고요. 주님께 반납하라고요. 절대 하나님은 후퇴 안 해요. 선악과 반납하기 전까지는 하나님이 안 풀어줘요. 무교절의 무덤에서 안 풀어줘요. 선악과 먹은 인간들은 무조건 무덤에 들어가야 해요. 믿습니까? 열릴지어다.

 따라서 합니다. "초실절." 초실절은 부활이란 말이에요, 부활. 따라서 합니다. "부활." 그러니까 부활의 키워드는 뭐냐? '심고' 입니다. '심고.' 따라서 합니다. "심고." 그렇지! '약한 것으로 심고 강한 것으로 거두며.' 아멘. '욕된 것으로 심고 영광스러운 것으로 거두며.' 우리는 심는 데 선수권자가 돼야 해요. 그런데 이 심는 거 있죠? 피, 선악과, 심는 거, 이것이 사람의 본정신 가지고 안 돼요. 그러니까 오순절의 능력이 덮어야 해요. 오순절이 사람을 미치게 하는 거예요. 오순절이 오면 초자연적인 능력이 나타나서 우리를 삼켜버린다고요. 믿습니까?

그래서 오순절이 왜 이렇게 필요하냐? 오순절이 강하게 덮지 아니하면, 처음 교회 와서 구원받을 때, 유월절이 임할 때, 눈물 딱 두 방울 흘리고, '그 피가 맘속에' 이러고 끝나버려요. 그리고 주님 재림할 때까지 눈에서 우는 법이 없어요. 그런데 오순절이 임하면 날마다 울어요. "디모데야, 내가 너 보기를 심히 원하는 것은 네 눈에 눈물을 봄이라." 디모데가 할머니 아니에요. 펄펄 끓는 젊은 청년이에요. 그 청년의 눈에서 눈물이 그렇게 나는 것은 성령이 덮기 때문이에요. 알았어요? 할렐루야!

무교절, 따라서 합니다. "무교절." "자아가 죽어야 해. 파쇄돼야 해. 나는 죽었어. 화 안 낼 거야. 신경질 안 부려. 누가 뭐라고 시비 걸어도 나는 폭발 안 해. 죽었어. 죽었어. … 야!!! 이게 어디서!!!" 참을수록 속에서 더 튀어 올라와요. 참을수록 속에서 더 튀어 올라옵니다. 그러나 오순절의 성령이 덮으면 초자연적인 일이 일어나요. 누가 날 살살 약 올리고 뭐 시비 걸고 해도 "야!!! 이게 어디서!!!"가 안 나와요. 얼굴이 천사처럼 돼서 "할렐루야! 아멘" 그래요. 이것은 초자연적인 오순절이 덮어야 하는 거예요.

## II.
## 교회와 가정과 길거리를 오순절로 덮자

### 1. 우리 사랑제일교회에서 사도행전을 재현시키자

그러니까 오늘 우리는 이 오순절을 지금 세 번째 주간 상고하고 있는데, 세 번째 주간을 상고할 뿐 아니라 오순절 자체를 이 자리에 현장으로 펼치려고 해요. 이따가 서정희 사모님이 다 여러분의 기도를 도와주실 거예요. 방언 못 받는 사람은 100 프로 받으세요. 이 서정희 사모님은 방언을 100 프로 터뜨리는 은사를 받았어요. 99 프로 아니에요. 100 프로예요. 사모님이 인도하는 대로 살살 따라가면 100 프로 '다다다' 다 터지게 돼 있어요. 아멘. 100 프로 방언 터뜨리는 사람은 세계에서 딱 하나밖에 없어요. 이건 내가 괜히 비행기 태우는 게 아니에요. 사실이에요. 그런데 이것은 하루아침에 되는 게 아니에요. 35년 동안 이 서정희 전도사님이 깊은 영성의 연단 속에서 있어서 된 거라고요. 이제 앞으로, 이제 다음 주부터 우리는 한 주일에 새 신자를 1,000명 이상 이 사도행전을 재현시켜요. 성경에는 하루에 3,000명이라 그랬거든요. 하루에 3,000명? 하루에 몇 명? 하루에 3,000명 회개하고 왔다 그랬어요. 성경에 있는 사도행전을 우리가 우리 교회에서 재현시키려고 해요. 하루에 3,000명이 회개하고 뒤집어져야 해요. 세상 사람들이 대낮에 불났다고 바가지를 들고 불 끄러 교회로 막 물을 퍼서 와요. 와서 보니까 없어요. 왜? 성령의 불이 교회를 불태우고 있었던 거예요. 나는 어릴 때 그것을 봤어요. 그런 역사가 우리 교회에서 일어날지어다. 일어난다! 따라서 해요. "일어난다." 할렐루야! 놀라운 역사, 놀라운 일이 일어날 거예요.

## 2. 오순절은 단회가 아니다. 연속이다

오순절이 그래서 아주 중요합니다. 오순절. 그런데 이 오순절은 첫째 주간 내가 그랬어요. 이것이 성경에서 한번 지나가고만 단회에요, 연속이에요? 절대 거기에 속으면 안 돼요. 오순절은 단회가 아니에요. 아멘. 신학자들이 위대하고 참으로 공헌을 많이 했지만, 가끔가다 한두 가지 교리는 풍당 빠져요.

아니, 그래서 내가 지금 2월에 오순절 사건이 단회인가 연속인가를 놓고 이걸 내가 심포지엄을 하려고 해요. 맞장을 뜨려고요. 엘리야의 갈멜산의 맞짱을 뜨려고 해요. 왜? 신학교에서 다 오순절을 다 단회라고 가르쳐요. 지금 여기 캄보디아 선교사님도 와 계시는데요? 우리가 현장 목회하다 보면 방언이 일어나잖아요. 그렇지요? 분명히 일어나는 게 현실이라고요. 선교사님도 더 잘 아시죠? 그런데 이것을 아직도 보수주의 신학에서는 명쾌하게 정돈을 안 하고 있어요. 하나님을 대적하는 학문을 가르치고 있다고요. 오순절이 없어졌다고? 방언 없어졌다고? 없어졌긴 왜 없어져. 있어! 이것을 현장에서 하나님이 역사하는 걸 왜 학문이 대적하냐 말이야! 이걸 한국 교회가 정돈하고 가야겠다 이거예요. 하나님에 대한 예의지! 아멘! 그래서 내가 이걸 주도해서 종로 5가에서 대대적 심포지엄을 해서요? 오순절은 지금도 진행된다! 강력하게 반대하는 신학자들을 불러서 내가 성경적으로 일대일 토론을 하려고 해요. 아멘. 거짓된 교리를 가르치면 되냐 말이에요. 그러니까 성령이 오늘 안 오는 거예요. 왔다 가도 가버려요. 그러나 우리 교회는 성령님이 지금도 사도행전 그대로 기름 붓는다! 은사도 있다!

## 3. 방언의 중요성

그다음에 내가 그랬어요. 방언도 있다! 아멘. 방언이 아주 중요하다고 고린도전서 14장을 지난주에 제가 자세히 가르쳤어요. 바울은 결정적인 세 성경 구절을 딱 못 박고 있어요. '나는 너희 모든 사람보다 방언을 더 말하므로 하나님께 감사한다.' 이것이 고린도전서 13장 전이 아니라 뒤에 14장에 기록됐다는 걸 기억하세요. 14장 18절에 보면 뭐라고 돼 있나요? '나는 너희가 모든 사람이 다 방언 말하기를 원하나 예언까지 하기를 원하노라.' 이것이 고린도전서 13장이 아니라 14장이란 걸 기억해야 해요. 많은 목사님이 성경을 사기 치고 있어요. 왜? 고린도전서 13장이 오면 이제는 온전한 것이 왔기 때문에 사랑이 왔기 때문에 12장의 은사는 폐기된다, 이렇게 거짓말하는데 그렇지 않아요. 그렇지 않아요. 14장에서 방언이 더 강조되고 있어요. '방언 말하기를 금하지 말라.' 따라서 합니다. "금하지 말라." 14장 39절이에요.

그러므로 사랑제일교회는 하나님 말씀을 굳게 붙들어야 해요. 종교개혁 시대 이후에는 그 어떤 사람의, 신학자의 교리가 중요한 게 아니고, 어떤 목사님 한 사람의 성경관이 중요한 게 아니고, 종교개혁 시대 이후에는 성경이 왕이에요. 성경이 왕이라고요. 성경이 뭐라고 말하느냐가 더 중요합니다.

그러므로 우리 교회는 은사를 사모해야 해요. 방언도 사모해야 해요. 방언 기도도 하고, 방언 찬송도 하고, 방언으로 축복도 하고, 방언으로 둘이 대화도 해보고요. 신령한 세계로, 신령한 세계로 가보자 이거예요. 믿습니까?

**4. 오순절 사건이 터진 곳** : 교회, 가정, 길거리

그러면 오늘은 오순절 제3탄이에요. 오순절이 어디에서 이루어졌나? 성경에 보면, 첫째는 교회에서 나타났습니다. 교회에서요. 바로 마가 다락방이라는 교회에서 오순절 사건이 터졌어요.

그런데 이 오순절 사건이 어디로 옮겼냐? 고넬료 가정으로 갔습니다. 가정으로요. 오늘날도 가정예배에서도 오순절이 일어나야 해요. 가정예배에서도 방언이 터져야 해요. 아멘. 부흥회 할 때만 터지는 게 아니에요. 가정에서도 방언이 터져야 해요. 사모할지어다! 따라서 합니다. "주여, 사모합니다." 아멘.

그리고 오늘 읽은 성경을 보니까 길거리에서도 오순절이 일어났습니다. 길거리에서도 성령이 부어지는 거예요. 길거리에서도요. 사도행전 성경 한번 읽어 보세요. 하나님의 성령은 길거리에서도 강타합니다. 4장. 사도행전 제4장입니다. 한목소리로 제27절부터 크게 한번 읽어봐요. 시작. "27

과연 헤롯과 본디오 빌라도는 이방인과 이스라엘 백성과 합동하여 하나님의 기름 부으신 거룩한 종 예수를 거스려 28 하나님의 권능과 뜻대로 이루려고 예정하신 그것을 행하려고 이 성에 모였나이다 29 주여 이제도 저희의 위협함을 하감하옵시고 또 종들로 하여금 담대히 하나님의 말씀을 전하게 하여 주옵시며 30 손을 내밀어 병을 낫게 하옵시고 표적과 기사가 거룩한 종 예수의 이름으로 이루어지게 하옵소서 하더라 31 빌기를 다하매 모인 곳이 진동하더니 무리가 다 성령이 충만하여 담대히 하나님의 말씀을 전하니라."

아멘. 따라서 합니다. "빌기를 다하매." 다시요. "빌기를 다하매." 따라서 합니다. "모인 곳이 진동하더니 성령이 강타하였더라." 이런 일이 일어날지어다. 우리 교회에서도 성령의 기름부음이 일어나야 해요. 고넬료 가정에서도 일어나야 해요. 길거리에서도 일어나야 해요.

우리 길거리에서 한번 해보자! 내가 언제부터 기도하는 중에 해마다 석관 사거리 있잖아요? 거기서 한번 대대적으로 주일날 공개 예배를 한번 해보려고 해요. 언제? 부활절 때. 꼭 부활절 때요. 내가 부활절 때 말이야 석관 사거리 전체를 다 덮어서 부활절 예배를 우리가 길거리에서 한 번 해보려 그러고 하는데요? 해마다 내가 마음이 왔다가 그냥 가고 그냥 가고 해요. 올해는 꼭 한번 해보자! 부활절 때만 전부 성가대 가운 다 일대일로 맞춰 입고! 성가대 가운 하나가 15,000원이에요. 15,000원 돈 내요. 알았지요? 전 성도가 100 프로, 우리가 다 성의를 입고 저 석관 사거리 또 저기 석계역 거기 가서 우리 대형 무대 만들어 놓고, 아멘, 〈사셨네〉 한번 해볼래요? 거기서 방언 받게 해보실래요?

왜? 아멘 안 하는 사람이 많네요? "아이참, 창피하게 목사님, 별 데 다 끌고 다니려고 그래. 아이고, 아버지 하나님. 창피하게. 아버지." 거기서, 길거리에서, 석관 사거리에서, 공개적으로 사탄, 마귀, 동네 마귀 다 한번 쫓아내 버려요.

그리고 6월 6일 날 시청 앞 집회를 올해는 대대적으로 할 생각입니다. 광화문부터 서울역까지 다 채워서 할 생각이에요. 한 번 하는데, 올해는 단단히 준비해서 하는데, 거기서, 우리가 잔디밭에서 다 성령이 임해서 방언 다 받고! 세상 사람들도 애국 집회하러 왔다가 전부 입이 떨려서 "왜 이래요? 이거 내 입이 왜 이래요?" 성령이 부어지도록 우리 한번 해봅시다. 옆 사람 다 손잡고 <u>"우리 한번 해보자."</u> 그러니까 사랑제일교회 오는 사람은 무조건 오면 3개월 내로 오순절이 뒤집어씌워져야 해요. 강타해야 해요.

# Ⅲ.
# 오순절의 능력을 받자

**1. 오순절이 임하면 표적과 기사가 뒤따른다**

그러면 오순절이 강하게 임하면 어떤 일이 일어나나? 오늘 말씀의 핵심이에요. 잘 들으세요. 오순절이 임하면 표적과 기사가 일어납니다. 할렐루야. 30절 말씀 읽어 보세요. '손을 내밀어 병을 낫게 하옵시고 표적과 기사가 거룩한 종 예수의 이름으로 이루어지게 하옵소서 하더라.'

오순절 역사가 일어나는 곳에는 항상 표적과 기사가 뒤 따라다닙니다. 이것도 성경에서만 그런 게 아니에요. 오늘 우리에게도 표적과 기사가 수도 없이 일어나요.

저는 성격이 상당히 보수적이라서 내게 일어난 많은 표적과 기사에 대해서 내가 말을 잘 안 해서 하나님께 책망을 많이 받고 성령님의 책망을 많이 받아요. "야, 너는 말이야 표적과 기사를 보여줘도 너는 떠들지도 않고 선포도 안 하고. 다른 사람은 말이야 감기만 고쳐줘도 좋아서 난리인데 너는 말이야!" 이래서 성령의 책망을 많이 받아요. 제가 사실 성령의 책망을 많이 받아요.

 사도행전의 오순절이 역사했던 곳에는 항상 표적과 기사가 나타났어요. 이제 사랑제일교회 성도들에게 수없는 표적과 기사가 일어날지어다! 그것이 경험되어질지어다!

## 2. 오순절이 임하면 천사들의 도움을 받는다

그리고 오순절이 임하면 천사들이 내려와서 도와주세요. 천사의 활동이, 여러분, 옛날 성경에만 있는 게 아니에요. 오늘날도 천사의 활동이, 우리가 몰라서 그렇지 수도 없이 일어나요.

 나는요, 내 일생 40년 주님을 섬기면서 천사를 만난 사건이 세 번 있었어요. 세 번. 이런 말을 내가 잘 안 한단 말이에요? 천사를 만난 사건이 세 번 있었어요. 부인할 수도 없어요. 빼도 박도 못해요. 내가 이 거대한 하나님의 일을, 사역을 하면서 천사의 도움이 없이 어떻게 내가 일을 할 수 있었겠어요? 불가능해요. 불가능합니다. 위기 때마다, 이제 나는 죽었다 하는 그때마다 하늘의 천군 천사가 나타나 밀어줍니다. 밀어준다고요.

 우리가 옥화 테이프, 우리가 작년에 들은 그대로 옥화 테이프 거기도 나오잖아요? "수 없는 천사들이 저희를 돕고 있지만 저희들이 사실을 알지 못하고! 옥화야!" 거기에 그러잖아요? 아멘.

천사는요, 천사의 도움은 어떤 제한성이 없어요. 전천후입니다. 전천후. 성경에 보세요. 아브라함 집에 찾아온 천사 있지요? 수도 없어요. 천사는 사람으로 가장하여 떡도 우리에게 주고, 어려운 위기를 돌파하기도 하고, 전쟁터에서 전쟁에 개입하기도 하고요? 다니엘서에 보면 이 천사들의 활동이 수도 없어요.

오늘 사도행전에 보니까 천사가 내려와서 갇힌 사도들을 감옥에서 꺼냈다고 그랬어요. 감옥을 천사가 깨는 거예요.

그와 같이 오늘날도 오순절의 역사가 강하게 일어나는 곳에는 우리가 여러 가지 감옥에 갇힐지라도 물질의 감옥, 환경의 감옥, 여러 가지 감옥에 갇혀있을지라도 천사가 내려와서 오늘도 감옥을 깨는 역사가 일어날지어다! 주여, 도와주세요! 아멘. 〈나의 등 뒤에서〉예요. 손뼉 준비!

### <나의 등 뒤에서>

1. 나의 등 뒤에서 나를 도우시는 주
나의 인생길에서 지치고 곤하여
매일처럼 주저앉고 싶을 때 나를 밀어주시네

2. 나의 등 뒤에서 나를 도우시는 주
평안히 길을 갈 때 보이지 않아도
지치고 곤하여 넘어질 때면 다가와 손 내미시네

3. 나의 등 뒤에서 나를 도우시는 주
때때로 뒤돌아보면 여전히 계신 주
잔잔한 미소로 바라보시며 나를 재촉하시네

(후렴) 일어나 걸어라 내가 새 힘을 주리니
일어나 너 걸어라 내 너를 도우리


### <위대하고 강하신 주님>

위대하고 강하신 주님 우리 주 하나님
위대하고 강하신 주님 우리 주 하나님
깃발을 높이 들고 흔들며 왕께 찬양해
위대하고 강하신 주님 우리 주 하나님
위대하고 강하신 주님 우리 주 하나님

### 〈주 하나님 독생자 예수〉

1. 주 하나님 독생자 예수 날 위하여 오시었네
　　내 모든 죄 다 사하시고
　　죽음에서 부활하신 나의 구세주

2. 주 안에서 거듭난 생명 도우시는 주의 사랑
　　참 기쁨과 확신 가지고
　　예수님의 도우심을 믿으며 살리

3. 그 언젠가 주 뵐 때까지 주를 위해 싸우리라
　　승리의 길 멀고 험해도
　　주님께서 나의 앞길 지켜주시리

(후렴) 살아계신 주 나의 참된 소망 걱정 근심 전혀 없네
　　　사랑의 주 내 갈 길 인도하니
　　　내 모든 삶의 기쁨 늘 충만하네


### 〈성령 받으라〉

1. 성령 받으라 성령 받으라 예수 내게 말씀하셔서
　　성령 받으라 성령 받으라 예수 내게 말씀하셔서
　　할렐루야 성령 받았네 나는 성령 받았네
　　할렐루야 성령 받았네 나는 성령 받았네

> 2. 은사 받으라 은사 받으라 예수 내게 말씀하셔서
> 은사 받으라 은사 받으라 예수 내게 말씀하셔서
> 할렐루야 은사 받았네 나는 은사 받았네
> 할렐루야 은사 받았네 나는 은사 받았네
>
> 3. 능력 받으라 능력 받으라 예수 내게 말씀하셔서
> 능력 받으라 능력 받으라 예수 내게 말씀하셔서
> 할렐루야 능력 받았네 나는 능력 받았네
> 할렐루야 능력 받았네 나는 능력 받았네

아멘 할렐루야! 오순절의 능력을 받읍시다. 분명합니다. 그러니까 오순절은 항상 기적과 표적이 따라온다! 따라서 합니다. "따라온다."

### 3. 오순절의 능력을 주시는 이유 : 7대 명절 즉 복음을 전하라

#### 1) 천사가 내려와 옥문을 깨고 사도들을 끌어내다

그러면 왜 오순절에 기적과 표적이 따라다닐까? 결정적인 성경 하나만 읽고 지나가겠습니다. 지금은 사역이 중요하니까, 받는 게 중요하니까요. 아멘. 자, 하나만 성경 읽고 내가 이제 서정희 전도사님한테 마이크를 넘길 텐데 100 프로 다 받읍시다. 사도행전 제5장이요. 5장을 다 펴시면 표적과 기사가 일어나는 결정적 사건이 성경에 기록이 돼 있어요. 5장

18절부터 자, 세게 한목소리로 읽어봐요. 시작. '사도들을 잡아다가 옥에 가두었더니 주의 사자가 밤에 옥문을 열고 끌어내어 가로되.' 자, 봐요. 사도들을 잡아다가 옥에 다 가뒀어요. 옥에 가뒀는데 밤중에 천사가 내려와서 옥문을 깨버렸어요. 깨고 사도들 보고 "나가라." 그랬어요.

오늘 낮에 이 예배를 통하여 이 사건이 일어나야 해요. 여러분과 저도 무형의 옥에 갇힌 것이 많아요. 따라서 합니다. "<u>물질의 감옥, 질병의 감옥, 환경의 감옥.</u>" 여러 가지 형태로 우리가 욱여쌈을 당하고 있단 말이에요. 천사가 내려오면 한 방에 깨버려요. 물질에 매인 거 한방에 깨버린단 말이에요. 이런 사건이 지금도 일어난다고요. 잠시 후에 여러분이 오순절 성령 받기 위하여 기도할 때 표적과 기사가 일어날지어다!

**2) 천사가 사도들의 감옥을 깬 이유 : 7대 명절[복음]을 전하라!**
그러면 왜 천사가 사도들이 갇힌 감옥에 내려왔느냐? 그 당시에도 감옥이 많았어요. 다른 감옥에도 갇힌 사람이 많았어요. 그런데 다른 감옥은 안 찾아가고 천사들이 왜 사도들이 갇힌 감옥에 찾아왔느냐? 왜 사도들의 감옥을 깼느냐? 그 이유가 왜 그러냐? 천사들이 감옥에서 나온 사도들에게 그 비밀을 말했어요. 20절 읽어보세요. 이거와 관계있는 거예요. 시작. '가서 성전에 서서 이 생명의 말씀을 다 백성에게 말하라 하매.' 따라서 합니다. "전하라." 뭘 전하라? 이거 일곱 개예요. 이 7대 명절 일곱 개. 이걸 복음이라 그래요. 생명의 말씀, 동그라미 일곱 개, 이 7대 명절을 밖에 가서 전하라는 거예요. 너희들은 갇혀있을 수 없다는 거예요.

# Ⅳ. 우리 교회가 사도행전을 재현하자

## 1. 통일을 위해 한국 교회를 오순절로 준비시키자

사랑제일교회 성도들이여, 이 일곱 개를 마음속에 품으세요. 이것을 전하자! 이런 마음을 품으면 하나님이 열어주세요. 이것이 가슴속에 들어가 있고 이것을 전하기 위해서 애쓰는 사람은 하나님이 이 사람을 감옥에 가둬둘 수가 없는 거예요. 하나님 쪽에서 급해요. 그래서 여러분의 물질의 감옥을 깨는 거예요. 돈 주신단 말이에요. 열어주신다고요. 왜? 이것 때문에. 이 7대 명절을 전하라고. 이것 때문에. 모든 표적은 이거와 연관성이 있어요. 믿습니까? 병 낫기를 원해요? 이 일곱 개를 공유하세요. 이 7대 명절을 전해 보세요.

그래서 이번 주에는 우리가 구정이라서 할 수 없어요. 여러분이 시골 갔다 와야 하고, 시골 갈 데 없고 친척 어디 갈 데 없는 사람은 수요일 밤부터 나하고 여기서 놀자고요. 사명자 집회하려고 그래요. 사명자 집회. 아멘. 갈 데 없는 사람은 여기서 떡 먹고 나하고 놀자고요. 그리고 다음 주부터 이제 강력한 사도행전 운동을 전개할 텐데 사도행전은 하루에 3,000명이 회개했다고 그랬어요. 알았지요? 그래서 우리는 하루에 3,000명은 못 해도, 매주일마다 1,000명, 매주일마다 1,000명씩 부흥돼서 나가도록 합시다. 전 세계 복음 역사에 내가 기록을 한번 깨보려고 그래요. 따라서 해요. "<u>주여, 밀어주세요.</u>" 사도행전을 이 땅에 한 번, 이 시대 현재 이 땅에서 한번 이루어 보려고 단단한 각오로 일주일에 꼭 한 명씩 전도하여 예수 앞으로 데려오는 1,000명의 십자가의 군대가 일어나야 해요. 우리 교회 성도들이 해야 해요.

그러면 우리는 대한민국을 뒤집을 수 있어요. 오래 걸릴 것 없어요. 이것만 잘되면 하나님이 통일도 시켜줘요. 지금 북한 다 망했는데 말이야, 다 망했는데 남쪽에서 준비가 안 됐어요. 그중에서 제일 준비 안 된 데가 어디냐? 교회입니다. 교회. 이 상태에서 북한 열어줘 봐요. 평양 가서 또 싸워요. 교파들끼리 또 싸우고 목사님들끼리 또 싸워요. 난리 나 버려요. 교회가 준비가 안 돼 있어요. 교회가. 이번에 우리 사랑제일교회는 대한민국 교회를 새로 창조하자! 한번 해보자 이거예요.

## 2. 7대 명절을 공유하고 전하면 하나님이 영권으로 밀어주신다

그래서 오순절로 하나님이 지원해 주고 기적과 표적으로 우리를 밀어주는 것은 이유가 이 생명의 말씀 때문에 그래요. 이 생명의 말씀을 백성에게 전하라. 따라서 합니다. "전하라." 다시요. "전하라."

그러면 이 말씀을 여러분에게 적용시켜 봐야 해요. 여러분에게 표적과 기사가 적게 일어나지요? 안 일어나는 사람도 많지요? 왜 그런지 알아요? 이 말씀을 전하는 쪽으로 마음을 안 품기 때문에 그래요. "나 혼자 구원받으면 됐지 뭐. 다른 인간들 지옥 가든 말든 뭐." 이런 사람에게는 기적 안 일어나요.

목사님에게는 일어나요. 천사도 나타나요. 목사님에게 나타난 기적을, 내가 여러분에게 말을 안 해서 그렇지요, 엄청난 표적이 일어나요. 이번 주에도 일어났어요. 왜 그러냐? 이 복음을 붙잡았기 때문이에요. 이 동그라미 일곱 개, 7대 명절이 바로 복음이에요.

우리 한 번 딱 죽었다 치고 이제 구정 갔다 와서 사도행전을 이 시대에 성경의 사도행전을 바깥으로 튀어나와서 사랑제일교회에서 한번 흐르게 해보자는 거예요. 이만큼 우리는 영적인 잠재 능력이 이미 와 있어요. 시작만 하면 하나님이 터뜨릴 준비가 다 돼 있다고요. 그동안 우리 교회가 쌓아온 이 영성이 결코 적은 게 아니에요. 지금 우리 교회에 임하고 있는 이 성령의 사도행전 능력이 성경 시대에 있었던 사도행전 있죠? 여기에 결코 뒤떨어지지 않아요. 두고 보세요. 앉은뱅이가 일어나요. 미문에 앉은 앉은뱅이가 일어나요. 죽은 도르가가 살아나요. 다비다가 살아나요. 성경 사도행전을 능가하는 사건들이 일어날 영성이 우리 교회는 이미 벌써 축적이 돼 있다니까요. 시작만 하면 돼요. 따라서 합니다. "시작만 하면." 이제 우리가 구정 갔다 와서 한번 해보자 이거예요. 아멘. 따라서 합니다. "주여!"

그 성령 받는 거, 은사 받는 거, 이것도 이기주의적으로 자기 개인을 위하여 구하면요? 안 와요. 이 말씀, 이 공유 이것이 내 속에 임한 사람은 견딜 수 없어요. 난 이걸 전하지 않고는 견딜 수 없다! 이 사람에게 하나님이 하늘의 영권으로 밀어주세요.

두 손 높이 드시고 "주님, 부어 주시옵소서. 오늘 나는 성령의 큰 능력을 받아야 합니다. 원색적으로 받아야 합니다. 사도행전 2장 사건이 내게도 일어나게 해 주세요. 고넬료 집의 사건이 일어나게 해 주세요. 에베소 교회 사건이 일어나게 해 주세요. 저 사마리아 교회 사건이 일어나게 해 주세요. 원색적인 성령의 붐(boom)이 일어나게 해 주세요. 주여, 부어 주시옵소서." "주여" 삼창하며 기도하겠습니다.

# 17

## 오순절⑤
## 오순절 언어로 변화되자

**설교 일시** 2014년 2월 2일 (주일) 오전 11시
**대　　상** 사랑제일교회 주일 3부 예배
**성　　경** 에스겔 37:11-12

> 11 또 내게 이르시되 인자야 이 뼈들은 이스라엘 온 족속이라 그들이 이르기를 우리의 뼈들이 말랐고 우리의 소망이 없어졌으니 우리는 다 멸절되었다 하느니라
>
> 12 그러므로 너는 대언하여 그들에게 이르기를 주 여호와의 말씀에 내 백성들아 내가 너희 무덤을 열고 너희로 거기서 나오게 하고 이스라엘 땅으로 들어가게 하리라

# Ⅰ.
# 7대 명절을 대한민국 명절로 만들자

### 1. 7대 명절의 축복을 받자

7대 명절의 축복을 받으라! 옆 사람 축복해요. "7대 명절의 축복을 받으세요." 시작. 앞뒤로 해 봐요. "꼭 받으세요." 아멘. 하나님이 구약 이스라엘 백성들에게 일곱 가지의 명절을 주셨다 그랬습니다. 따라서 합니다. "유월절," 유월절의 축복이 세게 임할지어다. 따라서 합니다. "무교절," 무교절의 역사가 크게 일어날지어다. 따라서 합니다. "초실절," 초실절의 역사가 크게 일어날지어다. 따라서 합니다. "오순절," 오늘 낮에는 오순절이 강타해야 합니다. 따라 해봐요. "주여, 오순절을 주세요." 아멘. 따라서 합시다. "나팔절," 다 나팔절의 주인공이 됩시다. 따라서 합시다. "속죄절," 우리 다 속죄절의 알맹이가 됩시다. 마지막, 따라서 합니다. "장막절," 우리 다 장막절 예행연습하고 그리고 하늘나라 가자!

왜 주셨느냐? 이것은 크게 세 가지 의미가 있습니다. 첫째, 구약 성도에게 주신 하나님의 축복입니다. 이스라엘 백성들은 이거 일곱 개 지키다가 세계 제일의 복을 받았어요. 뭔 뜻인지도 모르고 하나님이 하라고 하니까 그냥 한 거예요. 뜻도 모르고 해도 하나님이 복을 줬어요. 그러니까 여러분과 제가 이걸 뜻을 알고 붙잡으면 얼마나 큰 복이 오겠습니까? 확실한 겁니다. 확실한 거예요. 이거는 역사가 증명한 것입니다. 육신의 이스라엘 백성들이 이것을 확인한 것이에요. 오늘 여러분과 제가 이 일곱 개를 꼭 붙잡고 하나님 축복의 통로를 붙잡고 승리합시다. 아멘.

사랑제일교회 모든 성도들은 이 7대 명절과의 깊은 관계가 이루어질지어다! 다시요. "유월절, 무교절, 초실절, 오순절, 나팔절, 속죄절, 장막절."

우리 대한민국도 모든 우상 명절 다 없어져 버리고 이 7대 명절을 우리나라의 명절로 딱 박아 넣어요. 딱 박아서요? 나는 과대망상증의 은사가 왔어요. 나는 될 거 같아요. 나는 여기 과대망상증의 은사가 와서 한국 땅에서 무슨 일이 이루어질 것 같아요. 이대로는 지나가지 않을 것 같아요. 복음의 혁명을 하면 이루어질 것 같아요. 그런 느낌이 자꾸 와요. 따라서 해봐요. "해보자." 된다니까요. 대한민국을 우리 복음으로 한번 엎어보자! 아멘. 옆 사람 다 손잡고 해봐요. "자, 우리 한번 해봅시다." 복음의 혁명을 하기 원하는 사람을 주님은 밀어주십니다. 성령으로 밀어준다고요.

## 2. 7대 명절은 예수께서 이 땅에 오셔서 하실 7대 구속 사역이다

### 1) 오직 예수만을 사랑하자

자, 두 번째 이것은 왜 왔냐? 말만 해도 눈에 눈물이 납니다. 여러분과 저의 사랑의 대상인 예수 그리스도! 주님 사랑해요? 진짜요? 예수님 사랑하시면 아멘 해 봐요. 두 손 들고 아멘. 예수님을 이 세상에서 제일로 사랑하시면 아멘. 두 손 들고 아멘. 거짓말하면 안 돼요. 예수님 말고 더 사랑하는 게 있는 사람은 하면 안 돼요. 확실히 생각해 봐요. 예수님을 이 세상에서 제일로 사랑하시면? 가만있어 봐요. 생각할 기회를 주는 거예요. 사랑하시면? 생각을 해봐요. 생각해 봐요. 생각해봐도 확실하다! 생각해봐도 확실하다! 두 손 들고 아멘. 들고 있어 봐요. 가짜라도 들고 있어 봐요. 가짜로라도 자꾸 들다 보면 하나님이 그렇게 만들어 주세요. 이야! 하나님께 영광의 박수! 예수님을 이 세상에서 제일로 사랑하는 사람들이 이렇게 많이 모였어요. 구정 통하여 하나님이 기분 나쁜 거 오늘 이 시간 하나님이 기분 다 회복하셨겠다! "이야! 나를 제일로 사랑하는 사람들이 사랑제일교회에 다 모였다. 두 손 들고 외치고 난리다." 아멘. 이야, 신난다!

### 2) 7대 명절 설교는 금식 가운데 내게 성령으로 임했다

7대 명절은 예수 그리스도가 이 세상에 오셔서 여러분과 저의 구원을 위해 하시는 큰 7대 복음 사건이에요. 무슨 얘기냐? 유월절, 이렇게 죽으리라. 하나님의 아들 예수가 이 땅에 오면 이렇게 죽는다는 거예요. 아멘.

그래서 이 7대 명절은요? 난 이런 걸 보면서도 예수를 개떡같이 믿는 사람을 난 이해 못 하겠어요. 난 이해 못 하겠어요. 이게 누가 만든 원리냐고요. 이게 예수님이 오시기 전에 벌써 수백 년 수천 년 전부터 예수님이 이 땅에 오시면 무슨 일을 할 것인지를 하나님이 이스라엘 백성을 통하여 예행연습을 시켰어요. 사람이 일부러 만들라고 해도 안 되잖아요? 그렇죠?

나는 이 7대 명절이 나한테 처음 계시의 빛으로 임할 때, 처음 임할 때 여러분처럼 이렇게 안 들었다니까요? 온몸에서 경련이 일어나고 부들부들 부들 떨리고 그 경이로움이란! 이 말씀이 처음 나한테 확 열릴 때 말이에요. 아멘.

목사님이 여러분에게 설교하는 이 모든 것은 내가 책에서 연구한 것도 아니고 어디서 배운 것도 아니에요. 가져와 봐요. 2000년 기독교 역사책에서 내가 설교한 내용이 있는가 한 번 가져와 봐요. 내가 교회에서 설교하는 이 내용이 있는지를 가져와 보라니까요? 없어요.

없는 게 확실한 것은 서정희 전도사님한테 물어보면 알아요. 서정희 전도사님은 이 세상의 가르침의 문화를 통달하신 분이에요. 다 확인한 사람이에요. 사모님, 내가 이렇게 복음적으로 이거 7대 명절 해놓은 거 있어요, 없어요? 없지? 이따가 나 잘났다고 한마디 해줘요. 이따가 나와서요. 알았죠? 사모님이 잘했다고 해야 내가 기분이 좋으니까.

  없어요. 이게 전부 내가 금식하다가 하나님의 성령으로 내게 임한 거예요. 임하니까 이게 자꾸 뒤집어지는 거예요. 아멘. 내가 찔려서 절 또 한 번 받아야지. 여러분은 오늘 이 자리에 앉아 있는 걸 복 있다고 해야 해요. 여러분은 사랑제일교회 요 자리에 앉아 있는 자체가 축복이에요. 그것도 서정희 전도사한테 물어봐요. 서정희 전도사님은 한국의 대형교회를 다 휩쓰신 분이에요. 그런데 왜 장위동에 이 냄새 나는 이 교회에 왜 앞에 여기 앉아 계시냐 이 말입니다. 아멘. 여러분은 사모님이 내 설교 다 끝나고 앞에서 멘트 하려고 이렇게 오신 줄로 알지요? 아니에요. 사모님은 그거 때문에 오는 게 아니에요. 그것과 관계없이 '나는 이 자리에서 이 하늘의 말씀에 젖어야겠다.' 이거예요. 그리고 오신 김에 내가 앞에서 시키는 거지, 이걸 위해서 내가 일부러 오시란 게 아니에요. 영의 비밀을 안 사람은 이렇단 말이에요. 아멘. 그러니까 여러분들은 이 자리에 앉아 있는 걸 복인 줄 알아야지요?

다시 옆 사람 확인해 봐요. 다 손잡고 해 봐요. 너, 그거 알고 앉아 있냐, 물어봐요. 시작. "확실히 알고 앉아 있냐?" 물어봐요. 확실히 알아요? 모르지? 알아요?

그러니까 보세요. 하나님의 아들 예수가 이 땅에 오시기 전에 유월절을 통하여 벌써 십자가 사건을 예행연습한 거예요. 따라서 합니다. "이렇게 죽으리라." 그리고 따라서 합니다. "무덤에 있으리라." 날짜도 안 틀리고 주님은 완성했어요. 유월절 날 죽었지요? 무교절 날 무덤에 그대로 있었어요. 초실절에 부활하리라. 따라서 합니다. "부활하리라." 실제 초실절 날 부활했어요. 날짜도 안 틀리고. 이런 일이 어떻게 있을 수 있냐고요? 이런 일이요? 실제로! 실제로! 아멘. 따라서 합니다. "성령을 주시리라." 오순절 날이 이미 이르매! 날짜도 안 틀렸어요. 날짜도 맞춰서 성령이 왔어요. 따라서 합시다. 나팔절, "재림하시리라." 따라서 합시다. 속죄절, "알곡과 쭉정이를 가리시리라." 다시요. 장막절, "천년왕국을 주시리라." 믿으시면 아멘.

사랑제일교회 다니는 성도들은 이 일곱 개 동그라미, 7대 명절과 확실한 관계를 맺어야 해요. 하나라도 건너뛰거나 하나라도 흐려지거나 이 동그라미 일곱 개와 관계가 느슨해지면 안 되고, 이것을 개인적으로 주관적으로 꼭 붙잡아야 해요. 이것이 다 여러분, 따라서 합니다. "주여." 다시요. "주여, 내 것 입니다." 아멘. 이 일곱 개 동그라미가 각자 여러분의 것이 될지어다!

### 3. 7대 명절은 지금 우리들의 심령에 이루어지는 일곱 가지 복음의 축복이다.

그리고 세 번째는 더 경이로워요. 뭐냐? 지나간 구약, 지나간 신약, 예수님이 이루신 그걸로 끝났으면 우리와 관계없잖아요? 그런데 그것이 아니고 이것은 신약 시대에, 따라서 합니다. "신약 시대에." 따라서 합니다. "성도들의 심령 속에 이루어질 일곱 가지 복음의 축복."

#### 1) 유월절 - 구원

유월절이 사람의 가슴에 임하면 인간 최고의 축복인 구원의 역사가 일어난다! 구원의 역사입니다. 무슨 역사요? 와, 오늘도 유월절이 여러분 심령 속에 쏙 들어가기를 바랍니다. 믿습니까? 유월절 노래 다시 한번 불러봐요.

〈찬송가 199장〉 주 십자가를 지심으로
1. 주 십자가를 지심으로 죄인을 구속하셨으니
   그 피를 보고 믿는 자는 주의 진노를 면하겠네

> 2. 흉악한 죄인 괴수라도 예수는 능히 구원하네
> 온몸을 피에 잠글 때에 주의 진노를 면하겠네
>
> 3. 심판할 때에 모든 백성 행한 일대로 보응 받네
> 죄 있는 자는 피를 믿게 주의 진노를 면하겠네
>
> 4. 구주의 사랑 크신 은혜 보혈의 능력 의지하세
> 심판의 불이 내릴 때에 주의 진노를 면하겠네
>
> (후렴) 내가 그 피를 유월절 그 양의
> 피를 볼 때에 내가 너를 넘어가리라

아멘, 유월절의 피가 가슴을 적시지요?

## 2) 무교절을 짧게 끝내자

그리고 무교절입니다. 무교절. 따라서 합니다. "무교절." 예수님도 유월절에 죽어서 무교절의 무덤에 들어간 것처럼 하나님은 오늘 우리에게도 유월절을 통하여 구원시켜 주시고 그다음의 코스인 무교절로 우리를 데려가십니다. 우리를 하나님이 무덤에 집어넣는다는 말이에요. 구원받은 성도는 다음 코스가 무덤입니다. 따라 해봐요. "물질의 무덤." 다시요. "질병의 무덤, 가정의 무덤, 자녀의 무덤, 사업의 무덤." 여러 가지 형태의 무덤에 하나님이 사람을 쓸어 넣어요. 그

럼 왜 구원받은 성도를 하나님이 무교절의 무덤에 쓸어 넣냐? 나도 이 무덤 속에 들어갔다 나왔어요. 어쩔 수 없어요. 누구든지 들어가요.

그런데 문제는 무교절에 들어가서 이 무교절의 무덤 생활을 하는 형태가 사람마다 달라요. 봐요. 요나라는 사람은 물고기 뱃속에 들어가서 3일 했어요. 요나가 물고기 뱃속에 3일 들어간 것이 무교절이란 말이에요. 예수님이 직접 말씀하신 거예요. 모세는 미디안에서 40년 했어요. 40년. 모세는 40년 무덤 생활했어요. 아멘. 그리고 야곱은 밧단아람에 가서 21년 했어요. 외삼촌 집에 가서 21년 동안 무덤 생활을 한 거예요.

이스라엘 백성들은 바벨론에 포로로 잡혀 가서 70년 했습니다. 70년. 그래서 에스겔 37장 11절 한 번 성경 다시 보세요. 그사이에 오신 새로운 성도들을 위하여 다시 한번 읽어 보겠습니다. 시작. "11 또 내게 이르시되 인자야 이 뼈들은 이스라엘 온 족속이라 그들이 이르기를 우리의 뼈들이 말랐고 우리의 소망이 없어졌으니 우리는 다 멸절되었다 하느니라 12 그러므로 너는 대언하여 그들에게 이르기를 주 여호와의 말씀에 내 백성들아 내가 너희 무덤을 열고 너희로 거기서 나오게 하고 이스라엘 땅으로 들어가게 하리라."

아멘. 따라서 합니다. "무덤을 열고." 이스라엘 백성들이 바벨론의 70년 포로 생활하는 걸 성경은 무덤 생활이라고 그랬어요. 오늘도 지금 여러분이 무교절의 무덤 속에 들어가 있는 사람은 말씀을 잘 들으세요. 들으면 무덤이 열립니다. 따라서 합니다. "주여, 열어주세요." '열려라 에바다'를 한번 부르겠습니다. 손뼉 준비. 주님, 활짝 열어주세요.

### 〈어두워진 세상 길을〉

1. 어두워진 세상 길을 주님 없이 걸어가다
나의 영혼 어두워졌네
어느 것이 길인지 어느 것이 진리인지
아무것도 알 수 없었네
주님 없이 살아가는 모든 삶 실패와 좌절뿐이네
사랑하는 나의 주님 내 영혼 눈을 뜨게 하소서

2. 아무것도 알 수 없고 아무것도 볼 수 없고
아무것도 들을 수 없네
세상에서 방황하며 이리저리 헤매일 때
사랑하는 주님 만났네
어두웠던 나의 눈이 열리고 막혔던 귀가 열렸네
답답했던 나의 마음 열리고 나의 영혼 살리네

(후렴) 열려라 에바다 열려라 눈을 뜨게 하소서
죄악으로 어두워진 나의 영혼을
나의 눈을 뜨게 하소서

아멘 할렐루야. 여러분은 이 무교절의 기간이 짧아질지어다! 봐요. 요나는 3일에 끝났단 말이에요. 3일. 그리고 무교절 제일 빨리 끝난 사람이 이삭이라고 했어요. 이삭. 모리아 산에 한 번 누웠다 일어나니까 끝! 여러분들은 이 무교절의 형태를 어떤 형태를 취하고 싶냐고요? 이스라엘 백성들처럼 꼭 70년을 채워야 하냐고요? 너무 길어요. 무교절 70년 하다가는 사는 동안에 한 번도 무덤에서 못 나와요. 그러면 안 되지! 그렇죠? 우리는 3일 만에 나와야지요? 3일 만에 나와야 한단 말입니다. 아멘입니까?

## 4. 7대 명절을 대한민국의 명절로 만들자

### 1) 도마의 복음과 마태의 복음이 망한 이유

따라서 합니다. "초실절." 그리고 하나님이 우리를 초실절에 부활시킵니다. 부활. 따라서 합니다. "해의 부활." 제일 먼저 말씀드린 걸 다시 생각해야 해요. 구정 제사 지내러 가서 잊어버린 거 다시 생각해야 해요. 제사 지내다 다 잊어먹었어! 얼굴이 까무잡잡해서! 저거 봐. 마귀 오촌 닮아서! 1년 중에서 목사님들이 설교하기 제일 힘들 때가 언제인지 아세요? 명절 끝난 그다음 주일날 설교하기가 제일 힘들어요. 다들 얼굴이 말이야 까무잡잡해서 마귀 오촌 닮아서 말이야. 다 제사 음식이나 주워 처먹고 와서 말이에요. 그럼 돼요, 안 돼요? 안 되지요? 어둠을 한 방에 날리라고요. 어둠을 한 방에 날려야 해요. 빨리빨리 우리는 부흥시키고 한국을 복음화 시켜서 이 땅에 우상의 명절을 끊어 버려야 해요. 완전히 끊어 버려야 해요. 아멘.

다시 말씀드릴게요. 여러분이 시골 갔다 온 사이에 목사님은 여기서 못 간 사람들, 어디 갈 데가 없는 고아와 같은 사람들 데리고 사명자 집회했어요. 사명자 집회요. 여기 설명 다시 들어봐요. 복음 있잖아요? 예수님 복음을 들고 열두 제자가 성령 받고 동서남북으로 흩어졌어요. 그런데 아프리카로 간 복음이 마태의 복음입니다. 마태의 복음. 그리고 인도로 간 복음이 도마의 복음이에요. 도마의 복음. 도마는 선교하러 인도 쪽으로 갔단 말이에요. 열두 제자가 흩어졌단 말이에요. 그리고 바울의 복음은 유럽으로 갔습니다.

그런데 아프리카로 간 복음은 다 소멸해 버렸어요. 하나님이 지원을 안 해 버렸어요. 인도로 간 도마의 복음도 없어져 버렸어요. 소멸해 버렸어요. 하나님이 바울의 복음만 지원했어요. 바울의 복음만 밀어주셨어요. 왜 그러냐?

이 아프리카로 간 마태의 복음은 현지 문화와 타협했어요. 현지 문화와 타협을요. 그중에 뭐냐? 현지 사람들이 행하고 있는 명절 있지요? 명절? "그것도 괜찮아. 그건 풍속이니까. 그것도 고유 풍속이니까. 그 나라의 고유 풍속인데 뭐 어때?" 이렇게 해서 그런 것을 인정하고 대충 현지 문화와 결혼을 했단 말이에요? 종교적 간음죄를 지었단 말이에요? 그래서 하나님이 그쪽으로 간 복음은 전부 다 소멸시켜 버린 기에요.

### 2) 명절은 뿌리로 들어가 보면 신과 관계를 맺고 있다

왜 그러냐? 명절을 요렇게 흔들고 들어가 보면 최후의 뿌리가 신과 관계를 맺고 있어요. 이 지구촌에 있는 모든 명절은 신하고 관계성을 가지고 있습니다. 신. 신과 관계된 거에요.

그런데 그 명절과 타협하고 그 명절과 같이 어울려요. 우리나라도 보면요? 어떤 교회, 어떤 교파는 아주 웃겨요. 추석, 구정 이것이 무슨 뭐, 무슨 우리 한국 민족의 뭐, 미풍양속이라고요? 뭐라고? 뭐? 웃기고 앉았어요. 웃기고 앉았어! 이거 안 돼! 안 돼! 우리는 정면충돌해야 해요. 구정과 정면충돌하여 구정을 없애버려야 해요. 추석과 정면충돌 하여 추석을 없애버려야 해요.

### 3) 명절을 장악한 바울의 복음만이 승리했다

그래서 그 나라 민족의 명절을 장악한 복음은 바울의 복음이에요. 바울의 복음은 타협을 안 하는 거에요. 그 당시에 로마의 가이사를 섬기는 그것도 우상인 거예요. 살아있는 사람을 신격화시켰잖아요? 바울은 용납 안 해요. 정면으로 맞붙어 싸워요. 그래서 순교를 많이 했어요. 하나님은 바울의 복음을 지원했어요. 인도로 간 도마의 복음은 없어졌어요. 그럼 왜 지금 인도에 기독교가 있냐? 그것은 바울의 복음이 다시 아프리카로 갔기 때문이에요. 다시 인도로 간 겁니다.

그러니까 그 원래 도마와 마태의 복음은 없어지고 말았어요. 다 없어졌어요. 그리고 유럽을 장악하고 유럽을 꽃피운 바울의 복음이 다시 아프리카로, 다시 아시아로 온 거예요. 그래서 우리가 믿는 예수는 곧 바울의 복음입니다. 여러분과 제가 지금 바울의 복음을 붙잡고 있단 말이에요. 바울의 복음 자체의 특징이 뭐냐? 아주 날카롭고 현지 문화와 풍속과 절대 타협하지 않는 것입니다. 아멘.

### 4) 바울의 복음을 잃어가는 한국 교회

그런데 어느 날 한국 교회가 말이야 바울의 복음을 잃어가려고 해요. 슬슬 타협하고 말이에요! 슬슬 타협하고 있어요. 아주 나는 이게 사실이 아니기를 바라지만! 그런데 아닌 게 아니야! 사실인 게 이미 확인됐어요. 세상에요. 이것 좀 미쳤어! 한국 교회가 미쳤어! 미쳤다니까! 추석이 되고 구정이 되면 아예 저녁예배, 오후예배를 안 하는 교회가 지금 거의 1/3

로 등장했어요. 한국 교회가 미쳤어요. 이거 미쳤어요. 이거 본정신이 아니에요. 미쳤어요. 그리고 더 웃기는 얘기는 오늘이 주일이죠? 연휴지요? 연휴 맞죠? 그런데 오늘 주일을 없애고, 오늘 주일을 건너뛰고, 내일 주일 예배를 드린다고요. 왜? 놀러 갔다 온 사람들의 편리를 봐주기 위해서요. 그럼 돼요, 안 돼요? 우리가 그런 말 들으면 기상천외하지요? 기상천외? 사랑제일교회에서 만약 그따위 소리를 하면 바로 내가 순교시켜 버려요. 순교. 존재할 필요가 없어요. 왜 살아, 사람이? 이렇게 자꾸 교회가 슬금슬금 무너진단 말이에요. 그러면 안 된단 말입니다. 우리는 복음에 대해서는 확실히 해야 합니다. 그렇지요? 그래야 하나님이 밀어주신다고요.

### 5) 초실절 – 해의 부활을 확보해 놓고 살자

다시요. "<u>해의 부활, 달의 부활, 별의 부활, 별과 별의 부활.</u>" 따라서 하세요. "<u>삶의 부활, 사업의 부활, 물질의 부활, 다 부활.</u>" 초실절의 영광이 임할지어다! 여러분 다 빨리 이 땅에 살면서 초실절의 영광이 오도록 해의 부활을 확보해 놓고 살자! 그렇죠? 아멘이지요? 해의 부활의 영광이 머리부터 발끝까지 다 덮을지어다! 〈호산나〉입니다.

## 〈호산나〉

1. 호산나 호산나 호산나 높은 곳에서
호산나 호산나 호산나 높은 곳에서

2. 영광 영광 왕의 왕께 영광을
영광 영광 왕의 왕께 영광을

(후렴) 주의 이름 높여 다 찬양하라 귀하신 주
나의 하나님 호산나 높이 외치세

# II.
# 오순절의 능력을 받자

## 1. 오순절은 지나간 세 명절을 회복하고 앞으로 오는 세 명절을 보증한다

**1) 오순절이 오면 지나간 유월절, 무교절, 초실절이 깊어진다**

아멘. 따라서 합니다. "오순절." 드디어 이제 오늘 오순절을 마지막으로 하려고 해요. 다음 주부터 나팔절로 가려고 해요. 우리 다 오순절의 능력을 받아야 합니다. 이게 바로 성령강림입니다. 성령강림. 무슨 강림이요?

그럼 왜 오순절이 중요한가? 지난주에도 말씀드렸지만 잘 들어봐요. 오순절의 성령의 능력이 강하게 임하면 지나간 세 명절이 있지요? 따라 해봐요. "유월절, 무교절, 초실절." 이것이 확실히 오순절이 와야 이 속에 깊이 들어갈 수 있어요. 오순절 없이 유월절, 무교절, 초실절 하면 이론적으로만 배워요. 그래서 교회 안에서만 머리를 까딱까딱하면서 "오, 상당히 일리가 있네. 말씀이 조직적이다. 조직적이야. 다른 교회하고 좀 다르네. 저 목사가 더럽게 연구했네." 이렇게 까딱까딱한단 말이에요?

그러다가 오순절이 탁 임해봐요? 임하면 지나간 명절이 내 가슴을 삼켜버려요. "피로 젖었네" 하면 그냥 가슴이 보혈의 능력에 젖어버려요. "하나님을 거역한" 하고 찬양하면 그냥 내 가슴이 보혈의 피에 젖어버려요. 그렇지요? 그래서 오순절의 능력이 와야 하는 거예요.

이 모든 명절에 키가 있다고 그랬지요? 키? 유월절의 키는 피라 그랬지요? 피? 주님의 보혈의 피가 분명해야 하는 거예요. 보혈을 알자! 그리고 무교절의 키는 뭐냐? 선악과라 그랬어요. 선악과. 선악과를 반납하란 말이에요. 아멘. 따라서 합니다. "뜻, 견해, 의지." 이걸 토하여 내라고요. 이렇게 해도 오순절 성령을 안 받으면 무교절에 대하여 깊이 못 들어가요. 설교 들을 때는 정신을 바짝 차리고 "죽어야지. 죽어야지. 내 자아가 죽어야지. 맞아! 나 혈기 부리면 안 돼. 맞아. 죽어야 해." 이렇게 몸부림쳐 봐도, 이게요, 예배당 바깥에 나가 버리면요, 자아가 죽었는지 살았는지? 자기 멋대로 뻗친 대로 산단 말이에요. 그러나 오순절의 능력이 임하면, 따라 해봐요. "임하면." 지나간 세 명절이 다시 우리를 덮쳐버립니다. 아멘.

**2) 오순절이 임하면 나팔절, 속죄절, 장막절을 보장한다**

그리고 다가올 세 명절 있죠? 나팔절, 속죄절, 장막절, 이건 우리에게 아직 안 온 거예요. 왜? 그리스도의 재림이니까요. 아멘. 이 다가올 이 세 명절에 대해서 아직 확신이 없어요. 주님이 재림하실 때, 나팔절 때, 그때 내가 어떤 모습이 될지, 내가 깨어있는 신부가 될지 확신이 없어요. '순결한 신부가 되리라' 매 주일 노래 불러도 거기에 대해서 누가 보장해 주는 사람이 없어요.

그러나 오순절의 능력이 임하면 다릅니다. 따라서 합니다. "임하면." 이 오순절의 능력이 앞으로 다가올 세 명절을 확보해 줍니다.

그러니까 오순절이 7대 명절 한가운데 있지만, 앞의 세 개, 뒤의 세 개에 대해서 확실히 보장하는 것이 바로 오순절입니다. 그래서 오순절의 능력을 세게 받아야 해요. 믿습니까?

## 2. 오순절은 중요하다

한국 교회 성도들은 참으로 불쌍한 것이, 지금 내가 오순절을 여러분에게 몇 주 전부터 설명하는데, 그냥 "오순절 성령 받으라" 그러면 마치 무식한 부흥사들이나 무식한 은사주의자들이나 주장하는 것으로 그렇게 착각해요. 하지만 그렇지 않은 거예요. 성경 전체를 통으로 놓고 7대 명절로 딱 걸어놓고 보면 알아요. 이 일곱 개 중 하나의 명절도 필요 없는 게 없어요. 하나의 명절도 귀하지 않은 게 없는 거예요. 차라리 오순절이 임하면, 앞에 지나간 것, 뒤에 오는 것을 성령이 우리에게 담보시켜준다고요. 그러니까 오순절이 아주 중요한 거예요. 이해되시면 아멘.

그런데 오늘날 한국 교회 다니는 성도들 가운데 오순절과 관계가 제대로 된 성도들이 1 프로나 될까요? 1 프로? 내가 볼 때 100명 중에 하나도 없을걸요? 아예 이런 단어를, 성령세례 이런 단어를 쓰지도 않아요.

왜 그러냐? 목사님들 자신이 몰라요. 신학교에서 잘못 배운 거예요. 이걸 신학교에서 전부 잘못 가르치고 있다고요. 오순절은 없어졌다, 이렇게 가르쳐요. 신학교에서 "오순절은 없어" 이렇게 가르친다고요. 신학교에서요. 무슨 신학교가 그런 신학교가 있냐고요? 그러니까 한국 교회가 지금 다 주저앉고 있는 거예요. 한국 교회가 다 망하는 거예요.

여러분들은 오순절을 절대로 건너뛰면 안 돼요. 오순절 없이는 앞의 세 명절, 뒤의 세 명절이 여러분에게 확실하게 안 와요. 그래서 성령 받아야 하는 거예요. 성령 받는 것이 지저분하게 보여도 세련되지 않게 보여도 성령세례는 세련된 것과 관계없이 받아야 해요. 아멘. 여러분이 세련돼 봤자 여기 서정희 전도사님보다 더 세련되겠어요? 한번 봐요. 서정희 전도사님보다 더 세련되겠냐고요? 봐요. 이렇게 세련되고 이렇게 정돈되고 깔끔한 사람도 성령 받으니까 거룩한 무질서 안에 들어가는 겁니다. 따라서 합니다. "<u>받으면 거룩한 무질서 안에 들어간다.</u>" 아멘.

이걸 한국 교회는요? 거룩하다, 점잖다 하는 유교 문화를 교회로 들여와서 말 안 하고 사람이 멍청하게 가만히 있으면 이게 거룩한 줄 알아요. 천만의, 만만의 콩떡입니다. 성령 받아서 펄펄 뛰는 것이 거룩한 거예요. 성령 받아서 하나님의 능력이 나타나는 게 거룩한 겁니다. 그러니까 이렇게 7대 명절을 딱 걸어놓고 보라고요. 딱 걸어놓으면, 봐요. 성령 안 받고 꼼짝 못 하잖아요? 꼼짝 못 하잖아요? 그런데 한국교회는 오순절을 다 건너뛰고요? 이 오순절을 보지 말라고 해요. 오순절을 보지 않으면 뭐, 앞에 더 말해봤자 그게 되나요? 그게? 되지도 않아요.

성령 안 받으면 주님의 재림에 대해서도 확신을 못 해요. 목사님들까지도 재림이 확실치 않아요. 주님이 재림한다 그래 봐요? 목사님들이 뭐라는가? "이제 내가 좀 살만하니까 또 오고 난리야." 이런단 말이에요. 주님 재림에 대해서 겁난단 말이에요. 성령 받아야 오늘 주님이 와도 할렐루야지요. 아멘. 두 손 들고 아멘. 따라서 합니다. "주여, 주시옵소서." 〈성령 받으라〉 손뼉 준비.

### 〈성령 받으라〉

1. 성령 받으라 성령 받으라 예수 내게 말씀하셔서
성령 받으라 성령 받으라 예수 내게 말씀하셔서
할렐루야 성령 받았네 나는 성령 받았네
할렐루야 성령 받았네 나는 성령 받았네

> 2. 은사 받으라 은사 받으라 예수 내게 말씀하셔서
> 은사 받으라 은사 받으라 예수 내게 말씀하셔서
> 할렐루야 은사 받았네 나는 은사 받았네
> 할렐루야 은사 받았네 나는 은사 받았네

### 3. 일주일에 각자 한 명씩 성령 받게 해서 대한민국을 예수한국으로 만들자

아멘. 할렐루야. 그래서 이제 구정에도 다 갔다 오셨으니까요? 아멘. 추석은 아직도 멀었어요. 지금 추석 신경 쓸 거 없어요. 이제 우리는 이제 올 한 해 동안 복음을 위하여 살아요. 아멘. 우리 교회는 주일날 하나님 앞에 점수 따려고 한 주일에 1,000명씩 성령 받게 하자! 이번 한 주일 동안 우리가 조직할 거예요. 여러분, 한 주일에 1,000명의 군대가 일어나야 해요. 다음 주에 1,000명씩 성령 받게 하자! 그러니까 우리 교회 1,000명의 성도가 한 주일에 한 명씩을 꼭 교회 데려와서 예수를 믿는 사람이든지 안 믿는 사람이든지 일단 성령 받게 하자! 서정희 전도사님을 우리가 한번 이용해서 백 프로 일대일로 성령 받게 할 거예요. 사모님이 성령 받게 하는 데 세계 일인자입니다. 세계 일인자. 그래서 우리가 함께 다음 주부터, 다음 주부터 한 주일에 1,000명씩 성령 받게 하자!

이러면 사도행전, 성경 역사상 처음 오순절이 임했을 그때 이후로 기독교 2000년에 최초의 역사가 일어나요. 한 주일에 1,000명씩 성령 받는 일이요. 이래서 무너져가는 한국 교회를 살려보자! 대한민국 교회를 다시 일으켜 보자! 왜? 이대로 놔뒀다가는 안 돼요. 오순절 성령 받는 일이 없어요. 지금 교회 안에 없어져 버렸어요. 다 없어져 버렸어요. 다 지금 교회가 전부, 주일 예배가 장례식으로 다 바뀌었어요. 장례식으로. 찬송가는 전부 장송곡으로 바뀌었어요. 장송곡으로. 영적 시체들만 모아서 예배드리는 거예요. 안 된단 말이에요. 성령의 새바람이 불어와야지! 한번 해봅시다. 옆 사람 다 손잡고 해봐요. "우리 한번 해봅시다." 이러면 다른 교회에서도 따라서 한다고요. 우리 교회에 도전받아서요. 그렇죠? 이야! 다른 교회에서도 따라 하면요? 다른 교회에 충격을 줘서 다른 교회도 다 우리 교회처럼 하도록 이렇게 되면요? 대한민국이 예수한국 된다고요. 우리가 한번, 우리가 시동을 걸어요. 알았죠? 한 주일에 무조건 한 명씩 나는 성령 받게 한다! 아멘. 할렐루야. 할렐루야! 두 손 들고 아멘. 성령의 바람이 강타하도록요. <이 기쁜 소식을>입니다. 손뼉 준비.

## ⟨찬송가 179장⟩ 이 기쁜 소식을

1. 이 기쁜 소식을 온 세상 전하세
큰 환난 고통을 당하는 자에게
주 믿는 성도들 다 전할 소식은 성령이 오셨네

2. 만왕의 왕께서 저 사로잡힌 자
다 구원하시고 참 자유 주셨네
승리의 노래가 온 성에 들리니 성령이 오셨네

3. 한없는 사랑과 그 크신 은혜를
늘 의심하면서 안 믿는 자에게
내 작은 입으로 곧 증거 하리니 성령이 오셨네

(후렴) 성령이 오셨네 성령이 오셨네
내 주의 보내신 성령이 오셨네
이 기쁜 소식을 온 세상 전하세 성령이 오셨네

# Ⅲ.
# 오순절 언어로 변화되자

## 1. 오순절과 언어의 관계

### 1) 오순절 전의 언어는 저주받은 언어이다

아멘! 오순절을 확실히 하고 지나갑시다. 이제 오순절 설교가 오늘 마지막 주일입니다. 내가 지금 세 번 설명했어요. 아멘. 왜 오순절이 필요한가? 오순절은 단회가 아니라 연속이다. 따라서 합니다. "연속이다." 쭉쭉 내가 오순절을 설명해 왔습니다. 그다음에 방언에 대해서 설명했습니다. 아멘.

오늘은 잘 보세요. 오순절, 이 오순절이 왜 꼭 필요한가? 오순절과 인간의 언어의 관계에 대해서 설명하려고 합니다. 하나님이 천지를 창조하여 에덴동산부터 시작할 때 사람에게 말이 생겼습니다. 말. 그렇지요? 창조된 인간이 말하잖아요?

생기다가 이 말이 어디 와서 한번 큰 변화가 일어났냐? 어디냐 하면 바벨탑입니다. 바벨탑에 와서, 바벨탑을 쌓으면서 자꾸 어리석은 생각을 한 겁니다. 하나님이 물로 세상을 심판한 걸 보고 '다시 하나님이 물로 심판을 해도 우리는 안 죽으리라.' 해서 바벨탑을 쌓는데, 그게 가능하냐고요? '하늘에 닿도록 쌓아보자.' 아니, 우주가 끝이 없는데 언제까지 쌓아요?

하나님이 인간의 어리석음을 보시고 이 바벨탑 쌓는 것을 하나님이 저지하기 위하여 인간의 언어를 혼잡하게 하셨습니다. 성경에 보니까 인간의 언어를 혼잡하게 했다고 했습니다. 혼잡하게. 그래서 그때부터 이 인간의 언어가 저주받은 언어로 새로 바뀐 거예요. 언어에 변화가 일어났단 말입니다. 이 지구촌에서 쓰는 모든 언어는 다 저주받은 언어입니다. 저주받은 언어.

그러니까 말을 해도 말이 안 통합니다. 내가 말해도 다른 사람이 못 알아줘요. 그러니까 가슴이 답답하다 그래요. 시어머니와 며느리가 말이 안 통해요. 말이 안 통한다고요. 말이. 부모와 자식 간에 말이 안 통하는 거예요. 요즘 하는 말로 소통이 안 되는 겁니다. 소통이. 인간의 언어는 이 저주받은 말이기 때문입니다.

### 2) 오순절 성령이 임하면 인간의 언어부터 회복시킨다

성경이 쭉 지나서 예수님이 이 땅에 오시고 오순절 날이 됐습니다. 오순절이요. 오순절의 성령이 부어지니까요? 하나님의 성령이 인간의 여러 지체를 다 터치(touch)하지만 사도행전 2장 1절에 보면, 처음 성령이 와서 사람의 지체 중에서 사람의 혀를 틀어쥐기 시작했습니다. 겉으로 나타나지도 않고 인간의 입속에 숨어있는, 가장 부드럽고 가장 연약하고 숨어있는 요 혀를요. 성령이 혀를, 사람의 혀를 틀어쥐기 시작한 거예요. 그래서 거기서 뭐가 일어났냐? 방언이 일어나면서 새로운 언어가 시작됐어요. 이게 오순절 언어란 말입니다. 오순절 언어요.

그럼 보세요. 하나님이 사람을 저주할 때도 인간이 바벨탑 쌓는 걸 보고 손가락을 끊지 않고 손가락을 안 자르고 하나님이 사람의 언어를 비틀어놓은 것처럼 사람을 회복시킬 때도 하나님이 다른 걸 회복시키지 않고 성령의 은혜가 오니까 인간의 언어 회복이 먼저 이루어지잖아요?

내가 조사를 해 봤더니 창세기 1장부터 창세기 10장까지 이때 성경에 나타나 있는 언어들 있죠? 사람과 사람이 말하는 거? 하나님이 사람에게 말하는 거? 이런 말들의 특징이 보니까 아주 단조로워요. 말이 아주 단조롭다고요. 복잡하질 않아요.

언제부터 말이 복잡하냐? 성경 기록도 그래요. 성경 기록도. 여기서부터 복잡해요. 여기 바벨탑부터 언어가 복잡해요. 말하는 것이 복잡해요. 사람과도 말하는 게 복잡해요.

신약 성경도 보면요? 신약 성경 보세요. 신약 성경에 보면 성경의 두께가 같아요, 달라요? 다 달라요. 바울서신도 보면 로마서의 성경의 두께가 달라요. 로마서는 16장이에요. 고린도전서도 두께가 16장이에요. 그런데 빌레몬서 같은 건 1장이에요. 성경의 두께가 성경마다 다 달라요. 특징이 뭐냐? 성경의 두께가 두껍게 기록된 그 교회는, 고린도 교회 같은 이런 교회는, 성경에 보면, 교회가 골치 아픈 교회예요. 다시 말해서, 미성숙 교회입니다. 신령한 교회가 아니에요. 교회 수준이 아주 형편없는 교회예요. 이런 교회는 말이 많이 필요해요. 바울이 말이 많이 필요해요. 그러나 빌립보 교회라든지 골로새 교회 같은 건요, 성경이 짧아요. 왜? 별로 말할 필요가 없어요. 그러니까 신령한 교회는 말이 필요 없단 말이에요. 아멘.

목사님하고 상담하자고 자꾸 덤비는 사람은 신앙이 문제 있는 사람이에요. '목사님하고 자꾸 무슨 말을 해보고 싶다. 하고 싶다.' 그거는요, 오순절의 역사가 세게 안 가서 그래요. 아멘. 그러니까 나한테 뭘 자꾸 물어보려고 하는 사람은 오순절과의 관계가 문제가 있어요. 성령이 임하면, 따라서 합니다. "<u>임하면</u>." 물어볼 말이 없어져 버려요. 이 속에서 성령이 다 해결을 해버려요. 이심전심이 돼 버려요. 아멘. 두 손 들고 아멘. 할렐루야! 그래서 성령 받으라는 거예요.

### 3) 오순절 언어는 모든 동사 앞에 '성령으로'가 붙는다

그런데 사도행전 2장 1절의 오순절 사건 이후에 그때 언어를 제가 가만히 집에서 연구하고 검토를 해 봤더니, 오순절 사건이 있고 난 이후에 언어의 특징은 어떤 언어냐? 여기서 내가 중요한 문장의 변화를 하나 알아냈어요.

뭐냐 하면, 나는 공부를 많이 안 해서 이 문장 이런 거 잘 몰라요. 이 땅에 제일 기초적 문장의 5형식 중에 제일 기초적 문장이 '주어+동사'라 그래요. 들어봤죠? 중학교 2학년 때 들어봤죠? 그렇지? 그다음에 조금 더 복잡해지면 '주어+ 동사+보어' 이렇게 붙어요. 그렇죠? 그다음에 목적어가 또 붙어요. 그렇게 해서 1형식, 2형식, 3형식 계속 가요. 가는데 그다음 건 난 잘 몰라요. 골치 아파서 잘 몰라요.

그런데 이 성령의 역사가 강하게 일어난 사도행전 2장 1절 이후로부터는 하나님의 성령이 동사 앞에 붙어요. 잘 보세요. 이 동사 앞에 성령이 붙어요. 동사는 뭘 움직이는 것을 말하는 것을 동사라 그러잖아요? 동사 앞에 꼭 뭐가 붙어 다니냐? '성령으로'란 말이 붙어 다녀요. 요게 사도행전 2장 1

절 이후에 일어난 언어의 변화에요. 그전에는 없어요. 4복음서에도 없어요. 마태, 마가, 누가복음에도 그 말이 없어요. 그러나 사도행전 2장 1절부터 모든 하나님의 사역을 가리키는 용어, 그 앞에, 꼭 동사 앞에 성령이 붙어요. '성령으로'라는 말이 붙어 다녀요. 무슨 일이든 성령으로 하라는 거예요.

오늘 이후부터 여러분이 쓰는 모든 동사 앞에 성령이 붙게 하세요. 아멘. 자, 보세요. 모든 말 앞에 '성령으로'라는 말이 성경에 땅땅 찍혀 있어요. 보세요. 기도하라! 기도해야 해요, 안 해야 해요? 그런데 그 앞을 보세요. "성령으로 기도하라!" '성령으로'라는 말이 붙어 다녀요. 아멘 할렐루야. 찬양하라. 하나님께 찬송을 부르라. 찬양하라. 찬양을 한다 그러면 그 앞에 꼭 뭐가 붙냐? '성령으로'가 붙어 다녀요. 그러니까 하나님의 성령은 우리가 하는 동사 앞에 붙어서 성령이 우리를 방향타를 갈라 세워요. 믿습니까?

### 2. 오직 성령으로

#### 1) 성령으로 말하자

따라서 합니다. "<u>말하다</u>." 말을 하는데 누가 말하냐? 성령으로 말한다! 스데반이 말을 함에 있어서 '성령으로 말함을 저희가 이기지 못하더니,' 이렇게 돼 있어요. 그러니까 사도행전 6장을 한번 넘겨보시면, 스데반이 말하는 원리가 여기 나타나 있어요. 10절 말씀을 한목소리로 읽어봅시다. 시작. '스데반이 지혜와 성령으로 말함을 저희가 능히 당치 못하여.' 그것 봐요. 스데반이 지혜와 무엇으로? 성령으로 말함을 저희가 능히 이기지 못하더라는 거에요. 말을 해도 성령으로 하는 말이 따로 있다고요. 그래서 여러분과 저도 오순절의 능력을 세게 받으면 말을 성령으로 말할 수 있는 경지에 갈 수가 있습니다. 아멘.

목사님이 설교를 잘해요, 못해요? 많은 목사님이 나한테 이렇게 말해요. 똑같은 내용도 전광훈 목사가 말하면 느낌이 다르다고요. 똑같은 말도, 똑같은 말도 내가 말하면 느낌이 다르다고 그래요. 내 설교하는 것뿐 아니고 일대일로 말하는 것도요. 그래서 전광훈 목사 만나지 말라 그래요. 전광훈 목사 만나면 설득당한다고 그래요. 설득당한다고. 전광훈 목사를 만나면 백 프로 설득당한다고 그래요.

내가 요즘 이승만 영화를 만들어서 1,000만 명을 관람시키려고 각계각층의 수없는 사람을 만난단 말이에요. 아멘. 그런데 사람들이 그래요. "목사님, 목사님 말 들을 때 속으로는 '암만 떠들어라. 나, 너한테 설득 안 당해.' 이렇게 계속 생각하며 들어요. 그런데도 끝에 가면 설득 당하고 말아요." 내가 하는 말은 성령으로 하기 때문이에요. 성령으로. 따라서 합니다. "성령으로."

많은 분들이 제가 설교할 때 내 앞에 앉았다가 이런 고백을 해요. 뭐냐? 내가 목사님들 훈련하고 목사님들에게 설교하고 청교도훈련원 집회하고 목회자 집회할 때 처음에 딱 앉아서 내 인상을 딱 보면 백 프로 거부 반응이 일어난다 그래요. '무슨 저런 놈이 다 있어? 배는 불룩 튀어나와서 8개월 돼서, 건방지게 손은 왜 걸어? 논매러 가는 것처럼 말이야. 말하는 것도 "자식들, 다 떼어버려" 막 이따위로 말하고!' 그래서 거부 반응이 팍 일어나서 속에서 자기도 맞받아서 욕을 하려고 반감이 일어나는데, 많은 사람이 고백하기를 뭔 생각을 못하겠다는 거예요. 마음에 무슨 생각을 해서 반론을 펴려고 생각하면 꼭 내 입에서 딱 나가 버린다는 거예요. "지금 여기에 요런 생각하는 사람 있지?" 이렇게요. 그래서 꼼짝을 못하겠대요. 무슨 생각하면 딱! 이런 생각 하면 딱딱 딱! 이렇게 한다는 거예요. 그래서 꼼짝을 못하겠다 그래요.

왜? 성령으로 말하니까요. 성령으로. 그러니까 성경에 나와 있는 단어뿐이 아니고 하나님의 사람, 오순절의 능력이 세게 임한 사람은 모든 동사 앞에 성령이 붙어 다니는 거예요. 살림한다는 말은 신약 성경에 없어요. 살림한다는 말은 없지만, 성령 세게 받으면 살림하는 것까지도 성령이 임해요. 믿습니까?

그러니까 오늘 이 시간 오신 여러분들은 성령의 은혜를 세게 사모하세요. 할렐루야! 세게 사모하란 말이에요. 세게. 아멘. 간절히. 따라서 합니다. "간절히."

### 2) 성령은 소통의 영이다
7대 명절마다 키워드가 다 따라붙는다고 그랬죠? 무교절은 선악과지요? 부활은요? 부활은 '심는'이란 말이 키워드로 따라다녀요. 심는. 따라서 합니다. "심자."

그리고 오순절의 키워드는 사모함입니다. 사모함. 다시 말해서 사도행전 1장 14절입니다. 뭐냐? '전심으로'입니다. '전심으로.' 이 '전심으로'라는 것이 오순절의 핵심 단어예요. 오순절에 깊이 들어가기를 원하신다면 전심으로 사모하세요. 따라서 합니다. "전심으로." 전심으로 사모하는 사람에게 오순절의 능력이 옵니다. 믿습니까? 할렐루야.

이제 내가 설교 짧게 끝나고 이제 서정희 사모님이 사역을 하는데요? 100번 말하고 100번 가르치는 것보다 받는 게 중요해요. 이 서정희 사모님은 내가 가만히 점점 더 이렇게 알아보니까요? 보통 여자가 아니에요. 보통 여자가 아닙니다. 아니 세상에요. 아이고, 세상에 말이에요. 하늘의 성령의 은사가 임해버렸어요. 은사가 임했다고요.

구약 성경에 보세요. 모세라는 사람이 시내산에 올라가서 두 가지를 받아왔지요? 하나는 십계명이지요? 또 하나는 성막을 짓는 것을 받아왔어요. 그런데 시내산에 올라가서 성막을 본 사람은 모세 하나밖에 없어요. 모세 말고는 성막을 못 봤어요. 모세가 내려온 뒤에 성막을 지으려고 성전을 지으려고 나뭇가지를 꺾어서 땅에다 그려가면서 "얘들아, 이리로 모여. 내가 시내산에 올라갔을 때 하나님이 성막을 이렇게 지으라고 했거든?" 하면서 땅에다 그린단 말이에요? 그리는데 옆에 있는 사람들이 못 알아들어요. 모세가 본 걸 다른 사람이 어떻게 알아듣겠어요? "기둥은 이렇게 생겼거든? 이렇게 돼 있어. 그리고 위에 물개 가죽을 이렇게 덮게 돼 있어." 그러니까 옆에 듣는 사람이 "자세히 좀 설명해 봐요." "아이 참, 이 인간들이 말이야 돌대가리같이 생겨서는. 잘 들어! 다시 봐요. 크기는 이렇게 생겼거든? 기둥은 이렇게 생겼거든? 여기 고리는 이렇게 생겼거든? 치마는 이렇게 둘렀거든?" 또 옆에 사람이 "색깔은 뭐에요?" "가만히 있어 봐. 좀." 말이 안 통하니까 모세가 "안 되겠다. 도저히 안 돼." 설명이 안 통해요. 안되니까, 브사렐과 오홀리압을 딱 불러냈어요. 불러내서 그들에게 안수를 했어요. 안수하니까 하나님의 신이 그들 속에 들어갔어요. 들어가니까, 성령을 딱 받고 나니까 공명이 일어나는 거예요. 모세가 무슨 말을 하면 "이거 천막이 이렇게 생겼거든?" 그러면 이 속에서부터 모세가 시내산에서 본 것이 이 마음속에 느낌으로 "오, 혹시 이렇게 안 생겼어요?" "맞아, 맞아. 너 어떻게 알았어?" "말하는데 내 속에 딱 이럴 거 같은 생각이 딱 들어요." 이게 성령의 역사예요.

그러니까 내가 이 서정희 전도사님을 딱 보니까요? 이게요? 하늘의 은사가 임했어요. 하늘의 은사가. 사람이 누구에게 안수를 받는 것도 굉장히 중요해요. 영의 색깔이 그대로 임해버려요.

저는 성령 운동하고 은사 받았던 사람한테 꼭 물어보는 게 하나 있어요. "당신을 안수한 사람이 누구냐? 당신 방언 터질 때, 처음 은혜받을 때 누구, 어떤 부흥사, 어떤 목사님 통하여 은혜받았냐?" 이걸 내가 꼭 물어봐요. 왜? 사람에 따라서 우리나라는 딱 세 가닥이에요. 딱 짚어 물어요. 한얼산? 이거 한얼산 줄기구나. 아, 오산리순복음기도원, 그 통로구나. 방언도 달라요. 방언 색깔도 달라요. 한얼산 방언과 이 오산리 방언이 달라요. 그리고 우리나라는 또 계룡산이 있어요. 옛날에 해방 후에 그 모든 성령의 역사는 결국 우리나라는 용문산에서부터 출발이 됐어요.

그러나 그 밑으로 내려오면서 색깔이 달라요. 성령이 역사해도 색깔이 다르다고요. 목사님한테 성령 받은 사람은 목사님의 이 색깔을 그대로 이어받아요. 누구에게 안수받냐에 따라서 성격, 성품, 성질, 인간의 성질까지도 그대로 임해버려요. 유전자가 임한다고요. 아멘.

그러니까 서정희 전도사님이 여기서 성령 사역하는데 안수받아봐요? 서정희 전도사님의 성격, 성품, 성질이 그대로 유전적으로 탁 온다니까요? 탁 온다니까. 안 믿어지는가 봐요? 온다니까. 아멘. 나한테 받으면요? 내 기질이 와요. 내 기질이요. 내 기질이 뭐냐? "이 자식들!" 그대로 와요. 그대로 와요. 서정희 전도사한테 받으면 좋은 유전자를 받아요. 말이 아주 곱고 정돈되고. 나는요? '세게, 세게'예요. 이렇게 영의 원리가 사람마다 다르단 말이에요.

여러분, 이번 좋은 기회에 다 성령 세게 받자! 아멘. 받으면 그 성령을 통하여 쓰는 말도 달라지고 오순절 언어로 뒤집어져요. 그리고 그 모든 동사 앞에 다 성령이 붙어 버리기 때문에요? 성령으로 생각해요. 성령으로 말해요. 성령으로 느껴요. 모든 동사 앞에 성령이 붙어 다녀야 해요. 요게 사도행전 2장 이후에, 오순절의 역사가 일어난 이후에 나타난 현상입니다. 우리 이 시대에 다시 한번 성령을 세게 받아서 사도행전을 이 시대에 재현 한번 해보자는 거예요. 동의하시면 아멘이에요. 두 손 들고 아멘. 할렐루야! 따라서 합니다. "주여!" 다시요. "주여! 역사하여 주세요!" 〈참참참 피 흘리신〉입니다. 손뼉 준비.

〈참참참 피 흘리신〉

1. 참참참 피 흘리신 예수의 사랑 안에서
주님의 십자가 따라 생명을 바치겠느냐
복음의 불길 오른다 다 같이 일어나거라
영광의 주님의 나라 다 같이 참예하여라

2. 참참참 들려오는 구원의 큰 종소리에
복음을 전파하려면 희생을 각오하느냐
구원은 성도들의 것 진리로 거두리로다
우리는 천국에 가서 영생의 꽃이 되리라

(후렴) 성령의 성령의 불길 성령 불이야
성령의 성령의 불길 성령 불이야
온 천하 세계만방에 퍼지자 성령의 불길
성령의 성령의 불길 성령 불이야
성령의 성령의 불길 성령 불이야
온 천하 세계만방에 퍼지자 성령의 불길

아멘. 그러니까 오순절 언어가 온 사람과 안 온 사람이 말하면 피차가 답답해요. 어떤 한 집에서도 아내는, 여자는 성령 받았어요. 방언 받았어요. 같은 교회를 다녀도 남편은 방언 못 받았어요. 말이 답답해요. 말하면 답답해 버려요. "어우!" 속이 답답해요. 말이 안 통해버려요. 오순절 언어와 그렇지 않은 언어는 말이 안 통하는 거예요. 아멘.

그러니까 교회 다니는 성도들은 다 오순절 언어로 통일해야 해요. 성령으로 말해야 해요. 성령이 말에 묻어 나올 수 있도록, 성령이 말에 입혀 나올 수 있도록 해야 해요. 말에 성령이 입혀 나오는 말은 딱 들어보면 달라요. 딱 들어보면 달라요. 아멘. 아무리 말을 이쁘게 하고 아무리 말을 세련되게 하고 말을 골라 단어 선택을 골라서 하고 음성도 톤도 조절하고 감정 조절 다 해서 말을 해도 오순절의 언어가 아닌 것은 딱 들을 때 이 속에서 탁 튀면서 "어유! 불여우같이 생겨서. 어유! 못된 여자같이 생겨서." 이렇게 들린단 말이에요. 아멘.

오순절 언어는요? 성령이 묻어 나오는 언어는 달라요. 아멘. 달라요. 따라서 합니다. "다르다." 돈 벌기 원해요? 솔직히 말해 봐요. 또 안 그런 척하고 뭐, 신령한 척하고 그러지 말고요. 돈 벌기 원해요? 오순절 언어를 구사하세요. 돈이라고 하는 건 다 관계성으로 인해서 돈이 오기도 하고 가기도 하는데요? 비즈니스 할 때 만나서 얘기하잖아요? 얘기하는데 이 오순절 언어를 구사하는 사람은 말하면요? 하여튼 성령이 여러분의 말에 묻어 나와야 해요.

### 3. 오순절의 키워드 : 전심으로!

그러기 위해서는 성령을 세게 받아야 해요. 성령 받는 키워드, 오순절의 키워드는 전심이라 그랬어요, 전심. 따라서 해요. "전심으로." 다시요. "전심으로." 전심으로 사모하고 기도했더니 오순절의 성령이 왔더라! 이 '전심으로'라는 말을 내가 다시 설명하고 이 시간에 다시 매달려 보자고요. 아멘.

이 '전심으로'라는 말의 헬라어 원어는 '프로스칼테룬테스'라고 했지요? 이 말이 전심이라 그랬지요? 이 말은 원래 성경의 용어가 아니고 세상에서 쓰던 단어가 성경 안으로 유입돼서 들어왔다 그랬죠? 그러면 이 '전심으로'라는 말인 '프로스칼테룬테스'는 어떤 뜻인가? 그 당시에 써먹힐 때 이 단어의 뜻은요? 사람이 저녁에 잠을 자다가 강도가 들어와서 칼을 대고 가장의 목에다 쳤어요. "일어나. 돈 내놔." 그때 '아, 죽었구나. 어차피 죽는 거 이판사판이다.' 해서 이 사람이 탁 칼끝을 쳤는데, 칼이 떨어졌어요. 둘이 서로 칼을 잡으려고 그 가정의 가장과 도둑놈이 격투가 붙었어요. '내가 이기면 우리 가족이 다 살아. 내가 지면 우리 가족이 강도한테 다 죽어.' 그럼 칼을 놓고 둘이 힘겨루기가 들어갔는데 그때 힘겨루기에 힘을 얼마만큼 쓸까요? 얼마만큼 써요?

성령도 그렇게 힘써야 해요. 그게 '프로스칼테룬테스'에요. 목숨 거는 거예요. 알았지요? 알았지요? 성령 못 받는 사람들 보면 자세가 똑같아요. 하나도 안 달라요. 다 공통점이 뭐냐? 피동적이에요. 뭐냐? "주여, 주여, 오려면 와봐요. 안 와도 나는 걱정 없어요. 주여." 동해 물과 백두산이 마르고 닳도록 해봐요. 이런 사람은 일생 성령 못 받아요. 성령은 이렇게 받는 거예요. 이렇게 '전심으로'요. 따라서 해봐요. "전심으로." 다시요. "전심으로." 요 자세를 취한 사람에게는 성령 와요. 오순절이 온다고요.

오순절 안 오고 내가 신앙생활에서 성공할 생각하지 마세요. 오순절은 건너뛰어도 될 동그라미가 아니에요. 이거는 꼭 필요한 거예요. 일대일로 필요한 거예요. 아멘. 따라서 합니다. "주여!" 다시요. "주여!!" 할렐루야.

그리고 이 전심의 기도가 이루어졌는지를 자기가 자신에게 확인하는 길이 있다 그랬죠? 제가 이 사도행전 1장 14절을 가지고 35년간 부흥회 했어요. 35년간. 제가 일주일 부흥회 설교하다 성령 받는 타임이 딱 되면, 지금 서정희 사모님 지금 성령 사역하는 것처럼 요 시간이 딱 되면 사도행전 1장 14절 읽어서 35년을 가지고 성령 받게 했는데요? 이 성경 구절, 이거를 설명에 딱 돌입해 들어가면요? 전심의 기도가 자기에게 이루어졌는지를 스스로 자기에게 점검하는 원리가 이거예요.

첫째, 옆 사람의 기도가 내 귀에 들리면 안 된다고 그랬어요. 옆 사람의 기도가 들리면 안 돼요. 이따가 사모님이 성령 사역을 할 텐데 그때도 여러분이 피동적으로 "주여, 주려면 줘봐요. 아이고, 내가 이쁜 사모님한테 한 번 받으려고 나왔는데요. 주여, 아버지." 그거는요 성령 안 와요. 안 와요. 탁 붙잡고, 따라서 합니다. "주여!" 아멘. 자기와의 싸움에서 이겨야 해요. 옆 사람의 기도가 귀에 들리면 안 돼요. 자기 기도만 들려야 해요. 자기 기도만요. 알았죠?

그다음에 성령을 놓고 기도할 때 성령이 딱 올라 그럴 때는 항상 마귀도 동시에 와요. 마귀가 동시에 와서, 마귀가 생각으로 딱 찔러요. 생각으로 어떻게 찌르냐? 잘 봐요. 꼭 사탄이 이래요. "야, 꼭 이렇게만 해야 하냐?" 이렇게 꼭 마귀가 온다고요. 그걸 딱 물리치라고요. 아멘.

그다음에 성령이 방언을 딱 터뜨리거든요? 따따따 방언 터뜨리거든요? 이때 마귀가 또 생각을 딱 질러요. "그거는 방언이 아니야. 봐라. 목사님 방언, 서정희 전도사님 방언 봐라. 참, 천사 방언처럼 이쁘고 돌 돌 돌 굴러가지? 네 방언은 말이야? 찌 찌 찌. 그건 방언이 아니야. 하도 네가 하고 싶으니까 네가 그냥 만들어서 하는 거야." 이 생각을 사탄이 찌르면 받아들이지 말고 잘라야 해요. 따라서 해봐요. "사탄아, 물러가라." 아멘. 따라 해봐요. "목사님도, 서정희 전도사님도 처음 받을 때는 랄랄라 받았다." 알았지요? 그렇게 딱 이겨야 한단 말이에요.

그걸 만약에 받아들이면 어떻게 되냐? 라면 끓이다가 물을 새로 붓는 것과 같아요. 라면 막 끓이다가 물이 부족해서 이렇게 차가운 물 살짝 부으면 어떻게 돼버려요? 어떻게 돼요? 뭐가 식어요, 식기는? 팍 주저앉지. 식는 거는 서서히 하는 걸 식는다고 하죠. 물 딱 부으면, 한 컵 다 부으면 어떻게 돼버려요? 팍 주저앉아버리지. 사탄의 생각을 받아들이면 팍 주저앉아버려요. 딱 잘라야 해요. 탁 물리쳐야 해요.

또 이런 생각이 와요. "야, 네 고모 있지? 옛날에 네 고모가 교회 가서 성령 받는다고 하다가 미쳤다 그러더라. 미쳤어." 요런 불길한 생각을 사탄이 딱 집어넣으면 이렇게 이겨야 해요. "하나님은 구하는 자에게 좋은 것만 주신다." 아멘입니까? 할렐루야요? '불길 같은 성령'입니다.

### <찬송가 173장> 불길 같은 성신여

1. 불길 같은 성신여 간구하는 우리에게
지금 강림하셔서 영광 보여 줍소서

2. 주의 제단 불 위에 우리 몸과 영혼과
우리 가진 모든 것 지금 바치옵니다

3. 모든 것 다 바치고 비고 비인 마음에
주의 이름 위하여 성신 충만 합소서

4. 구속하신 주께서 허락하신 성신을
믿고 간구하오니 지금 내려 줍소서

(후렴) 성신이여 임하사 내 영혼의 소원을
만족하게 하소서 기다리는 우리에게
불로 불로 충만하게 합소서

두 손 높이 들고 지금부터 기도하기 시작하는데 "주의 성령이여, 부어 주시옵소서. 오순절의 능력을 주시옵소서. 사도행전 2장 1절 그 사건을 그대로, 그대로 나에게 적용시켜 주세요." "주여" 삼창하며 기도하겠어요.

# The Feast of Trumpets

나팔절

# 18

## 나팔절①
## 예수는 반드시 다시 오신다

**설교 일시** 2014년 2월 9일 (주일) 오전 11시

**대 상** 사랑제일교회 주일 3부 예배

**성 경** 마태복음 24:29-31

29 그날 환난 후에 즉시 해가 어두워지며 달이 빛을 내지 아니하며 별들이 하늘에서 떨어지며 하늘의 권능들이 흔들리리라

30 그때에 인자의 징조가 하늘에서 보이겠고 그때에 땅의 모든 족속들이 통곡하며 그들이 인자가 구름을 타고 능력과 큰 영광으로 오는 것을 보리라

31 저가 큰 나팔 소리와 함께 천사들을 보내리니 저희가 그 택하신 자들을 하늘 이 끝에서 저 끝까지 사방에서 모으리라

# Ⅰ.
# 7대 명절을 알았다면 전도하자

## 1. 하나님이 사람에게 하고 싶은 말씀의 요약 : 7대 명절

7대 명절의 축복을 받으라! 하나님께서 사람에게 하고 싶어 하는 말씀이 많이 있어도 하나님이 사람에게 하고 싶은 말을 줄여서 말하면 일곱 가지입니다. "이것만큼은 내가 꼭 말하고 싶다." 하나님은 일곱 가지 명절로 하나님이 사람에게 하고 싶어 하는 말을 표현하셨습니다. 우리가 성경을 다 읽으려면요? 창세기부터 요한계시록까지 두껍습니다. 한 사람이 40일 밤낮으로 읽어야 겨우 읽어요. 밥 먹고 직장 가지 말고 문 딱 잠가놓고 40일 읽어야 창세기부터 계시록까지 성경을 다 읽을 수 있습니다. 꽤 부피가 크지요? 성경을 처음부터 끝까지 한번 읽고 사는 사람이 많지 않습니다. 교회 다니는 성도들까지도 심지어 직분자들까지도 그렇습니다. 그런데 문제는 그 성경을 읽고도 그 말씀을 읽고도 도대체 이게 무슨 말인가 모르는 것은 참으로 더 답답한 일입니다. 그런데 그 두꺼운 성경이, 그 많은 양이, 하나님이 하려고 하는 말은 간단합니다. 바로 이것입니다. 따라서 합니다. "유월절, 무교절, 초실절, 오순절, 나팔절, 속죄절, 장막절." 하나님은 이거 일곱 개를 사람에게 말하려고 많은 두꺼운 성경이 지금 동원이 됐습니다. 사랑제일교회 성도들은 하나님이 하시고자 하신 이 말씀을, 여러분, 접수하십시오. 받아들이십시오.

유월절은 뭔가? 따라서 합니다. "이렇게 죽으리라." 하나님의 아들 독생자 예수가 이 땅에 오셔서 사람으로 오셔서 죽는다는 거예요. 십자가에. 왜? 우리의 죄 때문에. 따라서 합니다. "무덤에 있으리라", "부활하리라", "성령을 주시리라." 따라서 합니다. "재림하시리라." 따라서 합시다. "알곡과 쭉정이를 가리시리라." 다시요. "천년왕국을 주시리라." 할렐루야!

## 2. 나팔절, 속죄절, 장막절과 성령세례

### 1) 예수 재림의 모형으로 나타난 구약의 나팔절

그래서 오늘은 이제 드디어 우리가 유월절, 무교절, 초실절, 오순절을 지나서 나팔절에 관한 말씀을 상고하려고 합니다. 나팔절은 그리스도가 이 세상에 재림하신다는 겁니다. 재림. 다시 돌아오신다는 거예요. 예수님이 이 땅에 사람으로 오셔서 십자가에 죽으셨지요? 3일 동안 무덤에 계셨죠? 3일 후에 부활하셨죠? 오순절 날 성령을 주셨어요. 성령이 부어졌습니다. 그리고 다시 하늘나라로 승천하신 예수님이 이 땅에 또 돌아오신다는 겁니다. 돌아오신다 이거예요. 아멘.

구약 시대에 이 예수님이 다시 돌아옴에 대한 모형을 나팔절로 그려냈습니다. 나팔절이 되면요? 양각 나팔이라고 있습니다. 양의 뿔을 빼면요? 뿔도 적은 양이 있고 큰 양이 있습니다. 저 지금도 티베트 산맥 같은 데 사는 산양 중에서 큰 양의 뿔은 크기가 내 허리만큼 큽니다. 땅에서부터 1미터가 넘습니다. 양각은 굵기도 굵고, 빼면 그 가운데가 텅 비었어요. 뿔 가운데가요. 양각은 두 가지로 쓰임을 받습니다. 하나는, 거기다가 기름을 채워서 담는 그릇으로 써요. 옛날에는 무슨 도자기, 이런 것도 귀하니까 양의 뿔을 기름을 담는 그릇으로 사용을 했어요. 또 하나는 양의 뿔을 뒤에서 딱 자르고 거기다가 심지를 딱 박아서 불면 그것이 나팔이 되는 거예요. 그걸 양각 나팔이라고 그래요. 여러분, 영화에서 보셨죠? 목동들이 메고 다니면서 양을 칠 때 양들을 몰고 갈 때 양들에게 소리를 들려주려고 '뿌우' 이렇게 하는 거? 그게 양각 나팔입니다. 그리고 양각 나팔을 어디다 쓰느냐? 전쟁이 일어날 때 씁니다. 지금 우리가 민방위 훈련할 때 전 서울 시내와 전국에서 '적기가 오니까 빨리 피하라.' 민방위 훈련할 때 경고 사이렌이 울리는 것처럼 전쟁이 나면 전국에 나팔을 불어서 백성들에게 전쟁 난 것을 알리려고 양각 나팔을 쓰는 거예요. 또 언제 쓰느냐? 나팔절 날 사람들 백성들이 성회에 참여하라고 부흥회 참석하라고 전국에 나팔을 불어요. 성회에 오라고요. 그런데 이것이 그리스도 예수님의 다시 오심에 대한, 예수님의 재림에 대한 모형으로 나타났습니다. 예수님은 이 땅에 재림하십니다.

### 2) 오순절이 분명치 않으면 나팔절, 속죄절, 장막절을 믿지 못한다

그런데 이 7대 명절을 보면 유월절, 무교절, 초실절, 모든 명절이 이것이 서로 하나씩 고리를 걸고 넘어가기 때문에 앞의 명절이 확실치 않은 사람은 뒤의 명절이 오는 예가 없어요. 유월절이 없는 사람에게 무교절이 오겠습니까? 무교절 말해도 설명을 이해 못 해요. 무교절 없는 사람에게 초실절이 이해되겠습니까? 불가능해요. 초실절 없는 사람에게 성령이 강타하겠습니까? 그렇지 않습니다. 그와 마찬가지로 이 나팔절을 알리면 오순절의 성령이 강하게 임해야 합니다. 본정신으로는 사람의 이성으로는 받아들일 수 없는 경지가 바로 나팔절입니다. 뒤에 있는 속죄절, 장막절까지 오순절 뒤에 있는 이 세 명절은 인간의 본정신으로는 받아들일 수 없습니다. 이게 이성의 분야가 아니라고요. 목사님들까지도 세상이 타락해서 많은 목사님도 예수님의 재림을 의심하는 사람이 있습니다. '상식적으로 생각해 보니까 어떻게 예수님이 다시 이 땅에 오시겠냐?' 이거예요.

상식적으로 불가능하다? 이 세상에, 여러분, 상식적이란 말이 성경에 통하는 데가 있습니까? 만약에 성경을 상식으로 본다면 천지창조가 상식적으로 이해가 됩니까? 어떻게 이 세상에 아무것도 없는 것이 하나님 말씀 한마디로 6일 동안? "빛이 있으라!" 해서 이 세상이 생겼다? 이게 상식적으로 이해가 됩니까? 모세가 홍해를 걷는 것이 상식적으로 이해가 됩니까? 성경에는 상식이 하나도 통하지 않습니다.

### 3) 7대 명절은 초과학적이다

이 7대 명절도 이만큼 성경이 자세히 말하고 또 제가 여러분에게 지금 두 달 이상을 이 말씀을 가르쳤잖아요? 앞뒤 말씀을 딱 보면요? 앗 소리 못합니다. 앗 소리 못해요. 아니, 성경이 아무리 초과학적이고 조직적이라 해도 어떻게 이렇게 말씀이 짜졌냐고요? 성경에 이렇게 분명하냐고요? 그렇지요?

특별히 이 유월절 같은 거는요? 유월절은 예수님이 십자가에 죽는다는 모형이잖아요? 예수님이 이 땅에 오시기 2000년 전에, 지금부터 2000년 전 말고 예수님 때부터 또 2000년 전, 예수님이 이 땅에 사람으로 오시기 2000년 전부터, 그전부터 이미 다 예언은 돼 있어요. 특별히 시편 같은 데 보면, 예수님이 십자가에 못 박힐 때 예수님의 혀 있죠? 혀가 사람의 몸 안에 들어 있잖아요? 혀가 보입니까? 안 보이죠. 여러분 사진 찍으면 혀가 나와요? 혀 나와요, 안 나와요? 사진 찍을 때 혓바닥 내놓고 찍는 사람이 있어요? 혓바닥? 없지요? 혀는 사람의 몸속에, 입안에 감춰져 있죠? 그러니까 사람의 혀가 어떤 모양으로 움직이고 어떤 자세를 취하는지를 밖에서 보면 안 보이잖아요? 그런데 성경은 2000년 전에, 예수님이 이 땅에 오시기 2000년 전에 십자가에 달린 예수님의 혀가 어떤 모양을 하는지를 벌써 예언하고 있습니다. 십자가에 예수님이 못 박혀서 피를 많이 흘리셨죠? 피 많이 흘리면 목이 마르죠? 목마르면 혀가 꼬이죠? 그 혀가 꼬이는 그 모양새를 벌써 유월절에 관한 성경이 예언하고 있다고요. '그 혀가 이 틀 사이에 끼었다.' 이렇게 돼 있다고요. 그렇게 성경에 자세히 예언돼 있어요. 그 예언된 그대로 일점일획도 빠짐없이 그것이 다 성취가 된 거예요. 뒤의 사건도 다 마찬가지예요. 오순절 날 성령이 왔지요?

그러면 이 정도로 완벽하게 성경이 초과학적으로 논리적으로 이렇게 질서정연하게 기록이 돼 있고, 제가 두 달째 여러분에게 설명했으면, 인간이라면 짐승이 아닌 이상 인간이라면, 이것에 대해서 "이야! 성경 무섭다. 참 성경은 대단하다." 이렇게 접수가 돼야 하거든요? 그런데 접수 못 하는 거예요.

### 4) 7대 명절을 받아들이는 것은 영의 문제이다

그러니까 이것이 이성의 폭이 아니라는 겁니다. 사람의 이성의 영역이 아니에요. 이렇게 논리적으로 이렇게 이성적으로 초과학적으로 기록된 말씀에도 불구하고 사람들이 자기의 머리로는 이걸 이해를 못 하는 거예요. 못 받아들이는 거요. 이거는 영의 문제입니다. 그래서 성령 충만 받아야 하는 거예요. 특별히 성령세례가 세게 임해야 해요. 성령이 세게 임해야 그다음 뒤에 나오는 절기에 대하여 자기가 받아들일 수가 있어요. 안 그러면 흡수를 못 하는 거예요. 사람의 능력으로는 이걸 받아들일 수 없는 거예요. 성령님의 도움이 있어야 하는 거예요. 그래서 계속 우리는 이 성령의 세례, 오순절을 계속 확대해 나가야 합니다. 아멘.

## 3. 7대 명절을 알았다면 강렬하게 반응하자

### 1) 사도행전을 이 땅에 재현하자

자, 여러분, 이제 잘 들어보십시오. 오늘까지 7대 명절 일곱 개 중에 오순절까지 지금 다섯 개를 했고 오늘부터 나팔절을 합니다. 아멘. 7대 명절이 이해됐습니까? 받아들였습니까? 믿어지십니까? 그러면 여러분들은 반응을 해야 합니다. 이것을 받아들이고 알았다고 하는 사람이 이렇게 멍하게 있다면 모르는 겁니다. 이거는 굉장히 강렬하게 반응해야 합니다. 심지어 7대 명절이 제대로 이해되고 접수가 되고 내 속에 임하는 사람은 남은 생애에 이걸 위하여 생명을 걸어야 해요. 생명을 걸 가치가 있는 거라고요. 아멘. 그런데 우리 성도들까지도 내가 넉 달 동안 설명하는데 여러분이 지금 이렇게 멍하게 반응한다면 이게 아직 여러분 가슴속에 들어갔다고 볼 수가 없는 거예요. 정말 이것이 여러분들 속에 들어가면 '아, 나는 이제 저걸 위하여 생명을 걸어야겠다.' 이렇게 이 속에서 열기가 일어나야 하는 거예요. 일어나야 이것이 이해된 거라고요. 아멘입니까? 두 손 들고 아멘. 할렐루야!

그러니까 이렇게 합시다. 자, 하나님께 "나는 이 7대 명절이 내 가슴에 왔다." 하는 것을 우리가 한번 신앙 고백하기 위해서요? 내가 아까 2부 예배 때도 말했어요. 우리 교회도 오래 존재할 필요 없어요. 나도 뭐, 여러분, 껍데기 성도를 데리고 이렇게 세월 허비할 생각도 없고요. 괜히 신앙을 종교의식으로 할 필요 없습니다. 교회가 왜 존재합니까? 목사 하나 밥 먹여 살리려고 교회가 존재합니까? 아니거든요. 이건 아니란 말이에요. 사실 교회는 이것 때문에 존재합니다. 동그라미 일곱 개, 7대 명절 때문에 존재하는 거예요. 이것을 알고 고백하고 실행하기 위해서 교회가 존재하는 거예요. 여러분이 날 밥 먹여 살리기 위해서 존재하는 것이 아니라고요. 아멘. 여러분이 밥 안 먹여 살려도 나는 밥 먹을 데 많아요. 밥 먹을 데 많아요. 많다고요.

그러니까 우리 사랑제일교회는 껍데기 신앙생활 하지 말고요? 특별히 우리가 이제 다음에 하려고 하는 속죄절, 알곡과 쭉정이, '타작마당을 정하게 하사 알곡은 모아 곳간에 들이고 쭉정이는 꺼지지 않는 불에 태우리라.' 이거는요? 여러분, 내가 신앙의 농사를 지어서 여러분을 대상으로 내가 신앙의 농사를 잘 짓고 성도를 키워나가는데 속죄절 날 여러분이 다 타작마당의 쭉정이가 된다면 나는 뭡니까? 내가 목회하는 것이 뭡니까? 그러니까 여러분들이 저를 위해서라도 알곡이 되어 주세요. 따라서 합니다. "알곡이 되자." 이건 내가 다음에 말씀을 드리기로 하고 어쨌든 이 7대 명절이 정말로 가슴에 접수된 사람은요? 다시 한번 합시다. "유월절, 무교절, 초실절, 오순절." 할렐루야! 성령 충만합시다.

이 7대 명절이 정말 이루어진 사람은 이제 우리가 한번 다음 주부터 성경에 나오는 사도행전을 이 땅에 현실화시켜 보자! 사도행전을 이 땅에 한번 이루어 보자고요. 성경에 나오는 사도행전 시대의 그 기록이 이 땅에 그대로 재현된 적이 2000년 동안 한 번도 없어요. 우리 교회가 한번 최초로 해보자고요. 사도행전에 보면 '하루에 구원받는 숫자가 삼천이 더 하더라.' 그랬어요. 그러니까 사도행전 시대 때는 복음을 전할 때 뭐 이렇게 조용하게 수동적으로 전하지 않았습니다. 목숨 걸고 전했습니다. '내가 저 사람에게 복음을 전하리라!'

이 복음이 뭐냐? 바로 이 7대 명절이 복음입니다. 이 일곱 개 비밀이거든요? 이 비밀이란 말이에요? 비밀? '이것을 내가 저 사람에게 말하지 아니하면 저 사람은 바로 지옥 불로 직행열차를 타고 들어간다. 저 사람은 내가 말하지 않으면 바로 지옥 불로 직행한다.' 사도행전 시대는 성령을 받으니까 이러한 절박한 마음으로 복음을 전했다고요.

그래서 우리 이렇게 하자고요. 2부 예배 때도 결단했습니다. 이 말씀을 우리만 듣고 귀만 즐거워하고 '아, 그럴지도 모르겠구나.' 이러면 안 돼요. 이건 뭐 신앙생활도 아니에요. 말씀이 들어갔으면 이 속에서 불이 일어나야 해요. 다음 주부터 이렇게 하자고요. 다음 주부터 매주일마다 한 주일에 한 명씩을 성령 받게 하자! 그러니까 여러분, 오늘 이 말씀을 들은 사람은 여러분에게 책임감이 큰 거예요. 부담을 가져야 해요.

이렇게 생각해 봐요. 하나님이 이 복음을요? 요 7대 명절이 복음입니다. 이 비밀의 뜻을 아는 것이 복음입니다. 하나님이 이 복음을 세상 사람들에게 먼저 안 가르쳐 주고 아직 그리스도 밖에 있는 사람, 예수님 안에 오지 않은 사람에게 먼저 안 가르쳐 주고 순서를 나부터 먼저 가르쳐 줬다는 것에 대하여 감사해야 해요, 불평해야 해요? 진짜요? 그러면 이 복음을 하나님이 나한테 먼저 알려 줬다면 우리는 당연히 책임감을 가져야 하는 거예요. 어떤 책임감이냐? 이것은 그때도 내가 말씀드렸습니다마는 이것을 정말로 제대로 안 사람은요? 예를 들어, 가족이 산정호수에 가서 배를 타요. 산정호수 있죠? 포천에 가면 산정호수 좋아요. 공휴일에 한번 가 보세요. 좋아요. 내가 군대 생활을 거기서 했어요. 좋아요. 그런데 산정호수에서 배를 하나 빌려서 가족과 함께 배 타고 탁 놀다가 배가 뒤집어졌어요. 배가 홀딱 뒤집어졌어요. 가족이 다 물에 빠졌어요. 그런데 다 이렇게 첨벙첨벙하는데 119가 왔어요. 와서 밧줄을 던졌어요. 살아 나오라고 밧줄을 던졌어요. 내가 먼저 잡았어요. 밧줄 잡았어요. 잡아서 119가 끌어내서 먼저 살았어요. 그다음에 내가 살고 나온 그 줄을 어떻게 해요? "아저씨, 감사해요. 날 살려주셔서. 이제 줄 접어서 집에 갑시다." 그러면 돼요, 안 돼요? 난 되는 줄 알았어! 돼요, 안 돼요? 지금 현재 먼저 예수 믿은 사람들의 영적 자세가 그 모양인 거예요. "가자. 집에 가자. 나만 살았으니까 이제 돼. 나만 천국 가면 돼. 나만 구원받았으면 됐으니까 이제 집에 가자고."

이러니까 하나님이 구원받은 성도를 축복할 수가 없어요. 왜? 먼저 복음을 안 사람들은 그다음에 아직도 못 나온 사람에게 내가 붙잡고 나온 그 줄을 돌려줘야죠? 그 줄을 바로 던져줘야지요? 그래요, 안 그래요? 그것이 인간이지요. 맞지요? 그러면 만약에 그러지 않고 자기가 줄 잡고 나와서 살았다고 해서 "아저씨, 아이고 감사해요. 줄 걷어요. 집에 갑시다. 가다가 나 새우깡 한 개 사줘요. 새우깡. 초코파이 한 개 사줘요." 그럼 소방서 아저씨가 뭐라 그러겠어요? "네 가족이 지금 물에 빠져서 아직도 못 나오고 네가 먼저 나왔는데, 지금 뭐? 초코파이 사달라고? 정신병자같이 떠들고 난리야." 이러지요. 소방관 아저씨가 "알았다. 가자. 초코파이 먹으러 가자." 이러겠어요?

여러분과 제가 구원받은 줄을 다음 사람에게 돌려주지 않고 "주여, 축복 주세요. 하나님, 우리 사업을 일으켜 주시고요?" 그러면 이게 초코파이 달라는 거하고 똑같은 거예요. 이해돼요? 그러나 합력해서, 먼저 물에서 나온 사람과 119 아저씨가 합력해서 합동작전을 펴서 다음 사람을 또 건져내면, 아멘, 건져내면 그다음에 그 사람에 대해서는 하나님이 축복한단 말이에요. 초코파이 달라고 안 해도 주셔요. 하나님이 바라시는 소원이 이루어졌기 때문에요.

### 2) 복음을 전하지 않는 것은 범죄 행위이다

그러니까 복음을 전하지 않는 이런 자세는 그 자체가 범죄 행위가 되는 거예요. 그러니까 여러분들은 이 복음을 들은 책임감을 가져야 해요. 그래서 우리 교회는요? 저는 여러분 앞에 잘 보일 생각도 없어요. 내가 서정희 전도사님한테는 늘 말하지만요? 서정희 전도사님이 맨날 나보고 냄새나는 목사님이라고 맨날 나한테 그렇게 말하는데, 나는 여러분에게 깔끔하게 보일 그런 마음도 없어요. 나는 원래 내가 사는 게 그러니까. 냄새가 나든 말든 난 장위동 학파야, 장위동 학파. 그러나 이거 하나만큼은 내가 여러분에게 용서할 수 없어요. 뭐냐? 복음을 전하지 않는 자세에 대해서는 내가 그냥 넘어갈 수 없어요. 왜? 나는 하나님의 의도를 알기 때문에. 그렇지요?

그래서 이 복음을, 내가 살고 나온 구원의 밧줄, 복음의 밧줄을 다음 사람에게 돌려주는 것은 모든 문제 해결의 근원이 돼요. 여러분, 돈 벌기를 원해요? 복음을 전하세요. 아멘. 자녀가 잘되길 원해요? 복음을 전하세요. 건강하기를 원해요? 복음을 전하세요. 그래서 사랑제일교회는 하나님 앞에 최고로 잘 보이는 교회가 되기 위하여 이렇게 결단하자고요. 이렇게요. 어떻게 하냐? 다음 주까지 한 주일 동안 여러분의 모든 삶의 우선순위를, 모든 신경 쓰는 관심의 대상 제1번을 다음 주일날 꼭 한 명 교회 데려오는 것으로 삶의 의미를 정하자고요. "한 주일에 한 명씩은 무조건 나는 성령 받게 한다!" 이렇게요. 내가 책임질게요. 그렇게만 하시면 여러분에게 시온의 대로가 열려요. 나머지 문제는 하나님이 책임지고, 둘째는 내가 책임질게요.

병 낫길 원해요? 한번 해봐요. 사업의 문이 열리길 원해요? 한번 해봐요. 자녀가 잘되길 원해요? 하나님의 소원을 한번 들어줘 봐요. 알았죠? 다음 주에 교회 오실 때는 꼭 한 명 전도해와요. 아멘. 내가 매일같이 확인할 겁니다. 여러분 핸드폰에 문자메시지로 확인할 거예요. "준비됐나요? 확인했나요? 다음 주에 성령 받을 사람 대상이 정해졌나요?" 내가 매일 여러분을 두드릴 테니까 화답해요. 알았죠? "준비됐습니다. 목사님." 아멘. 한 주일에 1,000명씩 성령 받게 하자! 한 주일에 1,000명씩만 성령 받게 하면 나는 이 천지 지각이 움직일 것 같아요. 하나님이 하늘 문을 여시고 사랑제일교회를 향하여 쏟아 붓는 역사가 일어난다고요. 아멘. 옆 사람 다 손잡고 "우리 한번 해봅시다." 할렐루야! 진짜요? 다음 주에 절대 혼자 오면 안 돼요.

### 3) 나를 성령세례 받게 하기 위한 이모님의 헌신

처음 오는 날 바로 방언받아야 해요. 저도 교회를 오래 다니면서 성령 받은 게 아니에요. 내가 석 달을 가짜로 교회 다니다가 우리 이모님이 "부흥회 가자. 부흥회 가자." 그래요. 그랬는데 아니, 교회를 어떻게 그렇게 가기 싫을까? 이게 영적 문제예요. 영적 문제. 얼마나 교회 가기 싫은지!

내가 1969년도에, 저 시골에서 중학교 때 하도 공부를 못하니까, 우리 엄마가 나를 서울로 유학을 보냈어요. 하도 공부를 못하니까요. 못하는 정도가 그냥 보통 못하는 게 아니에요. 하도 못하니까 우리 엄마가 저를 서울로 유학을 보냈어요. 서울에 유학하러 온 집이 바로 우리 이모님 집이에요. 우리 이모님이 지난주에 교회 나오셨어요. 우리 이모님이 지금 연세가 팔십 넘어서 지금 하늘나라 가시려고 힘이 없어요. 그런데 우리 이모님이 교회 지난주에 오셨어요.

1969년도에 내가 서울로 유학 왔을 때에요. 이모님이 "교회 가자." 그러니까 교회 가기 싫어요. 안 간다고 하니까 시골로 내려가라 그래요. 아주 강하게 나를 단련시켰어요. "내려가!" 할 수 없이 교회를 따라다니는데 3개월을 다니는데 미치겠더라고요. 교회 가기 싫어서요. 토요일만 되면 가슴이 벌렁벌렁 벌렁 해요. 교회 가기 싫어서요. 그 집에서 안 쫓겨나려면 따라가야 하겠고, 아주 그냥 미치겠더라고요. 그래서 가짜로 교회 간 게 석 달을 다녔어요. 석 달. 가면요, 저

뒤에 앉아요. 목사님이 시작하기 전에 나는 자버려요. 시작하기 전에요. 왜 그렇게 잠이 오는지 말이야, 계속 자요. 목사님이 축도하면 이제 눈 떠요.

그렇게 교회를 3개월 다녔는데, 하루는 우리 이모님이 부흥회 가자고 그래요. 부흥회. 안 간다고 했더니 작대기를 들고 "이 자식이 말이야, 말을 안 들어." 은혜받으려면 이렇게 옆에 도우미가 있어야 해요. 육신의 세계도 애를 하나 딱 낳으면 그 애가 부모의 도움이 없으면 스스로 못 크잖아요? 애 딱 낳고 핏줄 딱 끊고 "알아서 스스로 잘 커. 알았지?" 그리고 갖다 던져놓으면 큽니까? 그게? 영의 세계도 똑같아요. 그러니까 나는 우리 이모님이 나의 생명의 은인이에요. 생명의 은인. 교회 안 가면 옆에서 작대기를 들고요? 그래서 부흥회를 따라갔어요. 부흥회, 성령 집회하는 데를 갔단 말이에요. 신성교회라고 무학여고 뒤에 있는 교회예요. 갔는데, 전혀 못 알아듣겠어요. 전혀. 목사님이 뭐 말하는 게 귀에 전혀 못 알아듣겠어요. 그리고 분위기가 박수하고 여자들이 머리를 흔들며 기도하고 방언을 하고 하는데, 분위기가 혐오감이 드는데, 진짜 내가 정신병원에 온 것 같아요. 정신병원에. 참다 참다 못 참아서 내가 중간에 집에 와버렸어요. 그랬더니, 우리 이모님이 작대기 들고 "이 자식 말이야!" 그래서 내가 둘째 날 낮 예배 때 또 갔어요. 한 번에 성공한 게 아니에요. 둘째 날 낮 예배 때 갔다가 오늘날의 저를 있게 한 성령의 폭탄을 받은 거예요.

### 4) 교회 오면 바로 성령세례 받게 하자

그러니까 성령세례를 받아야 합니다. 그러지 않고 교회에 와서 바로 성령세례 안 받으면요? 신앙이 서서히 인위적으로 만들어져서 집사 되고 권사 되고 장로 되고 전도사 목사가 돼도 성령 안 받고 교회에서 인위적으로 만들어서 계급만 올라가면 골치 아픈 성도 돼요. 골치 아픈 성도. 그러니까 교회 오면 성령 받아야 해요. 세게 받아야 해요. 따라서 합니다. "주여, 주시옵소서!" 할렐루야.

그래서 사랑제일교회 성도들이여, 지금 이 시대에 하나님의 눈동자를 우리 한번 사로잡기 위하여 한 주일에 1,000명씩 성령 받게 하자! 교회 한 번도 안 나온 사람을 비롯하여 교회 다니는 사람들도 이 시간에 한 번 데려와요. 왜? 다 가짜예요. 가짜. 지금 대한민국 교회 성도들은 다 가짜예요. 그건 서정희 전도사님이 말을 다 하잖아요? 서정희 전도사님이 한국 교회에 통달한 사람 아니에요? 성령 안 받으면 다 가짜예요. 성령 받자고요. 세게 받자고요. 아멘. 할렐루야.

그래서 다음 주에 올 때는 꼭꼭! 아멘. 보험회사 직원이 남의 주머니의 돈을 뺏는 일도요? 보험회사 직원이 말이야 아침에 탁 출근해서 조회 마치고 나가서 그냥 무작정 사람 만나서 그 사람에게 보험 체결하는 거, 그것도 성공을 하잖아요? 그것도? 그런데 우리가, 절대 복음을 받은 자가, 이런 간절한 마음이 없다면 이건 우리 속에 복음이 들어갔는지가 의심스러운 겁니다. 그러니까 오늘 우리는 하나님께 고백하기 위해서도 우리 한번 복음을 위하여 이 일을 해보자 이거에요. 동의하십니까? 진짜요? 할렐루야!

# II.
# 나팔절 : 예수님의 재림

**1. 천사들의 나팔 소리와 함께 오시는 예수님**

그러면 오늘의 순서는 나팔절입니다. 나팔절. 따라서 합니다. "나팔절." 나팔절을 하는데 이 나팔절은 예수님의 재림을 말합니다. 재림. 자, 마태복음 24장을 다 한번 찾아보겠어요. 여기에 나팔절에 관한 말씀이 기록돼 있습니다. 29절부터 읽겠습니다. 시작. "29 그날 환난 후에 즉시 해가 어두워지며 달이 빛을 내지 아니하며 별들이 하늘에서 떨어지며 하늘의 권능들이 흔들리리라 30 그때에 인자의 징조가 하늘에서 보이겠고 그때에 땅의 모든 족속들이 통곡하며 그들이 인자가 구름을 타고 능력과 큰 영광으로 오는 것을 보리라 31 저가 큰 나팔 소리와 함께 천사들을 보내리니 저희가 그 택하신 자들을 하늘 이 끝에서 저 끝까지 사방에서 모으리라."

자, '저가 큰 나팔 소리와 함께.' 예수님이 이 땅에 재림할 때 큰 나팔 소리가 울린다, 천사들의 나팔이 불어진다는 겁니다. 이것은 고린도전서 15장으로 넘어가도 마찬가지입니다. 주님의 재림과 나팔이 계속 관계성을 가지고 있어요. 15장 52절부터 다 같이 읽겠습니다. 시작. "52 나팔 소리가 나매 죽은 자들이 썩지 아니할 것으로 다시 살고 우리도 변화하리라 53 이 썩을 것이 불가불 썩지 아니할 것을 입겠고 이 죽을 것이 죽지 아니함을 입으리로다."

51절을 다시 보겠어요. 51절, 시작. '보라 내가 너희에게 비밀을 말하노니 우리가 다 잠잘 것이 아니요 마지막 나팔에 순식간에 홀연히 다 변화하리니.' 아멘. 따라서 합니다. "나팔에." 주님이 재림할 때 나팔 소리가 난다, 이런 뜻입니다. 천사들의 나팔 소리입니다. 아멘.

자, 요한계시록 제8장을 보시면, 요한계시록, 이제 주님이 오심에 대한 마지막 성경이에요. 8장 1절부터 한번 보시면 시작. "1 일곱째 인을 떼실 때에 하늘이 반시 동안쯤 고요하더니 2 내가 보매 하나님 앞에 시위한 일곱 천사가 있어 일곱 나팔을 받았더라 3 또 다른 천사가 와서 재단 곁에 서서 금향로를 가지고."

아멘. 7절부터 읽으시면 시작. '첫째 천사가 나팔을 부니 우박과 불이 나서 땅에 쏟아지매.' 8절 읽으시면 시작. '둘째 천사가 나팔을 부니 불붙는 큰 산과 같은 것이.' 10절부터 읽으시면 시작. '셋째 천사가 나팔을 부니 횃불과 같이 타는 큰 별이 하늘에서 떨어져 강들의 삼분의 일과 여러 물샘에 떨어지니.' 12절부터 읽으시면 시작. '넷째 천사가 나팔을 부니 해 삼분의 일과 달 삼분의 일과 별들의 삼분의 일이 침을 받아.' 9장 1절 시작. '다섯째 천사가 나팔을 불매 내가 보니 하늘에서 땅에 떨어진 별 하나가 있는데.' 9장 13절 또 읽으시면 시작. '여섯째 천사가 나팔을 불매 내가 들으니 하나님 앞 금단 네 뿔에서 한 음성이 나서.'

이와 같이 예수님이 이 땅에 다시 오심과 천사들의 나팔 소리는 아주 연관성을 가지고 있어요. 이게 바로 나팔절이니다. 나팔절. 주님이 이 땅에 오실 때 나팔절과 함께 오십니다. 아멘. 〈하나님의 나팔소리〉입니다. 손뼉 준비.

### 〈찬송가 168장〉 하나님의 나팔 소리

1. 하나님의 나팔 소리 천지 진동할 때에
예수 영광 중에 구름 타시고
천사들을 세계 만국 모든 곳에 보내어
구원 얻은 성도들을 모으리

2. 무덤 속에 잠자던 자 그때 다시 일어나
영화로운 부활 승리 얻으리
주의 택한 모든 성도 구름 타고 올라가
공중에서 주의 얼굴 뵈오리

3. 주님 다시 오실 날을 우리 알 수 없으니
항상 기도하고 깨어 있어서
기쁨으로 보좌 앞에 우리 나가 서도록
그때까지 참고 기다리겠네

(후렴) 나팔 불 때 나의 이름 나팔 불 때 나의 이름
나팔 불 때 나의 이름 부를 때에 잔치 참여하겠네

## 2. 나팔절은 비밀이다

다시 한번, 고린도전서 15장 51절 다시 한번 보시면, 나팔절에 관한 말씀입니다. 시작. '보라 내가 너희에게 비밀을 말하

노니 우리가 다 잠잘 것이 아니요 마지막 나팔에 순식간에 홀연히 다 변화하리니.' 여기에 보면, 보라 내가 너희에게 무엇을 말하노니? 이 나팔절은 비밀입니다. 주님이 이 땅에 재림하는 것이 다 아는 게 아니고 하나님이 알려주는 사람만 아는 게, 이게 비밀이란 말이에요.

나팔절만 비밀이 아니라 이 7대 명절 하나하나 다 비밀이에요. 유월절도 비밀입니다. 무교절도 비밀입니다. 그러나 여러분에게는 비밀이 되면 안 돼요. 우리에게는 알려져야 해요. 그런데 하나님이 이것을 비밀로 덮어놨다는 거예요. 비밀로요.

## Ⅲ. 예수님은 반드시 다시 오신다

**1. 예수님 재림의 예표** : 여리고 성 사건

그러면 과연 예수님이 십자가에 죽어 3일 만에 부활해서 하늘나라로 승천하셨는데 그 주님이 정말 이 땅에 올 가능성이 있을까? 주님이 다시 이 땅에 오신다는 것에 대해서 오지 않을 것이다, 안 올지도 모른다는 가능성은 제로입니다. 제로. 온다고 하는 가능성은 100 프로입니다. 100 프로.

구약에 이미 벌써 나팔절에 대한 모형이 많이 나타나 있습니다. 아주 분명한 것은 여리고 성 사건이에요. 여리고 성안에 기생 라합이 살고 있었어요. 이스라엘 백성들이, 제사장이 나팔을 만들어서 여리고 성을 돌기 시작했어요. 나팔을 불면서 7일을 돌았어요. 마지막 날에는 일곱 번 나팔을 불었어요.

요게 요한계시록에 대한 모형이에요. 요한계시록에 일곱 나팔 나오잖아요? 일곱 번 분다 그러잖아요? 이것이 예표로 먼저 나타난 것이 어디냐? 이게 여리고 성 사건입니다.

거기서 제사장들이 마지막 일곱 번째 나팔 불 때 여리고 성이 왕창 무너지지요? 그와 같이 요한계시록 18장에 이 세상이, 바벨론이 다 무너진다고 나와요. '무너졌도다 무너졌도다 큰 성 바벨론이여.' 이 세상이, 바벨론이 무너진다, 이거예요. 맞죠? 성경에?

## 2. 예수님의 재림을 확증하는 다니엘서

### 1) 종말론을 굳건하게 붙들자

그리고 가장 분명한 것은 뭐냐? 사랑제일교회에 다니는 성도들은 종말론에 대해서 흔들리면 안 돼요. 가장 분명한 것은 제가 여러분에게 다니엘서를 가르칠 때 말했어요. 다니엘서를 다시 한번 보세요. 내가 다니엘서를 가르칠 때 말했어요. 주님이 재림하지 않는다는 것이 가능성이 제로입니다. 제로. 주님이 재림할 가능성은 100 프로입니다. 재림하고 안 하고, 그 가능성의 차이가 100 프로 대 제로입니다.

### 2) 돌의 나라, 메시야 나라는 반드시 임한다

왜 그러냐? 제가 다니엘서를 여러분에게 말씀드릴 때 다니엘이 바벨론에 포로로 잡혀가서 느부갓네살 왕의 꿈을 해석했다 그랬어요. 그렇죠? 그 동상을 다시 한번 보세요. 이걸 보면 나는 이렇게 생각해요. 저는 당신이 스스로 하나님 앞에 악의적으로, 고의적으로 "나는 하나님의 말씀을 안 믿어." 이렇게 고의적으로 하나님께 대들지 않는다면 하나님 말씀을 인정 안 할 수가 없다고 생각해요. 인정 안 할 수가 없어요. 이런 걸 보고 어떻게 사람이 인정을 안 하느냐고요? 이런 걸 보고 어떻게 사람들이 그걸 못 받아들이냐고요?

여기 보세요. 보시라고요. 잘 보시라고요. 바벨론 시대에 느부갓네살 왕이 꿈을 꿨단 말이에요. 자, 한번 따라서 합니다. "머리는 금이요, 바벨론이요, 사자요." 따라서 합니다. "가슴은 은이요, 페르시아요, 곰이요." 따라서 합니다. "배는 놋이요, 헬라요, 표범이요." 따라서 합니다. "두 다리는 로마요, 철이요, 크고 무서운 짐승이요." 따라서 합니다. "발가락은 열 개요, 미래의 나라요, 적그리스도의 나라요."

잘 보세요. 이 세상의 역사가 진행된 이후에 이 성경이 기록된 게 아니에요. 이 성경은 그 당시가 바벨론 시대니까 예수님 오시기 800년 전, 700년 전에 기록된 성경이에요. 그러니까 이미 다니엘이 말했어요. 뭐라고? 앞으로 이 세상 역사는 이렇게 진행될 거라고. 바벨론 나라가 망하면 그 뒤에 메대 바사 즉 메디아 페르시아가 나타날 거라고. 페르시아 제국이 망하면 헬라 제국이 나타날 거라고. 헬라 제국이 나타난 뒤에는 로마 제국이 나타나고, 두 다리니까 두 갈래로 갈라질 거라고. 동로마 서로마로. 아멘. 그리고 사람의 발가락 열 개가 있는데, 이것은 인간 최후의 이 땅의 미래의 나라가 될 거라고. 그때 하늘에서 돌이 떨어질 거라고. 돌이, 하늘에서 돌이 내려와서 발가락 열 개를 칠 거라고. 그러면 이 모든 동상이 다 사라지고 하늘에서 내려온 돌이 점점 커져서 이 세상을 덮을 거라고. 이게 그리스도의 재림이라고. 이 돌은

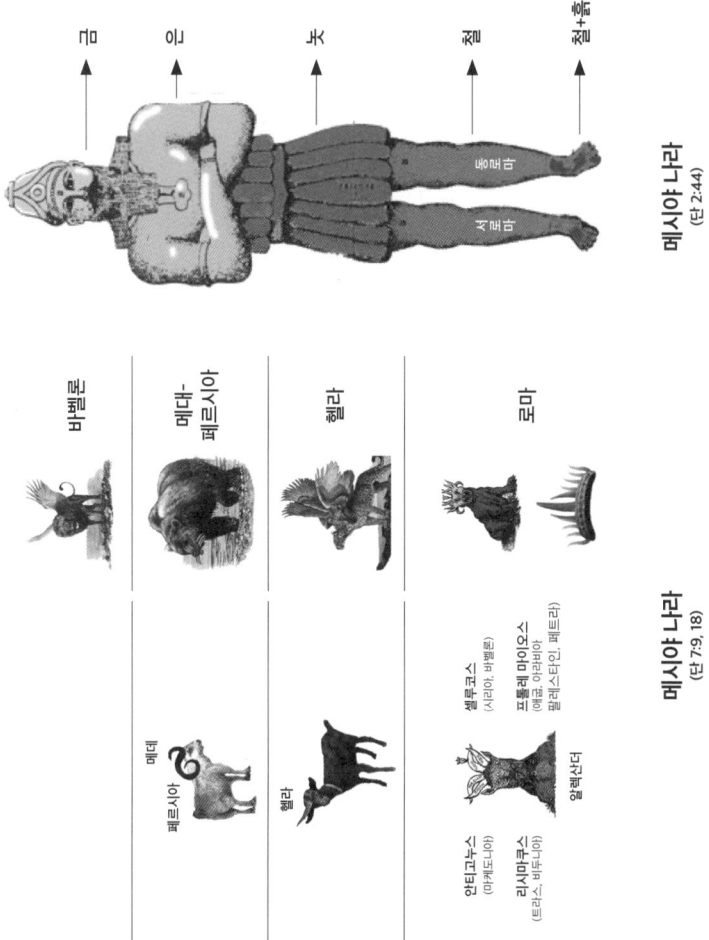

바로 주님이 이 땅에 오신다는 거라고. 주님이 오심으로 이 세상은 다 끝날 거라고. 이렇게 제가 다니엘서를 가르칠 때 여러분에게 말씀을 드렸어요.

그러니까 어떻게 성경이 이루어지지도 않는 미래의 세계에 대하여 일점일획도 변함없이 자세히 말했잖아요? 아멘. 그 성경 예언 그대로 역사는 성취되었어요. 역사가 이루어진 뒤에 성경이 기록된 게 아니에요. 역사가 나타나기 전에 이미 성경이 기록된 거예요. 그리고 기록된 성경 그대로 진행되었어요. 일점일획도 빠짐없이 말이에요. 심지어 경악을 금치 못하는 사건은 뭐냐? 이 헬라 같은 나라는 이 세상에 생겨나기도 전에 '헬라'라는 나라 이름을 먼저 말하고 있어요. 나라 이름을요.

세상 역사가 노스트라다무스의 책에 보면요? 이 사람은 세상 예언가입니다. 노스트라다무스의 예언도 얼마나 대단하냐? 히틀러가 나타날 것을, 독일의 히틀러가 나타나서 세계를 피의 전쟁으로 만들 것에 대해서요? '어떤 독재자가 나타나서 세계에 피의 전쟁을 일으킨다.' 이렇게 예언한 게 아니고 히틀러라는 이름이 나와요. 히틀러라는 이름이요. 아니, 세상에 태어나지 않는 사람인데 이름을 먼저, 이름 자체를 먼저 예언한단 말이에요.

그와 같이 헬라라는 나라도 동일해요. 헬라 나라의 이름을 먼저 말하는 거예요. 또 그렇게 다 이루어졌어요. 다시 한번 따라 해봐요. "머리는 금이요 바벨론이요." 다시요. "가슴은 은이요 메데 바사요." 따라서 해요. "놋은 헬라요 표범이요." 따라서 해요. "다리는 로마요 크고 무서운 짐승이요." 따라서 해요. "발가락은 미래의 나라요." 여기까지 다 세상 역사가 성경 그대로 이루어졌어요. 한번 역사가들과 토론 한번 해보세요. 그대로 이루어진 거예요. 그대로요. 아멘.

딱 마지막 사건 하나가 남았어요. 돌이 내려오는 일이 남았어요. 하늘에서 돌이 내려와서 발가락 열 개를 치는 거예요. 돌이 내려왔잖아요? 돌이 발가락 열 개를 치잖아요? 돌이? 아멘. 발가락을 이렇게 돌이 딱 치지요? 돌이 치니까 모든 동상이 다 깨지고요? 이건 세상 역사가 끝난다는 거예요. 돌이 점점 점점 커져서 이 세상을 덮어버렸다! 이게 메시야의 나라예요. 예수님의 재림이 임한다! 이걸 누가 안 믿겠냐고요? 이거 안 믿는 사람은 정신병자입니다. 만약에 이 돌의 사건을 안 믿으면 앞에 있는 역사도 안 믿어야 하는 거예요. 앞의 역사가 다 이루어졌다면 돌도 이루어지는 거예요. 그렇지요? 이렇게 성경이 분명하다고요. 아멘. 〈주님 다시 오시네〉 찬송 부르겠습니다.

### 〈주님 다시 오시네〉

1. 주님 다시 오시네 곧 오시겠네 깊은 잠을 깨어나
나팔 불며 오시는 신랑 예수님 어서 맞으러 가자
크고 놀라운 불같은 그 날이 새벽같이 오리라
할렐루야 할렐루야 주여 어서 오소서

2. 주님 다시 오시네 곧 오시겠네 깊은 잠을 깨어나
구름 타고 오시는 신랑 예수님 어서 맞으러 가자
크고 놀라운 불같은 그 날이 도적같이 오리라
할렐루야 할렐루야 주여 어서 오소서

3. 주님 다시 오시네 곧 오시겠네 깊은 잠을 깨어나
노을 밟고 오시는 신랑 예수님 어서 맞으러 가자

아멘. 할렐루야. 물론 다른 교회 다니는 성도들도 주님 오심에 대하여 잘 알아야겠지만, 사랑제일교회 성도들은 확실히 알아야 해요. 더 이상 할 말 없어요. 난 여러분에게 가르치는 사명을 다했어요. 더 이상 어떻게 가르치라고요? 더 이상 어떻게 말하라고요? 더 이상 어떻게 설명하라고요? 이제 이럼에도 불구하고 여러분이 주님 오심에 대하여 미지근하면 이젠 책임은 여러분에게 넘어갔어요. 아멘. 한번 따라서 합니다. "머리는 금이요 바벨론이요." 머리는 금이요. 머리는 금이요. 이게 참, 하나님 말씀이 기가 막히잖아요? 기가 막히잖아요? 그렇지요? 다시 한번 "머리는 금이요, 바벨론이요, 사자요." 오늘 교회 처음 나오거나 이제 교회 얼마 다니지 않은 사람은 지금 이게 뭔 말인지 몰라요. 여러분이 잘 풀어서 설명해 주세요. 제가 언제 다니엘서를 다시 한번 가르칠 테니까요. 아멘. 앗 소리 못 해요. 앗 소리 못해. 앗 소리 못 해요. 아멘.

따라서 합니다. "가슴은 은이요, 메데 바사요, 곰이요." 다시요. "배는 놋이요, 헬라요, 표범이요." 다시요. "다리는 철이요, 로마요, 크고 무서운 짐승이요." 따라서 합니다. "발가락은 미래의 나라요." 그리고 하늘에서 내려온 돌이 발가락 열 개를 쳤다, 이것이 그리스도의 재림이라는 거예요. 이것으로 모든 세상은 끝났다, 이렇게 성경이 딱 못 박아요. 앞의 사건은 다 성취되었어요. 로마 시대 다 지나갔어요. 그러니까 오순절이 지나가고 이제 우리 앞에는 나팔절 사건이 남았어요.

### 3) 성령을 세게 받아야 나팔절이 들어온다

이렇게 제가 분명하게 가르치고 더 이상 어떻게 가르칠 수 없을 만큼 제가 여러분에게 말씀을 제시해도 문제는요? 들어보세요. 오순절이 분명치 아니하면, 성령 세게 안 받으면, 이 말씀이 여러분 속에 안 들어간다는 거예요. 들어갈 힘이 없다는 거예요. 그러니까 성령 받아야 해요. 세게 받아야 해요. 세게. 아멘.

다음 주일에 또 서정희 전도사님 오시면 성령 집회할 텐데요? 아멘. 다 방언 받고 다 성령 받고 한 주일에 1,000명씩 성령 받아서 전국에 깔아보자! 대한민국을 뒤집어보자! 두 손 높이 드시고 "주님, 내게도 성령 주시옵소서. 충만하게 주시옵소서. 강타하여 주세요." "주여" 삼창하며 기도하겠습니다.

# 19

# 나팔절②
# 다니엘서의 증언

**설교 일시**   2014년 2월 16일 (주일) 오전 11시

**대　　상**   사랑제일교회 주일 3부 예배

**성　　경**   다니엘 2:44-45

　　44 이 열왕의 때에 하늘의 하나님이 한 나라를 세우시리니 이것은 영원히 망하지도 아니할 것이요 그 국권이 다른 백성에게로 돌아가지도 아니할 것이요 도리어 이 모든 나라를 쳐서 멸하고 영원히 설 것이라

　　45 왕이 사람의 손으로 아니하고 산에서 뜨인 돌이 철과 놋과 진흙과 은과 금을 부숴뜨린 것을 보신 것은 크신 하나님이 장래 일을 왕께 알게 하신 것이라 이 꿈이 참되고 이 해석이 확실하니이다

# I.
## 오순절이 임해야 앞의 세 명절이 깊어지고 뒤의 세 명절이 보장된다

할렐루야. 주님 이 자리에 함께 계십니다. 이것은 분명한 사실입니다. 〈주님 다시 오시네〉를 불러 보겠습니다.

### 〈주님 다시 오시네〉

1. 주님 다시 오시네 곧 오시겠네 깊은 잠을 깨어나
나팔 불며 오시는 신랑 예수님 어서 맞으러 가자
크고 놀라운 불같은 그 날이 새벽같이 오리라
할렐루야 할렐루야 주여 어서 오소서

2. 주님 다시 오시네 곧 오시겠네 깊은 잠을 깨어나
구름 타고 오시는 신랑 예수님 어서 맞으러 가자
크고 놀라운 불같은 그 날이 도적같이 오리라
할렐루야 할렐루야 주여 어서 오소서

3. 주님 다시 오시네 곧 오시겠네 깊은 잠을 깨어나
노을 밟고 오시는 신랑 예수님 어서 맞으러 가자

아멘. 진실로 그렇습니까? 진짜 그렇습니까? 참 행복합니다. 이런 노래를 부를 수 있다는 게 나는 행복한데 여러분도 그러하십니까? 진짜요? 옆 사람 다 손잡고 "주님 오십니다. 곧 오십니다. 진짜 오십니다." 아멘.

자, 한번 따라서 하겠습니다. "유월절, 무교절, 초실절, 오순절, 나팔절, 속죄절, 장막절." 왜 주셨느냐? 사람이 이 땅에 살면서 알아야 할 게 많이 있습니다. 인간이 이 땅에 살면서 공부하고 책 읽고 듣고 배우고 경험하고 해야 할 일들이 수도 없이 많습니다. 그러나 그중에 여러분 앞에 펼쳐져 있는 이 일곱 가지 사건, 따라서 합니다. "이렇게 죽으리라. 무덤에 있으리라. 부활하시리라. 성령을 주시리라. 재림하시리라. 알곡과 쭉정이를 가리시리라. 천년왕국을 주시리라." 이 일곱 가지 사실을 모른다면 그것은 우리 주님이 가룟 유다에게 한 그 말이 그 사람에게 해당이 됩니다. 그 말이 무슨 말인지 아세요? "너는 차라리 인간으로 안 태어났으면 좋을 뻔하였다."

그러나 만약 여러분과 제가, 오늘 이 자리에 오신 모든 성도들이 이 동그라미 일곱 개, 7대 명절 안으로 들어가기만 하면, 여러분은 인생 최고의 축복을 받은 것입니다. 받을 것이다가 아니라 이미 확정 지은 거예요. 오늘 여러분, 확정 지으십시오. 믿습니까? 참으로 중요하고 그래서 오늘 우리는 나팔절을 하려고 하는데 마지막입니다. 오늘 나팔절을 마지막으로 다시 한번 하고 넘어가려고 그럽니다.

　왜 오순절이 중요한가? 오순절, 따라서 합니다. "오순절." 이건 가운데 있는 명절이에요. 성령강림이에요. 충만함이에요. 정확한 단어로 말하면 성령세례예요. 왜 중요한가? 이 오순절로 인하여 지나간 세 명절, 따라서 합니다, "유월절, 무교절, 초실절." 오순절로 인해서 지나간 세 명절이 우리 가슴에 확실하게 담길 수 있어요. 오순절이 안 오면, 이 세 명절은 지나가면 잊어 먹어버려요. 또 흐려져 버려요. 언제, 유월절 날 뭐, 눈물 세 방울 흘렸나? 이건 또 지나간 과거가 돼 버려요. 그러나 오순절이 내게 머물면 이 세 명절이 항상 내 속에 살아있어요. 할렐루야. 그리고 돌아올 세 명절, 다시 합니다. "나팔절, 속죄절, 장막절." 이것이 보장이 돼요, 보장. 오순절이 이것을 보장시켜 줘요. 믿습니까?

　그래서 오늘도 이제 예배 설교 마친 뒤에 강력한 오순절 체험합시다. 서정희 사모님이 오셨어요. 지난 주일은 저 전주에 집회하러 가시느라 한 주일 빠졌는데 오늘 오셨어요. 오늘 교회 처음 나오신 분들도 성령 받으세요. 성령을 받아야 해요. 성령 안 받으면 지금 내가 하는 이 모든 말들이 머리에 머물러요. 머리에. 이성의 기관에 머문다고요. 그건 힘이 없어요. 그거는 시간 지나면 없어져 버려요. 그러나 성령 받으면 가슴으로 임해버려요. 영원히 지워지지 않아요. 성령이 강타할지어다.

## II. 주님의 나팔절은 분명히 임한다

### 1. 예수님은 백 퍼센트 다시 오신다

그러면 과연 주님의 나팔절은 분명히 임하는가? 재림? 그리스도의 재림은 과연 일어날 것인가? 지난주에 제가 살짝 했던 다니엘서를 다시 한번 봐요. 원래 이것은 일주일 하는 내용입니다. 일주일. 일주일 하는 내용을 딱 20분 안에 제가 간추려서 다시 말씀드릴 테니까 여러분은 다 이 시간은 천재가 되세요. 천재. 다 천재가 돼야 합니다. 한 주일 강의할 내용을 20분에 할 테니까 다 천재가 되어서 번쩍번쩍 번쩍하고 이 나팔절이 가슴으로 쏙 들어와야 해요. 믿습니까?

그리스도의 재림, 그리스도 예수가 다시 이 땅에 돌아오신다, 이것을 인정하지 않은 사람은 정신병입니다. 정신병. "목사님! 세상 사람들 다 인정 안 하는데요. 그럼 세상 사람들이 다 정신병이에요?" 그래요. 정신병이야. 다 정신병이에요. "목사님이 정신병 아닙니까?" 아니에요. 나는 본정신이에요. 그런데 원래 그래요. 정신병원에 가면 다 정신병자잖아요. 정신병자도 많이 모이면 정신병자가 정상이 되고, 아닌 사람이 미친놈이 돼요. 정신병원에 내가 심방 가봐요. 그 사람들이 대여섯 모여서 이래요. "저기 미친놈 온다." 그래요. 나 보고 미친놈 온다 그래요.

여러분들은 본정신을 가지세요. 예수님이 재림 안 할 가능성은 제로입니다. 제로. 예수님이 이 땅에 다시 돌아오지 않을 가능성은 제로라고요. 제로. 주님이 이 땅에 오실 가능성은 100%예요. 100% 오시게 돼 있어요. 내가 역사적으로 증명할 테니까 오늘 교회 처음 오신 분도 잘 들으세요. 역사적으로 제가 앗 소리 못하도록 증명을 할 테니까 잘 들어보세요.

## 2. 예수 재림에 대한 다니엘서의 증언

### 1) 바벨론 느부갓네살 왕이 꿈을 꾸다

옛날 고대에 바벨로니아가 있어요. 바벨로니아 제국이 있었는데 온 세계를 통일했습니다. 이 바벨로니아가 옆에 있는 작은 나라, 주먹만한 이스라엘을 삼켜버렸어요. 이스라엘을 전쟁에서 뺏었습니다. 이해돼요? 그 와중에 젊은 청년 몇 사람을 전쟁 포로로 잡았습니다. 그중에 한 사람이 다니엘입니다. 다니엘. 다니엘을 포로로 잡아간 바벨로니아 제국의 대왕이 누구냐? 느부갓네살이라고 하는 아주 유명한 왕입니다. 그 왕이 하루는 잠을 자다가 꿈을 꿨습니다. 여러분도 꿈 꿀 때 있어요, 없어요? 꿈 한 번도 안 꿔본 사람 손 들어봐요. 태어나서 꿈 한 번도 안 꾼 사람? 꿈 한 번도 안 꿔본 사람 손 들어봐요. 없지요? 다 꾸지요?

신기해요! 저는 어제, 그저께 이승만 영화를 통하여 대한민국을 바로 세우고 이 나라를 100프로 기독교 나라, 100프로 예수 믿는 나라로 만들려고 서세원 목사님 모시고 프레스센터에서 이승만 영화 시나리오 심포지엄을 했어요. 그런데 그 전날 저녁에 제가 신기한 꿈을 꿨어요. 지금부터 3일 전에 꿈을 꿨는데 난 태어나서 그런 꿈 처음 꿨어요. 밤새도록 돈을 세었어요. 내가 밤새도록요. 내가 돈에 미쳤는가 봐요. 밤새도록 돈을 세는데, 아니, 난 꿈도 그렇게 길게 꿔본 것도 처음이에요. 밤새도록 돈을 세다가 중간에 오줌이 마려워서 일어났어요. 꿈이 끝났죠? 화장실 가서 쉬하고 들어와서 다시 잤는데 또 꿈에서 돈을 세었어요. 아침에 일어날 때까지 꿈을 이어서 꾸면서 또 돈을 세었어요. 그걸 보면 이승만 영화는 틀림없이 될 것 같아요. 제작비가 300억 들거든요. 할 수 있습니다.

　오늘 이 자리에 오신 여러분, 저하고 이 자리에 있는 여러분하고요? 2부 예배 빼고요. 2부 예배는 가짜예요. 2부 예배 성도들은 가짜야. 이르지 마요. 알맹이는 3부 예배야. 난 여러분들만 좋아해요. 2부 예배는 저리 가. 2부 예배는 빨리 예배 마치고 놀러 가려고 오는 사람들이고 요 3부 예배는 진짜 예배드리려고 오는 사람이라서요? 예배 인도해 보면 확실히 3부가 은혜스러워요. 3부가 성령이 세게 역사해요. 왜냐면 목적이 예배로 왔거든요. 1부, 2부, 7시, 9시 예배는 빨리 대충 해치우고 어디 갈라고 오니까요. 그런데 3부 예배 온 여러분과 저만 탁 오늘 결심해요. 우리나라가 일본으로부터 식민지 생활할 때 독립운동한 사람 있죠, 독립운동? 들어봤어요? 김구, 도산 안창호 들어봤어요? 독립운동한 사람들의 마음만, 더도 말고 덜도 말고 그때 사람들의 그 마음만 오늘 여기 있는 성도들이 딱 가슴에 품으면 대한민국이 뒤집어져요. 뒤집어지고 대한민국은 복음의 나라 돼요. 기독교 나라 된다니까요? 역사는 숫자에 있지 않습니다. 역사는 여러 사람에 의해서 이루어지지 않습니다. 살아 있는 사람들에 의하여 이루어집니다. 우리 한번 해 봅시다. 옆 사람 다 손잡고 말해요. "우리 한번 해 봅시다." 100% 예수 믿는 나라 한 번 만들어보자 이거예요. 된다니까요. 〈슬픔으로 낙심될 때〉 한번 불러봐요.

### 〈슬픔으로 낙심될 때〉

1. 슬픔으로 낙심될 때 누가 나를 위로하리
예수 오직 예수
험한 세상 나그네길 인도할 이 누구인가
예수 오직 예수
나는 믿네 생명 되신 주님 예수 오직 예수 예수
믿음 소망 사랑되신 주님 예수 오직 예수

2. 귀한 생명 희생하여 누가 나를 구원하리
예수 오직 예수
내 마음과 성품 다해 사랑할 이 누구인가
예수 오직 예수
나는 믿네 생명 되신 주님 예수 오직 예수 예수
믿음 소망 사랑되신 주님 예수 오직 예수

3. 삶의 짐이 무거울 때 누가 나를 위로하리
성령 오직 성령
사람보고 실망할 때 용기 줄 자 누구인가
성령 오직 성령
나는 믿네 생명 되신 성령 성령 오직 성령 성령
믿음 소망 사랑되신 성령 성령 오직 성령

4. 대한민국 나의 조국 누가 이 땅 구원하리
성령 오직 성령
청교도의 신앙으로 칠천만을 구원하리
사랑 오직 기도
대한민국 소망되신 성령 성령 오직 성령 성령
믿음 소망 사랑되신 성령 성령 오직 성령

아멘 할렐루야. 그렇게 될 줄 믿습니다. 두 손 높이 드시고 다시 한번 통성기도 하는데 "하나님, 성령으로 이 나라를 덮어주세요. 대한민국이 예수로 통일되게 하여 주세요. 성령으로 통일되게 하여 주세요. 100% 예수 나라 되게 하여 주세요." "주여" 삼창하며 기도하겠습니다.

### 〈세상 모든 민족이〉

세상 모든 민족이 구원을 얻기까지
쉬지 않으시는 하나님
주의 심장 가지고 우리 이제 일어나 주 따르게 하소서
세상 모든 육체가 주의 영광 보도록
우릴 부르시는 하나님
주의 손과 발 되어 세상을 치유하며 주 섬기게 하소서
물이 바다 덮음같이 여호와의 영광을 인정하는 것이
온 세상 가득하리라 물이 바다 덮음같이
물이 바다 덮음같이 물이 바다 덮음같이

> 보리라 그날에 주의 영광 가득한 세상
> 우리는 듣게 되리 온 세상 가득한 승리의 함성
> 물이 바다 덮음같이 여호와의 영광을 인정하는 것이
> 온 세상 가득하리라 물이 바다 덮음같이
> 물이 바다 덮음같이 물이 바다 덮음같이

아멘 할렐루야. 저는요 과대망상 중에 사는 거 같아요. 난 될 거 같아요. 난 이 나라가 100% 예수 나라 될 것 같아요. 내가 과대망상인가? 성령에 취해서 그런가? 난 될 거 같아요. 덴마크 스웨덴 노르웨이같이 100% 예수 믿는 나라! 여러분들도 느낌이 와요? 진짜요? 한번 해봐요. "하나님이 계시고 내가 있으면 다 된다."

사모님 좋지요? 전주보다 여기가 더 낫죠? 절대 도망가지 마요. 지난주에 도망갔다 오셨어요. 그런데 성령 집회를 하려고 마음만 먹어도 이 공기 색깔이 달라져요. 2부 예배 때는 성령 집회 안 한다, 그러니까요? 바로 그냥 공기 색깔이 그냥 이렇게 딱 다운돼요. 성령은요? 말만 해도 성령이 채워요. 말만 해도 채워요. 말만 해도 아멘. 오늘도 충만할 줄 믿습니다.

그래서 느부갓네살 왕이 꿈을 꿨다고요. 꿈을 꿨는데, 꿈꾼 내용이 이거예요. 꿈꾼 내용을 잘 보세요. 꿈을 이렇게 꿨다고요. 한 제왕이, 바벨로니아의 대왕이 이런 꿈을 꿨어요. 자, 보세요. 따라서 해요. "머리는 금이요, 가슴은 은이요, 배는 놋이요, 다리는 철이요, 발가락은 다섯 개는 철이요, 다섯 개는 진흙이요." 이런 동상의 꿈을 꿨다고요.

꿈을 꿨는데 이 큰 동상이 각기 부분에 따라 재료가 달라요. 머리가 금이라니까. 가슴이 은이라니까. 그다음에 놋이라니까. 철이라니까. 그러한 중에 공중에서 돌 하나가 생겼어요. 공중에서 돌, 공중에 돌이 한 개 떴어요. 공중에서, 하늘에서 이 돌 하나가 착 내려왔어요. 내려와서 발가락 열 개를 딱 때렸어요. 꿈이에요. 꿈. 발가락 열 개를 딱 때리니까 앞에 있는 이 동상이 다 가루가 됐어요. 가루. 뭐가 돼요? 먼지가 돼서 다 날아가 버리고 하늘에서 내려온 돌 하나만 점점 커지더니 온 세상을 덮었어요.

### 2) 다니엘이 믿음의 선포를 하다

미치는 거예요. 왜? 해석이 안 돼서. 여러분도 꿈을 꾼 뒤에 해석이 안 되면 궁금해요, 안 해요? 나는 밤새도록 돈을 세다가 꿈을 꿔서 일어났는데 해석을 딱 했어요. 나는 바로 '돈이 들어오려고 하는구나,' 그거는 해석이 쉬워요. 그런데 이 꿈은 해석이 불가능해요. 그래서 느부갓네살 왕이 해몽을 잘하는 사람을 전국에서 다 모았어요. 박사 술객 점쟁

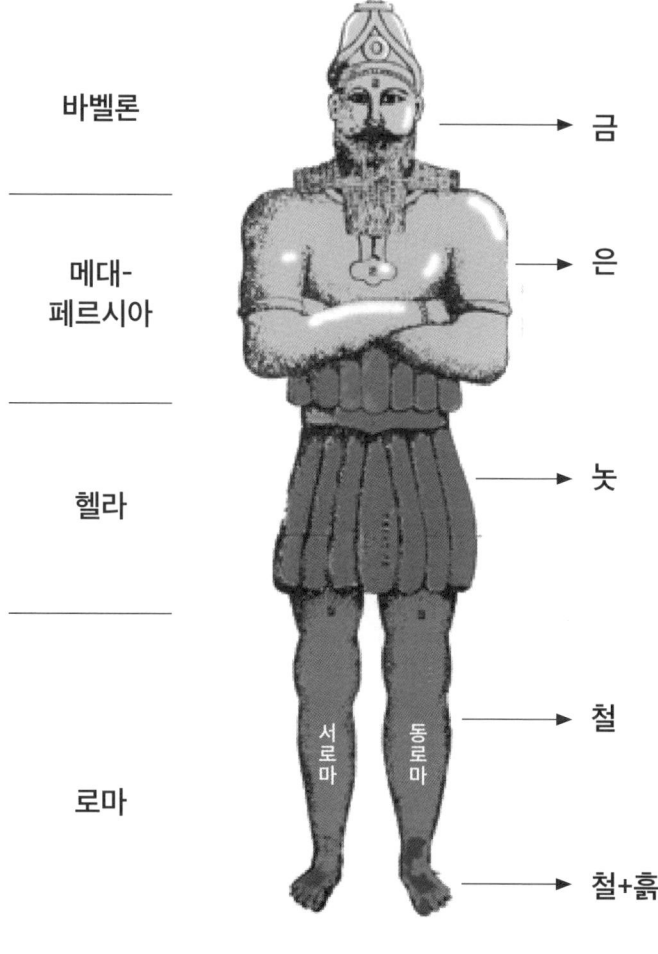

**메시야 나라**
(단 2:44)

19 나팔절② 다니엘서의 증언

이 다 모아서 이 꿈 해석만 딱 하면 요즘 돈으로 1조를 준다고 했어요. 1조. 이 꿈 해석만 잘하면요. 그러니까 전국에서 돈 1조 타 먹으려고 다 모였어요. 다 모였어요. 박사 뭐, 학자, 무슨 뭐 한문 풀이하는 사람, 다 모였어요. 그래서 딱 모였을 때 바벨로니아 느부갓네살 왕이 딱 나오더니 "여봐라. 지금부터 내 꿈을 해석하는 자는 박근혜 대통령 말대로 대박이다. 대박." 그랬더니 그 앞에 있는 모든 사람들이 "왕이여, 말씀하세요. 어젯밤에 꿈을 꾼 내용을 말씀하세요. 말씀하시면 해석을 해 주겠습니다." 그랬더니, 느부갓네살 왕이 하는 말 좀 들어봐요. "얘들아, 너희들 보니까 머리가 더럽게 잘 돌아간다. 내가 꿈꾼 내용을 지금 너희들에게 말을 해 주고 이게 뭐냐고 해석을 하라고 하면 너희들이 통밥으로 갖다 붙여. 통밥으로. 통밥으로 해석해서 갖다 붙이면 내가 그 꿈 해석이 맞는지 아닌지 내가 어떻게 아나? 그럴 거 없다. 이렇게 하자. 꿈 해석을 너희들이 하기 전에 내가 어젯밤에 꿈을 뭘 꿨는지 그것부터 너희들이 말해봐." 말할 수 있어요, 없어요? 아무리 꿈 해석 잘하는 사람도 내가 꿈을 꾼 것 내용부터 한번 말해 봐 그러니까 당연히 반발하지요? 신하들이 "왕이여, 역대 이후로 왕들이 그런 무식한 부탁을 한 왕이 없나이다." 하고 수염을 벌 벌 벌 떠니까 왕이 화가 났습니다. "이것들 봐라. 그럴 줄 알고 내가 말했지. 너희들은 둘러대려고 그래. 너희들의 해석을 믿을 수 없어. 내가 꿈꾼 내용부터 먼저 말하면 내가 믿을게." 그 신하들이 한 사람도 못 한다고 하니까 군대 장관 아리옥을 불렀어요. "처형해! 장성택 같이 처형하라!"

그래서 모든 바벨로니아 학자들 술사들이 다 처형장으로 끌려갈 때, 그 처형장 아리옥이 세어 봤어요. 한 마리, 두 마리, 세 마리, 네 마리 세어 보니 한 마리가 빠졌어요. 다니엘이 없어요. 다니엘. "야! 다니엘은 어디로 도망갔어?" 그랬더니 "다니엘은요? 밥만 먹고요? 머리 처박고 골방에서 기도만 해요." 그래서 "기도 같은 소리 하고 앉았어. 데려와!" 그래서 다니엘을 끌고 왔어요. 다니엘이 보니까 다 묶여서 지금 사형장으로 끌려가는 거예요. 다니엘이 물었어요. "이게 뭐 하시는 거예요?" 그러니까 "뭐는 뭐야? 이놈아. 왕이 꿈을 꿨는데 해석을 못 해. 다 죽어야 해. 너도 죽어."

그때 다니엘이 믿음으로 선포를 딱 해버려요. 사람이 믿음의 선포가 중요해요. 여러분도 위기가 오거든 믿음으로 선포해버려요. 어차피 죽는 거. 어차피 죽는 거 다니엘이 이렇게 말했어요. "나를 왕의 앞으로 인도하라. 내가 꿈을 말하리라." 아직 다니엘은 몰라요. 모르면서 하루라도 더 살기 위해서는 그렇게 해야지 어떻게 하겠어요? 그래서 다니엘이 딱 갔어요. 왕이 물었어요. "다니엘, 이거 해석의 문제가 아니야. 내가 어젯밤에 꿈꾼 내용부터 네가 말할 수 있겠어?" 한 다는 거예요. 아멘. "하룻밤의 기회만 주시면 내가 내일 해석 말고 해석하기 전에 꿈에 대한 모든 내용부터 먼저 왕에게 말씀을 드리고, 왕이 꿈을 꾼 내용부터 내가 다 알아맞힐게 요." 아멘. "좋아. 하루 연기. 야야! 처형 하루 연기." 다니엘 때문에 모든 사람도 다 사는 거예요. 하루 연기요. 아멘이요?

돌아오자마자 다니엘이가 하나님 앞에 똥줄 타게 기도하 는 거예요. "하나님, 살려주세요. 살려주세요. 느부갓네살 왕이 무슨 꿈을 꿨는지 나한테 보여주세요." 밤새도록 철야 기도하다가 쓰러져 잠이 들었는데 다니엘의 꿈속에 느부갓 네살이 꿈을 꾼 내용과 똑같은 꿈이 나타났어요. 따라 해봐 요. "머리는 금이요. 가슴은 은이요. 배는 놋이요. 다리는 철 이요. 발가락은 진흙이요." 그리고 공중에 돌이 하나가 딱 뜨 더니 팍 내려오더니 동상 전체가 먼지처럼 다 날아가 버리고 그래서 하늘에서 내려온 돌이 점점 커지더니 세상을 덮었어 요. 끝났어요. 끝난 거예요. 아멘. 그리고 플러스 알파로 "다 니엘아, 이 꿈의 내용을 내가 너에게 말하리라." 그러면서 하 나님이 다니엘에게 해석을 가르쳐 주기를 "이것은 하늘의 하 나님이 이 세상의 역사를 앞으로 진행을 하는 것에 대하여 하나님이 앞으로 이 세상의 역사를 어떻게 진행할 것인지 그 내용을 내가 이 꿈으로 보여줬느니라."

### 3) 느부갓네살 왕이 꾼 꿈의 해석

해석은 이러한즉, 뭐냐? 머리가 금이다, 이거예요. 머리가 금. 머리가 금이니까 이것은 바벨로니아 제국이요. 현재 바로 다니엘이 사로잡혀갔던 느부갓네살 왕의 나라라 이거예요. 그리고 그다음 나라가 또 일어난다! 메데와 페르시아 그다음에 헬라, 로마 이런 순서로 이 세상의 역사가 진행되리라. 따라서 합니다. "진행되리라." 이것이 역사가 진행된 뒤에 써진 성경이 전혀 아니에요. 역사가 진행되기 전에 이루어진 내용이에요. 이것을 여러분들이 분명히 알고 있어야 해요.

그래서 아침에 일어나서 다니엘이 의기양양하여 왕 앞으로 갔어요. "왕이여, 잘 주무셨나요?" 왕이 말했습니다. "다니엘, 꿈 내용을 말해. 꿈 해석 말고. 해석 때문에 너를 부른 게 아니야. 내가 어제그저께 밤에 꿈꾼 그거부터 말하겠냐?" "당연하죠. 당연하죠." "그럼, 한번 말해봐." 다니엘이 말하기 시작합니다. "왕이여, 내가 왕이 꿈을 꾼 내용을 먼저 말을 할 텐데 말하기 전에 내가 드릴 말씀 하나가 있습니다." "빨리 해 봐. 어서. 자식이 말이야 딴소리 말고." "나는 이 말을 먼저 해야 합니다." "해 봐. 해 봐." "내가 지금 왕에게 드리는 이 말씀은 내 지혜와 능력이 아닙니다." 하나님 자랑부터 하는 거예요. "이것은 하늘의 하나님이 어젯밤에 나에게 보여준 것이라서 저작권이 내 것이 아니라 하나님의 것입니다." 느부갓네살이 "빨리해. 하나님이고 자시고 빨리 해 봐."

"자, 그러면 시작합니다. 왕께서 그저께 밤에 3일 전에 꿈을 꾼 내용은 이런 것을 보셨죠? 큰 동상을 보셨나이다." 한 번 따라서 해요. "머리는 금이요. 가슴은 은이요." 느부갓네살이 벌벌 벌벌 떨면서 온몸을 벌벌 떨면서 "야, 다니엘, 그만하여라. 그만하여라. 됐다. 이제 더 이상 말하지 말고 이제 해석해 봐. 해석." "조용해요. 끝까지 다 들어요." 칼자루 거꾸로 잡았어요. 거꾸로. "아니, 이게 도대체 무슨 뜻이냐?" "다리는 철이죠?" "됐어. 그만해. 그만해." "잘 들어, 이놈아. 늙은 왕, 잘 들어. 그리고 공중에 돌이 하나 떴지요? 이게 중요합니다. 왕이여, 돌이 하늘에서 내려오더니, 발가락 열 개를 때렸지요? 그러니까 동상이 가루가 돼서 없어졌죠? 그리고 돌이 점점 커져서 세상을 덮었지요." 아멘. "그래. 도대체 뜻이 뭐냐고? 이제 해석 좀 해. 이제는 믿을게. 믿을게."

"언제는 안 믿는다고 떠들더니, 왜 또 떠들고 난리야? 해석합니다. 이 꿈은 하늘의 하나님이 앞으로 이 세상의 역사를 어떻게 진행할 것인지에 대한 계획을 왕에게 보여준 것입니다. 머리가 금으로 되었은즉 이것이 바로 느부갓네살 왕의 바벨론 제국을 말합니다. 그러나 바벨론 제국도 결코 오래가지 못하고 바벨론 제국을 망가뜨리는 새로운 나라가 나타납니다. 그것이 메디아와 페르시아입니다. 그 나라가 나타나서 바벨론을 없애버리고 세계 제국을 새로 세울 것입니다. 그 나라도 오래가지 못하고 놋의 나라." 따라서 합니다. "<u>놋의 나라.</u>" "헬라 제국이 나타날 것입니다." 알렉산더도 태어나기 전에 이미 벌써 성경이 예언되어 있어요. "나타나서 앞의 페르시아 제국을 망가뜨리고 헬라 제국을 세울 것이고 헬라 나라도 오래가지 못하고 로마 나라, 철의 나라가 나타납니다. 두 다리니까 동로마 서로마입니다."

야! 성경은 기가 막히는 거죠. 이런 성경을 보면서도 예수를 안 믿는다? 그리고 이런 성경을 보면서도 주님의 재림에 대해서 동의하지 않는다? 정신병입니다. 정신병. 제가 지금 설명한 이 설명을 듣고 오늘 여기 교회 처음 나오신 분 계시죠? 이러한 말을 듣고도 당신들이 예수 그리스도를 영접하지 아니하면 당신은 악령에 사로잡힌 거예요. 본정신이라고 볼 수 없는 거예요. 아니, 하나님이 더 이상 어떻게 설명해요? 하나님의 존재를 어떻게 더 이상 설명하냐고요? 이만큼 설명했으면 하나님은 책임 없어요. 아멘.

그리고 돌멩이가 하늘에서 떠서 동상의 발가락을 치니까 동상이 다 없어졌다는 것은 인류 역사가 그걸로 끝이라는 거예요. 그리고 그 내려온 돌이 바로 누구냐? 산돌 되신 예수 그리스도입니다. 그리스도가 이 땅에 재림하면 그것으로 모든 세상은 끝난다!

## 3. 예수의 재림은 역사의 흐름 속에 일어난다

### 1) 예수의 재림은 역사의 흐름에서 하나님의 계획이 완전히 성취되는 사건이다

자, 이 다니엘의 계시적 꿈 해석이 일점일획도 틀림없이 이루어졌어요. 아니, 보세요. 자, 이 과정에서 바벨로니아 제국이 없어지고 페르시아가 나타나고 페르시아가 없어지고 헬라가 나타나고 헬라가 없어지고 동로마 서로마가 나타나고 이 역사적 과정 중에 성경의 예언대로 안 된 것이 단 한 절이라도 있다면요? 마지막 사건인 돌의 나라, 예수님이 이 땅에 재림하여 세상이 끝난다는 거에 대하여 '글쎄, 이 멀쩡한 세상에 하늘에서 예수님이 재림하여 세상이 끝난다? 글쎄 그렇게 될까?' 이렇게 의심할 수도 있어요.

그러나 예수 그리스도의 재림은 이것이 딱 떨어진 단일 사건이 아닙니다. 주님의 재림은 단일 사건이 아니에요. 이와 같은 역사의 흐름 속에서 이루어지는 하나님의 계획과 섭리가 완전히 성취되는 과정에서 마지막 사건으로 딱 나타나 있는 거예요. 믿습니까? 그러면 예수 그리스도의 재림이 가능성이 없다면 그 앞에 이루어진 역사도 없어야 하는 거예요. 이해되셨어요? 확실히 이해되셨어요? 이해되시면 아멘 해봐요. 그러니까 예수 그리스도의 재림이, 주님의 오심이 단일 사건으로 딱 떨어져 있으면 어느 날 느닷없이 그냥 내가 나타나 가지고 "여러분, 예수님이 재림합니다." 이러면 안 믿어도 괜찮아요.

그러나 그리스도의 재림은 이것은 역사적 사실에 이어지는 사건으로 나타나 있는 거예요. 그래서 이걸 역사적 전 천년이라고 그래요. 역사적 전 천년. 역사에서 이어지는 순간에 한 사건으로 주님의 재림이 이루어진다 이거예요. 아멘.

그러니까 그리스도의 재림을 인정하지 않는 사람은, 정신병입니다. 본정신이 아니에요. 악령에 사로잡혔거나요. 왜? 아니, 이 다니엘서 이것이 역사가 다 이루어진 뒤에, 작년에 기록된 게 아니에요. 이것은 벌써 이 세상에 역사가 이루어지기 전에 B.C. 800년경에 느부갓네살의 바벨로니아 제국 때 기록된 거예요. 그것도 다니엘이 혼자 기도하다 받은 계시가 아니에요. 하나님이 일부러 공신력 있게 하려고요? 일반 세상 사람인 느부갓네살 왕이 받은 꿈이에요. 다니엘은 거기다 해석만 했을 뿐이에요. 하나님은 할 일을 다 하셨어요.

이제 여기서 예수 그리스도를 인정하지 않고 주님의 재림을 인정하지 않는 사람은, 그것은 고의성이라고 볼 수밖에 없어요. 성경에 보면 다 알고도 안 뒤에 예수님을 고의적으로 배반한 사람이 있어요. 가룟 유다예요. 다 봤어요. 예수님이 기적 행하는 거 다 봤어요. 다 보고도 고의적으로 예수를 부인했어요.

여러분들은 그런 사람 되지 마세요. 오늘 이 자리에 오신 여러분들은 100% 예수님의 사랑을 받아들이세요. 주님이 여러분을 사랑하여 오늘 요렇게 저렇게 요렇게 저렇게 친구의 손을 통하여 이 자리에 오게 하셨어요. 오늘 여러분은 이 복음을 듣는 자체가 축복입니다. 믿으시면 아멘. 두 손 들고 아멘. 〈나 같은 죄인〉을 부르겠습니다. 주님 감사합니다.

〈찬송가 405장〉 나 같은 죄인

1. 나 같은 죄인 살리신 주 은혜 놀라와
   잃었던 생명 찾았고 광명을 얻었네

2. 큰 죄악에서 건지신 주 은혜 고마와
   나 처음 믿은 그 시간 귀하고 귀하다

3. 이제껏 내가 산 것도 주님의 은혜라
   또 나를 장차 본향에 인도해 주시리

4. 거기서 우리 영원히 주님의 은혜로
해처럼 밝게 살면서 주 찬양 하리라

### <감사해요>

1. 감사해요 감사해요 감사해요 주님
감사해요 감사해요 감사해요 주님

2. 아시지요 아시지요 아시지요 주님
아시지요 아시지요 아시지요 주님

아멘 할렐루야! 주님은 오십니다. 이 세상 모든 사람이 주님이 안 온다고 해도 나는 주님이 오십니다. 아멘. 여러분, 성경을 공유합시다. 성경은 쓸데없이 쓰인 책이 아닙니다. 오늘 이 자리에 계신 여러분들은 하나님께 감사하십시오. 이 말씀이 여러분 앞에 열리게 됨을 감사하십시오.

### 2) 나팔절 앞의 네 명절이 이루어졌다면 나팔절도 이루어진다

그 다니엘 계시 빼고도 7대 명절 한번 보세요. 나팔절 보세요. 자, 만약에 나팔절이 없다면 주님의 재림이 없다면 앞에 있는 세 명절도 없어야지요? 그런데 예수님이 이 땅에 오셨잖아요? 십자가에 죽었잖아요? 사실이잖아요? 3일 동안 무덤에 있었잖아요? 사실이잖아요? 그리고 초실절에 부활하셨잖아요? 지금 하늘나라 승천하셔서 성령도 부어 주셨지요? 그럼 여기 오순절까지 다 이루어졌다면 성취되었다면? 뒤에 나팔절이 없다? 그건 정신병자죠. 그걸 누가 사람이라고 하겠어요? 주님은 오십니다. 틀림없이 오십니다. 누가 뭐래도 예수님은 재림하십니다.

### 3) 이단들이 사고 쳐도 주님의 재림을 더 강조하자

그런데 왜 한국 교회가 주님의 재림에 대해서 말하기를 싫어하느냐? 첫째, 목사님들이 안 믿는 거예요. 목사님들이 안 믿는 거예요. 기가 막히죠? 신학교에서 머리로만 공부를 해서, 다시 말해서, 목사님들이 오순절이 없는 거예요. 목사님들이 성령 못 받은 거예요. 인위적으로 만들어진 인간적 목사가 된 거예요. 지금 이 시대가 다 하늘로부터 온 신적 목사가 아니에요. 배운 목사예요. 지금 신학교들이 다 인위적, 인간적 목사 제조 공장으로 생산해내고 있어요. 목사님들이 안 믿는 거예요. 목사님들이 재림을 안 믿는 거예요. 그런데 안 믿는다고 그러면 성도들한테 오해받을까 봐 믿는다고 하지만 말하기를 싫어하는 거예요. 따라서 합니다. "말하기를 싫어하는 사람은 실상 안 믿는 것이다." 말하기를 싫어하는 사람은 사실은 안 믿는 거예요. 목사님들이 재림 말하기를 싫어해요. 왜, 이 나팔절의 주님 오심을 말하기를 한국 교회가 자꾸 주저하느냐? 과거에 나팔절을 가지고 사고를 낸, 사기 친 다미선교회라든지, "예수님 오신다." 이걸로 사기 친 사건들이 몇 번 있었어요. 그러나 이단들이 사기 쳤다 할지라도 주님은 오십니다. 사탄의 역사예요. 마귀 역사예요. 마귀 사탄이 한국 교회 성도들에게 주님 재림을 가리려고 이단들이 나서서 먼저 써먹어 버렸어요. 이단들이 이 주제를 가지고 먼저 써먹었다고요. 그래서 목사님들이 이 말 하기를 주저해요. 그러나 이단들이 사고 쳐도 우리는 기죽으면 안 돼요. 예수님 오신다는 걸 더 강조해야 해요. 주님은 오십니다. 할렐루야.

### 4. 나팔절을 준비하자

그래서 사랑제일교회는 이 동그라미 일곱 개, 7대 명절을 다 균형 있게 다 받아들여야 해요. 이 속에서 좋은 것만 똑똑 몇 개 찍어서 선택하면 안 되는 거예요. 그거는 편식이에요. 편식. 아멘.

 그런데 봐요. 제가 주일 대예배에서 주님의 재림에 대하여 또 그 어려운 다니엘서를 그림으로 비쳐가면서 담대히 내가 선포하잖아요? 이렇게 선포하면 오늘 교회 처음 나오신 분에게 부작용이 일어날 줄 난 이미 알아요. "다시는 교회 안

가. 전광훈 목사, 가봤더니, 이야! 돈키호테야, 돈키호테. 무슨 예수가 온다고." 이렇게 말할 줄 난 다 알아요. 그래도 나는 해요. 그래도 해요. 이해 안 되시는 분은 다음 주에 또 오세요. 여러분, 들어보세요. 일리가 있어요. 그리고 전국 교회에서 주일 대예배 때 내가 이 말을 하면 틀림없이 내가 욕먹는 줄 알아요. "무슨 재림이야?" 욕먹는지 알아도 나는 해요. 나는 사람의 비위를 맞추지 않아요. 난 주님이 기뻐하면 돼요. 난 예수님이 기뻐한 대로 말해버릴 거예요. 우리 교회 다 해체돼도 괜찮아요. 다 떨어져도 나 혼자 해 먹어요. 난, 나 혼자 여기서 소리 막 질러요. 주님이 오신다고! 아멘. 왜? 복음을 가감함이 없이 주님의 복음을 원색적으로 전해야지요. 세상 사람들 눈치 봐 가면서 말이야 살살 그 사람들한테 말이야. 강남 예수요? 사모님, 내가 이 말 하면 또 내가 열등의식 생겨서 강남에 대해서 열등의식이 생겨서 그런다고 했는데, 강남 예수요? 강남의 대형교회 목사님들은 성도들한테 벌벌 벌벌 떨고요. '이렇게 말하면 성도들이 어떻게 생각할까?' 성도들이 어떻게 생각하든 말든 우리는 하나님의 종이에요. 주님의 말씀대로 선포해요. 받고 안 받고는 본인들의 선택 사항이고요. 주님은 재림하십니다.

사랑하는 사랑제일교회 성도들이여, 나팔절을 준비하세요. 나팔절을 대비하세요. 기다리세요. 나팔절 때 한 사람도 버림받는 사람 없기를 바래요. 주님께로 열납되시기를 바래요. 두 손 높이 드시고 "주님, 인정합니다. 나, 주님의 오심을 받아들입니다. 그 누가 뭐라고 말해도 나는 주님이 오심을 믿습니다. 나는 그때 그리스도의 신부가 되기를 원합니다. 단장하기를 원합니다." "주여" 삼창 하며 기도하겠습니다.

# The Day of Atonement

속죄절

# 20

속죄절

# 알곡 성도가 되자

**설교 일시** 2014년 2월 23일 (주일) 오전 11시
**대　　상** 사랑제일교회 주일 3부 예배
**성　　경** 마태복음 3:11-12

　　11 나는 너희로 회개케 하기 위하여 물로 세례를 주거니와 내 뒤에 오시는 이는 나보다 능력이 많으시니 나는 그의 신을 들기도 감당치 못하겠노라 그는 성령과 불로 너희에게 세례를 주실 것이요

　　12 손에 키를 들고 자기의 타작마당을 정하게 하사 알곡은 모아 곡간에 들이고 쭉정이는 꺼지지 않는 불에 태우시리라

# I.
# 오순절과 7대 명절

**1. 7대 명절 중 좋은 것만 취해서는 안 된다. 전체를 다 공유해야 한다**

할렐루야! 〈주님 한 분 밖에는〉입니다. 우리 찬송하겠습니다. 아버지! 예수님!

### 〈주님 한 분 밖에는〉

1. 주님 한 분 밖에는 아는 사람 없어요
가슴 깊이 숨어있는 주를 사랑하는 맘
주님 한 분 밖에는 기억하지 못해요
처음 주를 만난 그날 울며 고백하던 말

2. 주님 한 분 밖에는 사랑할 이 없어요
작은 가슴 뜨거웁게 주님 피가 흘러요
주님 한 분 밖에는 약속한 이 없어요
나를 믿고 따르는 자 반석 위에 서리라

(후렴) 나는 행복해요 죄사함 받았으니
아버지 품 안에서 떠나 살기 싫어요
나는 행복해요 사랑이 샘솟으니
이 세상 무엇이든 채우고도 남아요

아멘. 7대 명절의 축복을 받으라. 하나님께서 구약 이스라엘 백성, 구약 성도인 하나님 백성에게 일곱 가지의 명절을 주셨습니다. 자, 그 순서가 이러하니 한번 따라서 하겠습니다. "유월절, 무교절, 초실절, 오순절, 나팔절, 속죄절, 장막절." 아멘. 왜 주셨느냐? 큰 이유가 세 가지라고 그랬습니다. 첫째, 이것은 구약 성도인 이스라엘 백성 유대인에게 주신 하나님의 축복입니다. 구약 시대 하나님의 백성인 유대인들은 요거 일곱 개 지키다가 세계 제일의 복을 받았습니다. 어디를 가든지 이스라엘 백성들은 이걸 놓치지 않았고 전 세계에 흩어져 이천년을 살면서도 이스라엘 백성들은 목숨 걸고 이 사건을 지켜왔어요. 뭔 뜻인지도 모르고 그냥 하나님이 하라고 하니까 뜻도 모르고 했는데도 하나님이 복을 주셨어요. 둘째 이것은 여러분과 저의 사랑의 대상인 예수 그리스도가 이 세상에 오셔서 이루실 일곱 가지 큰 구속사를 말합니다. 여기에 처음 교회 오신 분들 잘 들어 두세요. 예수님에 대한 오해가 없기를 바랍니다.

예수님은 이 세상에 오시기 전에 이 세상을 만드신 하나님이십니다. 창세기 1장에 "빛이 있으라" 그렇게 말했던 그 사람이 예수입니다. 따로 있는 게 아닙니다. 이 세상을 만드신 창조주가 사람과 눈높이를 맞추려고 사람의, 육체의 옷을 뒤집어쓰고 마리아의 배를 빌려서 오신 분이 예수입니다. 그 예수님의 명칭이 이 세상에 오시기 전에는 하나님이에요. 이 땅에 오신 이후에는 예수라 그래요. 7대 명절은 이 예수님이 이 땅에 오셔서 여러분과 저의 구속을 위하여 해 주실 큰 일곱 가지 7대 복음 사건이다, 이 말이에요. 무슨 얘기냐? 유월절이 뭐냐? 이렇게 죽으리라. 따라서 합니다. "죽으리라." 예수님이 이 땅에 오신 뒤에 생겨난 명절이 아니에요. 오시기 전이에요. 오시기 전에 하나님은 벌써 예수님이 이 땅에 사람으로 오시면 이와 같은 일을 진행하리라고 하는 것을 이스라엘 백성을 통하여 예행연습을 시켰어요. 예행연습. 그러니까 예수님은 이 땅에 오셔서 이미 벌써 자신이 하늘나라에서 이 땅에 오시기 전에 만들어 놓은 7대 명절 요 순서를 날짜도 안 틀리고 다 했어요. 날짜도 안 틀리고 유월절 날 죽으신 거예요. 유월절 날. 아멘. 그리고 무교절, 따라서 합니다. "무덤에 있으리라." 예수님이 유월절에 죽으시고 무교절에 3일 땅속에 있었다 이거예요. 땅속에 있을 것을 예수님이 오시기 전에 말씀하신 거예요. 따라서 합니다. "초실절, 부활하리라." 그러니까 초실절 날 날짜도 안 틀리고 부활했어요. 그리고 예수님이 하늘나라 승천하신 뒤에 오순절이 뭐냐? 성령을 보내 주시리라. 그러니까 사도행전 2장에 오순절 날이 이르매 날짜도 안 틀리고 성령이 왔어요. 이것은 역사적 성취의 사실입니다. 지금 우리 주님이 여기 오순절까지 네 명절을 완성했어요.

그리고 앞으로 다가올 세 명절입니다. 세 명절이 뭐냐? 따라서 합니다. "나팔절." 이것이 그리스도의 재림으로 나타났어요. 재림으로. 아멘. 속죄절, 오늘 속죄절 하려고 합니다. 주님이 재림하시면 알곡과 쭉정이를 가려서요? 장막절이 뭔가? 우리를 천년왕국으로 인도하신다! 이해되시면 아멘입니까? 그래서 예수 그리스도, 우리 주님이 이 세상에 오셔서 네 가지 명절을 완성했고 이제 앞으로 이룰 명절이 뒤의 세 개입니다.

그중에 첫 번째가 그리스도의 재림 사건입니다. 한국 교회는 예수님의 재림을 말하면 이상하게 생각해요. 재림을 말하면 "이단인가?" 뭐 이렇게 말해요. 그렇지 않습니다. 여러분, 주님이 이 땅에 오심은 분명합니다. 예수 그리스도를 믿는다, 교회를 다닌다, 난 기독교인이 됐다, 크리스천이다 하는 사람은 이 7대 명절 중에서 자기가 좋은 것만 고르면 안 돼요. 이거 일곱 개 전체를 공유해야 해요. 이 전체를 공유하는 사람을 기독교인이라 그래요. 기독교인. 여러분은 가짜 되지 말고 진짜 되기를 바랍니다. 교회를 다닌 사람이 예수님 부활을 안 믿으면 돼요, 안 돼요? 안 되지요? 여러분, 예수님 부활을 믿어요? 예수님이 부활한 걸 믿는 것만큼 주님의 재림도 믿어야 하는 거예요. 주님은 다시 오신다, 이겁니다. 이해됐어요? 할렐루야요? 두 손 들고 아멘. 아이고! 착해라. 아이고! 착해라. 〈주님 다시 오시네〉 다시 한번 불러봐요. 주님은 다시 오십니다.

### 〈주님 다시 오시네〉

1. 주님 다시 오시네 곧 오시겠네 깊은 잠을 깨어나
나팔 불며 오시는 신랑 예수님 어서 맞으러 가자
크고 놀라운 불같은 그 날이 새벽같이 오리라
할렐루야 할렐루야 주여 어서 오소서

2. 주님 다시 오시네 곧 오시겠네 깊은 잠을 깨어나
구름 타고 오시는 신랑 예수님 어서 맞으러 가자
크고 놀라운 불같은 그 날이 도적같이 오리라
할렐루야 할렐루야 주여 어서 오소서

3. 주님 다시 오시네 곧 오시겠네 깊은 잠을 깨어나
노을 밟고 오시는 신랑 예수님 어서 맞으러 가자

아멘! 진짜로 그렇습니까? 주님이 내일 와도 돼요? 겁나죠? 겁나지? 솔직히 말해봐요. 내일 오셔도 돼요? 겁나. 겁나. 내가 보니까 겁나.

**2. 오순절이 강력히 임해야 7대 명절 전부를 공유할 수 있다**

그래서 이 7대 명절을 우리가 쭉 지금 말씀을 넉 달 동안 상고하는 중에 유월절 무교절 초실절 오순절 우리 다 통과했습니다. 그러면 우리가 이 말씀을 보면 앞에 세 명절 있죠? 유월절 무교절 초실절, 요것이 한 세트예요. 이것은 이루어지는 시간도 일주일 안에 다 이루어져요. 유월절 날 죽으시죠? 무교절 3일 동안 땅속에 있다가 부활해요. 뒤에 있는 명절 있죠? 나팔절 속죄절 장막절, 이게 또 한 세트예요. 이게 거의 동시에 이루어져요. 주님이 재림하시고 속죄절 할 때 또 두 달 후에 하는 게 아니고 거의 싹 같이 가요.

가운데 오순절이 들어있어요. 가운데가 오순절입니다. 아멘. 그 오순절이 왜 중요하냐? 오늘도 예배 후에 서정희 사모님 통하여 오순절을 집행할 것입니다. 오순절 체험 못 한 사람은 다 하기를 바랍니다. 아멘. 하여튼 우리 교회 다니는 사람들은 다 100% 이 명절 중에 하나도 건너뛰면 안 돼요. 그냥 유월절에 주님이 십자가에 죽으셨다고 해서 눈물 찍 흘리고 이 정도로 안 되는 거예요. 이 전체가 다 공유돼야 해요.

그런데 우리 한국 교회는 유월절 무교절 초실절 이것 세 개도 제대로 안 가르쳐요. 한국 교회는 솔직히 이야기해서 목사님들이 유월절 하나도 제대로 안 해요. 그러니까 지금 사실은 한국 교회가 다 무너지는 거예요. 이게 한국 교회가 제2의 가톨릭처럼 되고 있어요. 제2의 유대교처럼 지금 한국 교회가 바뀌어 가요. 왜냐? 복음의 원색적인 것을 목사님들이 안 가르치니까요. 그러니까 여러분들은 이번에 이 7대 명절을 그냥 지나가면 안 돼요. 제가 여러분에게 설명한 것을 꼭 붙잡으라고요. 아멘.

그중에 제일 지금 이 시대 한국 교인들에게 긴요한 것이 뭐냐? 오순절이에요. 이 오순절을, 오순절 성령 받는다, 성령 체험한다, 방언한다, 뭐 이런 것을 말이야 사람들이 이것을 뭐 특별한 여의도순복음교회나 이런 교회에서만 하는 줄 아는데, 아니에요. 아니고! 성경 전체가 다 그렇게 돼 있어요. 알았지요? 이 시대에 우리 교회는 축복받았어요. 이 시대 오순절을 집행하는 일인자가 서정희란 말이에요? 서정희? 알았지요? 내가 이런 사모님을 모셔다가 여러분에게 딱 갖다 대는데 이런 상태에서도 오순절 체험을 제대로 안 하면 그 사람은? 그 사람은 다음 주부터 교회 나오지 마! 다 받자. 따라서 해봐요. "받자." 옆 사람 다 손잡고 해 봐요. "오순절을 받읍시다." 아멘 할렐루야.

오순절의 체험이 있어야 지나간 세 명절, 이 유월절 무교절 초실절을 확실히 가슴에 담을 수 있어요. 7대 명절 이것은 이성의 분야가 아닙니다. 뭐가 아니고요? 이성의 분야, 사람의 깨달음과 생각의 분야가 아니라 영의 분야예요. 그러니까 성령이 밀어 넣어줘야 하는 거예요. 성령께서 우리 속에, 가슴에 젖게 해 줘야지 이게 사람의 이성으로 이해가 안 되는 거라고요. 이해돼요? 뒤에 있는 명절 세 가지도 마찬가지예요. 나팔절 속죄절 장막절 이거 세 가지도 아무리 성경 읽고 설교 듣고 성경 공부해도 이게 안 믿어져요. 이게 가슴에 오지 않는다고요. 왜? 오순절이 없기 때문에요. 그러나 오순절 성령이 임하면 그냥 자연적으로 들어와요. 그리고 주님이 오시는 거에 대하여 동의가 돼요. "아, 예수님이 오실지도 모른다"가 아니라 "오신다. 100프로 오신다." 이렇게 세 명절에 대해서 확신을 하게 된다 이거예요. 믿습니까?

## II. 다니엘서의 증언대로 주님은 반드시 재림하신다

### 1. 느부갓네살 왕의 꿈대로 세상 역사가 전개되다

오늘 교회를 처음 오신 분들을 위해서 제가 지난주에 드린 말씀을 다시 한번 5분 동안 살짝 짚어 드리고 속죄절로 가도록 하겠습니다.

　지난주에 제가 말씀드리기를 예수님이 이 땅에 오시는 것이 확률적으로 보면 몇 프로냐? 100 프로라고 했습니다. 100 프로. 안 오실 확률이 얼마냐? 제로라고 했어요. 제로. 예수님은 분명히 오신다! 만약에 예수님이 오시는 것을 인정하지 않는 사람은 정신병이에요, 정신병. 왜 정신병이냐? "아니, 목사님이 무슨 그런 무리한 말씀을 하시냐"고요? 들어보실래요?

　성경이 그냥 기록된 게 아닙니다. 고대 바벨로니아 시대에 느부갓네살 왕이 꿈을 꿨어요. 바벨로니아의 제왕 느부갓네살이 꿈을 꿨는데, 이러한 꿈을 꿨습니다. 한 번 따라서 합니다. "머리는 금이요." 다시요. "가슴은 은이요." 따라서 해요. "배는 놋이요. 다리는 철이요." 요런 상태에 있던 그 동상이 가만히 꿈 중에 보니까 갑자기 하늘에서 돌이 하나 떨어요. 돌. 돌이 내려오더니 발가락 열 개를 딱 쳤어요. 치니까 이 동상 전체가 다 가루가 되어서 먼지가 되어서 다 날아가고 하늘에서 내려온 돌이 점점 커지더니 세상을 덮었어요. 이게 다니엘서 2장입니다. 다니엘서 2장. 아멘.

　그런데 꿈을 꿨는데 이 꿈이 해석이 안 된단 말이에요? 그래서 그 당시에 바벨론의 박사들, 술객들, 점쟁이, 꿈 해석하는 사람 다 모아서 "이게 도대체 무슨 꿈이냐?" 물어도 아는 사람이 없어요. 그런데 전쟁 포로로 잡아 온 다니엘이 이 꿈을 뚫어낸 거예요.

그 다니엘이 왕 앞에 가서 말했습니다. "왕이 어젯밤에 꿈을 꾼 내용은 이와 같습니다. 이 꿈은 하늘의 하나님이 앞으로 이 세상 역사를 진행해 나가는." 뭐 하는? "하나님이 진행해 나가는 그 모든 역사적 사건을 왕에게 먼저 보여준 것입니다. 머리가 금인즉 이것이 바로 왕의 나라인 바벨로니아 제국입니다. 그리고 바벨로니아 제국도 오래 가지 못하고 머지않아서 다음 나라가 이어질 텐데 이게 메디아와 페르시아입니다. 메디아와 페르시아라는 나라가 나타나서 바벨론을 까부수고 이 세상에 제국을 만들 것입니다." 그리고 이 메디아 페르시아도 오래 가지 못하고 헬라라는 나라가 나타났어요. 헬라.

성경의 예언이 왜 대단하냐? 지난주에도 말씀을 드렸습니다마는 이러한 큰 나라들이 나타난다, 이렇게 윤곽만 말했으면 그럼 뭐 예언적인 뭐가 있을지 모른다고 할 텐데 나라 이름까지 말했어요. 나라 이름까지. 아직 이 세상에서 이루어지지 않은, 뒤에 나타날 나라의 이름, 헬라란 이름까지 성경의 다니엘이 말했다고요. 아직은 생겨나지 않는 나라인데 "헬라 왕이 올 것이요." 성경이 이렇게 돼 있단 말이에요. 그리고 이 헬라 나라도 오래 가지 못하고 망하면 두 다리니까 동로마, 서로마가 나타난다는 거예요. 로마가 두 개로 나눠졌잖아요? 그러니까 다리 두 개란 말이에요? 이 두 개로 이어지는 로마 나라가 세상 역사를 이어받을 것이요. 그리고 마지막 때 발가락이 열 개! 이것이 주님이 재림 직전에 이 지구촌에 이루어지는 권력 구조란 말이에요? 열 발가락 때에 하늘의 돌이 내려와서 이 모든 동상이 다 부서진다는 것은 인류 역사가 끝이라는 겁니다. 그리스도의 재림으로 이 세상이 끝난다! 이것을 BC 700년 경에 느부갓네살 왕이 꿈을 꾼 것을 다니엘이 해석하여 성경의 다니엘서에 딱 써놨어요. 이해돼요? 그리고 일점일획도 빠짐없이 이루어졌어요. 한 절도 빠짐없이 이루어졌어요.

## 2. 사해사본 발견을 통해 다니엘서의 진정성을 확인시키신 하나님

그래서 성경을 비판하는 역사가들이 이렇게 성경을 몰아세워요. 뭐냐? 다니엘서는 BC 700년, 800년 전에 기록된 게 아니고 다 역사가 지난 뒤에 로마 시대 때 썼었다, 이렇게 성경을 공격해요. 그렇지 않습니다. 하나님은 그럴 때마다 역사로 증명합니다. 하나님은 그런 사건이 있으면 역사로 증명을 해요. "다니엘서는 그 후에 써진 책이다. 그게 아니고서는 어떻게 이렇게 미리 다 아느냐?" 그러니까 하나님이죠. 그러니까 성경이죠.

한참 논쟁이 무성했을 때가 우리나라가 해방될 무렵이에요. 2차 세계대전 직후 그때 성경 전체가 흔들리는 위기가 왔어요. 그런데 하늘의 하나님이, 보세요, 어떻게 하는가? 이스라엘 목동 하나가 양을 치다가 산에 올라가서 장난기로 돌을 굴렸는데 돌이 땅땅 땅땅 굴러가다가 어느 굴속에 떨어졌어요. 그 굴속이 바위니까 땅땅 땅 소리가 나야 하는데, 그런 소리가 안 나고 퍽 소리가 났어요. 그래서 목동이 그 굴속에 뭐가 있나 하고 살살 들어가 보니까, 옛날 구약시대 1000년 전에 기록된 성경이 있는 거예요. 일부분은 썩었어요. 그래서 이 목동이 마을에 내려와서 신고했어요. 신고하니까 세계 성경학자들이 다 붙었습니다. 역사가들이 다 붙었습니다. 성경학자 말고 세상 역사가도 다 붙었습니다. "누구도 먼저 손대지 말자." 그러니까 좌파 우파, 이 신학교도 좌파 우파가 있단 말이에요. "공동으로 개발하자" 그래서 붓으로 살살 쓸면서 하나하나 캐기 시작했어요. 만약에 거기 그 안에 다니엘서가 없으면 성경 전체는 다 무너지는 거예요. 이거는 다니엘서가 로마 시대 기독교인들이 쓴 책으로 되는 거예요. 그러니까 보수주의 신학자, 우리 같은 사람 보수, 성경을 믿고 살았던 사람들은 이게 망하느냐 사느냐, 성경 자체가 거짓말이냐 사실이냐 하는 문제에요. 다니엘서가 그 안에 없으면 기독교 자체가 무너져요. 기독교 자체가요. 이해돼요? 왜냐하면 그게 700년 전에 기록된 거니까. 그래서 살살 들어가서 붓으로 쓸고 하나하나를 넘기기 시작했는데 박수할 준비 해 봐요. 그 안에는 다니엘서가 있었어요. 있었다고, 있었다고요. 그러니까 이것이 역사가 지난 뒤에 써진 책이 아니고 성경 그대로예요. 역사가 이루어지기 전에 하나님이 이 말씀을 먼저 쓰셨단 말이에요.

그러니까 한 자도 안 틀리고 다 이루어졌다면 마지막 돌의 사건, 위에서부터 돌 하나가 내려와서 발가락 열 개를 치니까 모든 역사가 다 없어지고 이 돌의 나라가 점점 더 커져서 이 세상을 덮었다! 이게 그리스도의 재림 사건입니다. 그러니까 예수님이 초림으로 와서 마리아 뱃속에 와서 십자가에 못 박혀 죽으시고 무덤에 계시고 부활하시고 승천하시고 성령을 보내주시고 요거 다 이루어졌잖아요? 이렇게 정확하게 이루어진 예수의 구속사에서 나팔절, 주님의 재림 이거 하나가 안 될 가능성은 없다! 이거예요. 100 프로 주님이 오신다! 이거예요. 동의하시면, 아멘! 할렐루야! 그래서 내가 말했죠? 주님의 재림을 거부하면 정신병자라고요. 정신병자라고. 주님은 틀림없이 오신다! 성경 그대로예요.

## 3. 다니엘서 7장 짐승의 계시 : 예수 재림의 재확인

성경을 보면 성경은 항상 한 가지 사실을 두 번 확인해 줍니다. 한 가지 사실을 두 번 확인해 줘요. 이 사건이 있은 후에 다니엘이 직접 또 꿈을 꿨어요. 이 말씀을 잠깐 드리고 속죄절로 가도록 하겠습니다

자, 보십시오. 다니엘이 저녁에 잠을 자다가 꿈을 꾸는데, 이게 다니엘서 7장입니다. 꿈을 꾸는데 큰 바다에서 짐승이 네 마리 나왔어요. 짐승이 몇 마리요? 그때 이스라엘 사람들이 큰 바다라 그러면 지중해를 말하는 거예요. 지중해. 태평양이 아니고 지중해예요. 지중해에서 짐승 네 마리가 순서별로 바다에서 튀어나와요. 첫째 짐승은 사자예요, 사자. 두 번째 짐승은 곰이요, 곰. 세 번째 짐승은 표범이요, 표범. 네 번째 짐승은 이름이 없어요. 아주 크고 무서운 짐승이 바다에서 나오는데 이마에 뿔이 열 개가 있었다고 했어요. 뿔이 몇 개요?

이것이 무슨 뜻인가 하고 다니엘이 아침에 일어나서 고민할 때 하늘의 하나님이 이것에 대한 해석을 가르쳐줬어요. 이게 다니엘서 7장이에요. 이것은 앞에 2장에 있는 동상의 계시에 대해 하나님이 계시를 또 한 번 다시 보여준 것입니다. 한번 다시 합시다. "머리는 금이요, 바벨론이요, 사자요."

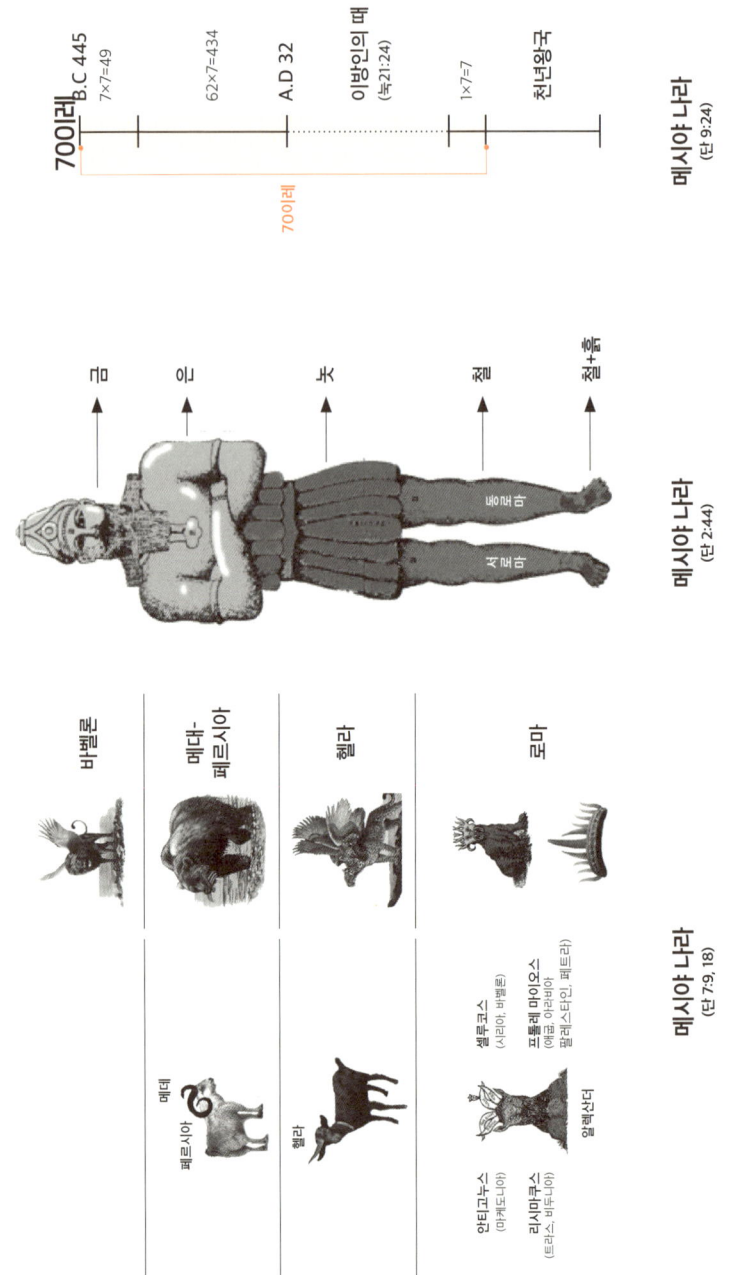

이 금 머리가 사자로 다시 나타난 거예요. 그래서 우연의 일치치고는 너무 일치하는 것이 바벨로니아 제국의 문화가 있잖아요? 지금 우리나라 보면 조선시대 때 문화, 뭐 남대문, 뭐 왕릉 같은 데 가면 해태가 있잖아요? 이 바벨로니아의 문화를 보면 모든 조각품에 사자를, 사자 그림을 다 그려놨다고요. 이것이 어떻게 우연의 일치로 되겠어요? 다시 "<u>가슴은 은이요, 메디아요, 페르시아요, 곰이요.</u>" 페르시아 문명에 가면 다 또 곰을 그려놓은 거예요. 다시요. "<u>배는 놋이요, 헬라요, 알렉산더요, 표범이요.</u>" 표범인데 이 표범에 날개가 붙었어요. 짐승 표범만 해도 빠른데 거기다 날개까지 붙었으니 이 짐승이 얼마나 빠르겠어요? 알렉산더의 전쟁 문화를 말합니다. 얼마나 얼마나 속도전을 빨리했는가! 일점일획도 빠짐없이 다 이루어졌어요. 아멘. 다시요. "<u>다리는 철이요, 로마요, 크고 무서운 짐승이요.</u>" 다시요. "<u>열 뿔은 미래의 나라요.</u>" 그 열 발가락이 짐승으로는 열 뿔로 나타났어요. 이 두 개가 같은 거예요. 이것은 미래의 나라, 다시 말해서 주님이 재림하기 직전에 이 땅에 나타날 권력 구조를 말하는데 이것은 지금 우리가 미리 말할 필요가 없어요. 그냥 그렇게 될 것이다, 짐작하면 돼요. 우리는 원칙적으로 더 깊은 자세한 것을 말할 필요 없어요. 우리는 주님은 오신다, 이렇게 생각하면 돼요. 아멘. 동의하십니까? 두 손 들고 아멘. 할렐루야!

그래서 내가 하는 말이 주님이 오시지 않을 가능성은 제로라는 겁니다. 제로. 만약에 주님이 안 오신다면 역사, 인류 역사 전체가 다 부인이 돼야 해요. 그런데 이 인류 역사가 다 이루어진 것이 성경적 예언 상태에서 그대로 이루어졌기 때문에요? 오늘 여기 교회 처음 오신 분들은 잘 들어보세요. 알아 듣기가 좀 어려워요. 성경이 신앙적인 예수에 관한 것만 써진 책이 아닙니다. 아마 여러분들이 관심 있으면 집에 가서 오늘 다니엘을 한번 읽어보세요. "이야! 성경 안에 어떻게 이런 것이 있을까?" 있어요. 성경 안에 이런 내용이 있어요. 할렐루야.

그래서 예수님은 언제 오실지는 몰라도 이 연장선에서 다시 한번 해 봐요. "유월절, 무교절, 초실절, 오순절." 자, 이 연장선에서 나팔절이 틀림없이 임한다! 주님이 이 땅에 다시 돌아오신다! 믿어지십니까? 확신해요? 아멘. 안 믿어지는 사람도 입으로 아멘 해봐요. 아멘 하면 믿어져요. 처음 교회 오면 잘 안 믿어져요. 나도 처음 교회 갈 때 어후! 모든 사람이 나만 쳐다보는 거 같고요? 그런데 날 쳐다보는 사람, 한 사람도 없어요. 하나도 없는데 내가 스스로 그렇게 생각이 되더라고요. 나도 교회 처음 왔을 때 말씀을 못 알아듣겠더라고요. 그러나 입으로 아멘 하시면 성령이 도와주셔서 믿어져요. 할렐루야! 〈하나님의 나팔소리〉입니다. 손뼉 준비입니다.

## <찬송가 168장> 하나님의 나팔 소리

1. 하나님의 나팔 소리 천지 진동할 때에
예수 영광 중에 구름 타시고
천사들을 세계 만국 모든 곳에 보내어
구원 얻은 성도들을 모으리

2. 무덤 속에 잠자던 자 그때 다시 일어나
영화로운 부활 승리 얻으리
주의 택한 모든 성도 구름 타고 올라가
공중에서 주의 얼굴 뵈오리

3. 주님 다시 오실 날을 우리 알 수 없으니
항상 기도하고 깨어 있어서
기쁨으로 보좌 앞에 우리 나가 서도록
그때까지 참고 기다리겠네

(후렴) 나팔 불 때 나의 이름 나팔 불 때 나의 이름
나팔 불 때 나의 이름 부를 때에 잔치 참여하겠네

## 4. 예수의 재림을 고대하며 살자

아멘. 할렐루야! 옛날 성도들은 일제시대 때, 우리가 고난을 통과할 때, 그때의 순교자들은 이 나팔절을 굉장히 기다리며 살았습니다. 그때 성도들은 가짜가 별로 없었어요. 왜? 교회

나가면 다 죽는데요? 그러니까 진짜들만 교회 다녔다고요. 주기철 목사님, 손양원 목사님 이런 시대에는 교회가 정화 됐어요. 교회가 깨끗했단 말이에요. 그러나 오늘날의 교회는 개판입니다. 개판. 여기 보면 다 개판이에요. 개판. 다 개판. 이게 뭐 도대체 교회를 왜 다니는지 몰라요. 그때는 교회 다니는 것이 곧 생명을 내놓고 다니는 거예요. 주기철, 손양원, 일제시대 때는요. 그러니까 신앙이 깊을 수밖에 없지요. 그분들은 이 나팔절을 애절하게 기다렸습니다. 주님 오시기를 애절하게 기다렸어요. 아침에 일어나면 문 열어보고 "오늘 혹시 주님 오시나?" 이렇게 사모하며 살았어요. 아멘. 그런 사람 중 하나가 서정희 전도사님이에요. 서정희 전도사님은요? 세상에! 그 환락가에, 강남에 살면서 말이야 예수님 오시면 입고 나갈 드레스를 맞춰 놓고 살았다 그러잖아요? 예수님 오시면 옷 입고 나간다고. 내가 그 집에 가서 봤어요. 그거 지금도 걸려 있어요. 사모님, 그거 나한테 주세요. 그러니까 그 시대는 이 나팔절을 굉장히 사모하며 살았어요.

사랑제일교회는 온 세상 교회가 다 타락해도 우리는 성경적으로 예수 믿읍시다. 원색적으로 믿자! 원색적으로! 아멘. 그분들이 불렀던 노래를 한번 불러보실래요? 나팔절에 대한 사모함을? 〈낮에나 밤에나〉 주기철 목사님이 불렀던 노래예요. 한 번 불러봐요. 눈물 없이 못 불러요. 아버지! 〈낮에

나 밤에나〉입니다.

## 〈낮에나 밤에나〉

1. 낮에나 밤에나 눈물 머금고
내 주님 오시기만 고대합니다
가실 때 다시 오마 하신 예수님
오 주여 언제나 오시렵니까

2. 고적하고 쓸쓸한 빈 들판에서
희미한 등불만 밝히어 놓고
오실 줄만 고대하고 기다리오니
오 주여 언제나 오시렵니까

3. 먼 하늘 이상한 구름만 떠도
행여나 내 주님 오시는가 해
머리 들고 멀리멀리 바라보는 맘
오 주여 언제나 오시렵니까

4. 내 주님 자비한 손을 붙잡고
면류관 벗어들고 찬송 부르면
주님 계신 그곳에 가고 싶어요
오 주여 언제나 오시렵니까

5. 신부 되는 교회가 흰옷을 입고
기름 준비 다 해놓고 기다리오니
도적같이 오시 마고 하신 예수님
오 주여 언제나 오시렵니까

> 6. 천년을 하루같이 기다린 주님
> 내 영혼 망하는 것 볼 수 없어서
> 이 시간도 기다리고 계신 내 주님
> 오 주여 언제나 오시렵니까

진짜요? 진짜 진짜 확실해요? 주님은 오십니다. 옆 사람 다 손잡고 해 봐요. "<u>주님 다시 오십니다. 분명하게 오십니다.</u>" 아멘. 이만큼 하고 나팔절을 지나가겠습니다.

## Ⅲ.
## 속죄절 : 알곡과 쭉정이를 가리심

**1. 주님 재림하시면 일어나는 일**

그래서 주님이 재림하시면, 나팔절이 임하면 바로 속죄절로 들어갑니다. 이 속죄절을 주님이 어떻게 성취하냐? 알곡과 쭉정이를 가린단 말이에요? 알곡과 쭉정이를?

예수님이 이 땅에 오시면 나팔절을 통하여 이루어지는 역사가 뭐냐? 처음에 무덤 속에서 부활 사건이 일어납니다. 장례식 할 때, 하관식 하면서 흙을 덮기 전에 목사님들이 설교하는 것이 그 내용입니다. "우리가 주님의 말씀을 따라 아담의 죄 때문에 이 성도가 살았던 육신의 장막을 땅으로 돌려보내나 머지않아 주님이 오실 때 다시 이곳에서 부활이 일어날 줄 믿고." 이게 목사님들의 장례식 설교란 말이에요. 하관식 할 때 설교입니다. 들어봤어요? 안 따라갔구나. 안 따라갔구나. 그런데도 좀 잘 따라다녀 봐요. 따라다니면 은혜 받아요. 바로 그 사건이, 무덤 속에서 부활 사건이 일어나요, 첫 번째로요.

두 번째는 그때까지 살아 있는 사람입니다. 그때까지 성도로서 성결한 그리스도의 신부로, 서정희 사모님같이 이렇게 살면, 산 채로 부활을 해요. 이걸 다른 말로는 휴거라 그래요. 휴거. 이 휴거 사건이 바로 나팔절에서 일어납니다. 나팔절에서! 아멘.

## 2. 알곡과 쭉정이를 가리시는 속죄절

### 1) 키질을 통해 알곡과 쭉정이를 가리시는 주님

그리고 난 뒤에 바로 주님이 알곡과 쭉정이를 가리는 속죄절로 들어가요. 속죄절이 거의 동시 사건으로 이루어져요.

그런데 신앙생활을 하는 사람들이 다 알곡이라고 볼 수 없어요. 성경에 이렇게 말했어요.

세례 요한이 예수님을 소개하면서 "나는 너희에게 물로 세례를 주거니와 내 뒤에 오시는 예수 그리스도는 성령과 불로." 따라서 해요. "<u>성령과 불로.</u>" 오순절을 말하는 거예요. "성령과 불로 세례를 줄 것이요 그 손에 키를 들고." 뭘 들고요? 키라고 하는 것은 열쇠가 아니고요? 한국말로는 같은 키로 돼 있지만, 이 키가 열쇠를 말하는 게 아니에요. 혹시 시골에서 가을에 키질하는 거 알아요? 경상도에선 채라 그래요. 채. 그러니까 타작마당에 농사 다 하면 여자들이 이렇게 배에다 받쳐놓고, 배에다 받쳐놓고 곡식을 퍼담아서 바람을 일으켜요. 키질을 이렇게 하면 어떤 일이 생기냐? 쭉정이는 바깥으로 날아가요. 이거 참! 키질을 해 본 사람이 없어서 설명하기가 힘들다! 할머니들만 알아요. 여기 전부 다 아스팔트 출신이어서! 아스팔트 출신! 못 알아들어요. 키질을 하면은 쭉정이는 바람에 날려서 바깥으로 나간다고요. 그리고 바람을 세게, 키질을 싹싹싹 하면요? 옛날에 우리 엄마가 하는 걸 보니까 알곡은 바람을 세게 일으킬수록 안으로 들어와요. 그래서 나중에 키질이 다 끝나면 알곡만 남아요. 이 알곡을 부대에다 담는다, 이 말이에요.

이것을 비유하여 주님이 이 땅에 재림하시면 구원 받은 모든 인간, 구원 받지 못한 모든 인간 해서 키질한다, 키질하여 알곡과 쭉정이를 가린다, 이거예요. 마태복음 25장에는 어떻게 돼 있냐? 염소와 양으로 구분한다, 이렇게 돼 있어요. 그것도 같은 말이에요.

그러니까는 키질을 통하여 알곡과 쭉정이를 가리는데 그럼 누가 알곡이냐? 농사짓는 곡식도 알곡과 쭉정이가 있는 것처럼 신앙의 농사도 알곡과 쭉정이가 있는 거예요. 그럼 난 여러분에게 물어보겠어요. 알곡 되실래요, 쭉정이 될래요? 쭉정이 되고 싶은 사람 손들어봐요. 쭉정이. 내가 바로 불에 가져다 태우려고요. 쭉정이는 불에다 태워야 하니까요.

**2) 유월절부터 나팔절까지가 심령에 임한 사람이 알곡이다.**
그럼 다 알곡 되고 싶어요? 무엇이 알곡인지를 내가 가르쳐 드릴게요. 미리 알려 드릴게요. 요 유월절부터 나팔절까지, 이것이 사람의 속에 들어가 있는 사람을 알곡이라 그래요. 성경이 말하는 알곡은 이 세상 판단 기준과 전혀 달라요.

교회에 오는 사람들이 항상 넘어야 할 사건들이 많이 있어요. 뭐냐? 교회를 오면 모든 용어에 혼선이 생겨요. 용어의 혼선. 뭐냐? 선이라 그러면요? 세상 사람들은 착하게 사는 걸

선이라 그러잖아요? 그렇지요? 교회는 전혀 아닌 거예요. 교회는 하나님과의 관계성의 선을 말하는 거예요. 그러니까 용어의 혼돈이 생겨요. 아멘. 모든 것이 용어의 혼돈이 생겨요.

교회에 오면 한 가지 단어가 두 가지로 적용이 돼요. 세상에서 같으면, 예를 들어서, 기쁨 그러면 세상에서는 돈 벌면 기쁘잖아요? 그다음에 또 아들 낳으면 기쁘잖아요? 집 사면 기쁘고요? 그렇죠? 또 왜 안 기쁜 척하고 있어요? 기쁘잖아! 맞죠? 그렇지요? 교회에서 말하는 기쁨은요, 전혀 아니에요. 그거하고 전혀 관계없어요. 교회에서 말하는 기쁨은 성령으로 부어지는 기쁨을 말합니다. 이와 같은 용어의 혼돈이 교회 다니면 처음에 일어나요. 잘 극복하기를 바랍니다.

그와 같이 알곡과 쭉정이도 마찬가지에요. 착하게 산 사람이 알곡 되는 게 아니에요. 우리가 생각할 때 착하게 살고 정돈되게 살고 흐트러지지 않고 무너지지 않고 남들이 봐도 "아, 저 사람은 착한 사람이야. 법 없어도 사는 사람이야." 이 사람이 알곡 될 것 같지만, 전혀 아니고! 성경이 말하는 알곡은 여기 유월절부터 무교절, 초실절, 오순절, 나팔절과의 관계성, 하나님과의 관계성을 가지고 알곡인가 쭉정인가가 판단이 나요. 아멘.

그래서 내가 넉 달 동안 설교한 이 유월절부터 오순절까지가 여러분 속에 들어갔으면 여러분은 알곡 될 수 있는 기반을 잡았어요. 그 줄을 잡고 나가면 알곡이 되는 거예요. 이해됐어요? 확실해요? 아멘. 그러니까 지나간 설교에 대해서 못 들으신 분이나 또 한 번 더 들을 분들은 인터넷에 들어가서 들으세요. 아멘. 내가 이 우리 교회 주일날 인터넷 설교를 막아놨어요. 하도 좌파 빨갱이들이 나를 죽일라 그래서 인터넷 막아놨어요. 그래서 우리 교회 성도들만, 아이디를 열어준 사람만 들어오게 돼 있지만요? 좀 불편하지만, 꼭, 또 듣고 또 들어서 여러분은 다 알곡이 돼야 해요. 다 알곡이 되어서 내가 목회하고 나한테 속한 성도가, 내가 여러분을 키운 영적인 아버지인데, 내가 여러분의 목자인데, 나에게 속한 양떼와 내게 속한 영적 자녀가 그날에 가서? 바로 이 속죄절입니다. 속죄절. 그날에 가서 쭉정이로 분류됐다? 이거는요 여러분에게도 문제가 있지만 전광훈 목사의 자존심에도 문제가 있는 거예요. 그러니까 여러분, 저를 위해서라도 다 알곡이 되어주세요. 아멘. 옆 사람 다 손잡고 해봐요. 자, "<u>알곡이 됩시다.</u>" 앞뒤로 해봐요. "<u>쭉정이가 되지 맙시다.</u>"

## 3. 삶에서도 키질로써 속죄절을 적용하시는 예수님

그래서 주님은 가끔 가다가 속죄절 그날이 오기 전에, 알곡과 쭉정이를 그날에 가리기 전에 먼저, 우리의 삶 속에서 가끔 하나님이 속죄절을 적용시켜 보는 수가 있어요. 유월절 무교절 이것은 주님이 다 이루었지만 결국은 이것이 우리 성도들에게도 그대로 적용된다! 아멘. 그와 같이 주님이 가끔 가다가 여러분과 저를 키질해 본다고요. 키질. 뭘 해봐요? 여러분과 저를 이렇게 키에다 넣어놓고 바람을 일으킵니다. 이것이 시험이란 말이에요. 시험. 바람이 일어날 때 여러분들이 예수님을 점점 멀리 떨어져 나가면 쭉정이인 거예요. 그러나 바람이 일어나고 시험이 올 때 점점 주님과 가까이 오면 알곡이 되는 거예요.

그래서 교회 다니면 시험이 온단 말이에요. 어떨 때 바람이 세게 일어난단 말이에요. 교회 다니다가 여러분 주위에서 뭐, 옆의 사람이 날 미워하거나 그러면, 나한테 와서 하소연하지 마세요. 하소연해 봤자 하나도 내가 여러분 도와줄 게 없어요. "목사님, 저 사람이 나를 미워해요. 목사님, 저 여자가 나를 죽이려고 그래요." 나한테 말해 봤자 나는 여러분에게 아무 도움이 될 수 없어요. 그럴 때는 해석을 이렇게 해야 해요. "아, 주님이 나를 키질하는구나. 바람을 일으키는구나." 이때 내가 뒤로 물러나면 쭉정이에요. 점점 더 기도의 무릎으로 다가가야지! 예수님 앞으로 가까이 가야지! 아멘. 두 손 들고 아멘. 할렐루야!

그래서 교회 다니다가 시험 들어서 뭐, 교회 다니다가 뭐 어쩌고저쩌고, 뭐 누가 어쩌고저쩌고, 이래서 교회 안 다니는 사람은요 백 프로 쭉정이예요. 그거는 백 프로 쭉정이에요. 알곡은 그렇지 않아요. 알곡은 시험이 올수록 '그거는 그 사람 문제고 나는 주님의 십자가 앞으로 더 가까이 가야겠다!' 그래요. 알곡은 더 달라붙게 돼 있어요. 아니, 저라고 40년 주님 섬기면서 시험을 제가 안 당했겠어요?

**4. 알곡 성도는 7대 명절을 위해 산다**

그래서 오늘 마지막 말씀 잘 들으세요. 문제는 여러분과 제가 속죄절에 알곡과 쭉정이, 주님의 심판대 앞에 설 때 알곡이 돼야 해요, 쭉정이가 돼야 해요? 그런데 알곡과 쭉정이를 그때 가봐서 구분하는 게 아니고 오늘 이 자리에서 바로 구분할 수 있는 거예요. 이 자리에서.

그럼 내가 어떻게 알곡인가? 요거 동그라미 있죠? 유월절, 무교절, 초실절, 오순절, 나팔절? 하나, 둘, 셋, 넷, 다섯? 요것이 여러분의 가슴에 딱 들어가 있으면 이것은 알곡이에요.

그럼 이것이 내 가슴속에 들어왔나 안 들어왔나를 또 한 번 확인해 봐야지요? 나는 과연 이 유월절 무교절 초실절 오순절 나팔절을 지금 목사님이 넉 달 동안 설명했는데 과연 저것이 내 속에 들어왔느냐? 들어왔는지를 내가 구분법을 알려 드릴게요. 지금 우리 정미홍 대표님이 우리 교회 딱 들어오니까 눈물이 난다, 그러잖아요? 우리 교회는 성령이 덮고 있어요. 라마나욧이에요. 라마나욧. 그러니까 들어오면 바로 성령의 회오리 속에 들어간다고요. 대표님, 이따가 끝나고 밥 먹을 때 내가 등록 카드 쓸 거예요. 우리 교회 꼭 다니라고 우리 교회 등록 카드 쓸 거예요. 그래서 7대 명절이 정말 내 가슴에 들어온 사람은 이런 현상이 일어나요. 뭐냐 하면? "아, 내 인생, 앞으로 남은 모든 생애는 이것을 위해서 살아야겠다," 이런 충동이 일어나요? 들어간 거야. 여러분 속에 들어간 거예요. 그리고 이 일곱 개의 사건, 예수님이 이루신 일곱 개의 사건, 다시 해봐요. "유월절, 무교절, 초실절, 오순절, 나팔절, 속죄절, 장막절." 이것을 모르는 사람들이 불쌍하게 보여야 해요. "세상에, 왜 그걸 모르고 살까?" 그거는 너 속에 들어왔다는 거예요. 이걸 모르고 사는 사람들이 불쌍하게 보였다는 것은 내 속에는 이 7대 명절이 들어왔다는 거예요. 그 사람은 알곡이 될 수 있어요. 아멘.

여러분에게 강렬한 반응이 일어나기를 바랍니다. 이 7대 명절에 대한 강렬한 반응이 일어나야 해요. 아멘. 두 손 높이 드시고, "주님, 내게도 임하여 주시옵소서. 7대 명절이 내 가슴을 불태우게 하여 주시옵소서." "주여" 삼창하며 기도하겠습니다.

# The Feast of Tabernacles

장막절

# 21

## 장막절
## 천년왕국

**설교 일시** 2014년 3월 2일 (주일) 오전 11시
**대 상** 사랑제일교회 주일 3부 예배
**성 경** 다니엘 7:17-18

17 그 네 큰 짐승은 네 왕이라 세상에 일어날 것이로되

18 지극히 높으신 자의 성도들이 나라를 얻으리니 그 누림이 영원하고 영원하고 영원하리라

# Ⅰ.
# 7대 명절의 축복을 누리며 살자

〈세상 모든 수고 끝나〉를 부르겠습니다.

### 〈찬송가 223장〉 세상 모든 수고 끝나

1. 세상 모든 수고 끝나 우리 장막 벗고서
   모든 근심 걱정 사라진 뒤에
   주를 뵙고 성도 함께 면류관을 쓰리라
   새 예루살렘에서

2. 가는 길이 외로와도 주 날 붙드시리니
   시험 환난 근심 걱정 없으며
   주를 믿고 따라가면 주의 뜻을 알리라
   새 예루살렘에서

3. 내가 세상 작별하고 눈물 흔적 거둔 뒤
   주의 찬란하신 영광 비칠 때
   나를 구속하신 주를 기쁨으로 뵈오리
   새 예루살렘에서

4. 아름다운 그곳에서 구속받은 성도와
   사랑하는 주를 만나 뵈올 때
   주의 영광 노래하며 영원토록 살리라
   새 예루살렘에서

> (후렴) 성도들이 함께 올 때 기뻐 노래하리라
> 새 예루살렘 새 예루살렘
> 호산나를 높이 불러 왕의 왕을 맞으리
> 새 예루살렘에서

아멘 할렐루야! 7대 명절의 축복을 받자. 옆 사람 다 손잡고 축복합시다. "7대 명절의 축복을 받읍시다!" 앞뒤로 다시 한번 해봐요. "꼭 받읍시다!" 아멘.

하나님이 구약시대의 이스라엘 백성들에게 일곱 가지의 명절을 주셨습니다. 순서가 이러하니 한번 따라서 하겠습니다. "유월절, 무교절, 초실절, 오순절, 나팔절, 속죄절, 장막절." 모두 일곱 개입니다. 왜 주셨냐? 세 가지 의미가 있습니다. 첫째, 이것은 유대인에게 주신 하나님의 축복입니다. 이스라엘 구약 백성들은 이거 일곱 개 지키다가 세계 제일의 복을 받았습니다. 뭔 뜻인지도 모르고 하라고 하니까 하나님이 하라고 하니까 그냥 한 거예요. 지금도 뜻 몰라요. 저 이스라엘 백성들은 이게 뭔 뜻인지 모르고 지금도 지켜요. 뜻도 모르고 지키는데도 하나님이 복을 줬어요.

둘째, 이것은 여러분과 저의 사랑의 대상인 예수 그리스도의 구속사입니다. 예수 그리스도에 대한 오해가 없기를 바랍니다. 예수님은요? 이 세상에 오시기 전에 예수님은 하늘나라에 계실 때 이 세상을 만드신 하나님의 본체예요. 그러니까 창세기 1장에서 "빛이 있으라" 그렇게 말했던 그 사람이 예수님입니다. 그 사람이 하나님으로 그냥 내려오면 사람들과 눈높이가 안 맞아서 하나님과 사람이 대화가 안 돼요. 하나님이 제일 가까이 내려온 거 보세요. 시내산에서 모세한테 가까이 왔단 말이에요. 그런데 모세하고 말 몇 마디 못했어요. 왜? 하나님의 영광에 압도되어서 모세가 타 죽으려 그러는 거예요. 그래서 하나님이 인간에게 더 가까이 오겠다고 하여 오신 분이, 육체의 옷을 입고 자기가 만든 자연법칙을 그대로 이용하여 마리아의 배를 빌려 오신 분이 예수입니다. 아멘. 그 예수님이 이 세상에 와서 여러분과 저의 구속사를 위하여 우리의 구원을 위하여 해 주실 큰 일곱 가지 사건이 바로 7대 명절입니다.

그러면 첫 번째 유월절이 뭐라고요? 이렇게 죽으리라. 따라서 합니다. "이렇게 죽으리라." 이건 예수님이 이 땅에 와서 십자가에 죽은 뒤에 생긴 명절이 아니고 그 2000년 전에, 지금부터 2000년 말고 거기서 또 2000년, 그래서 지금부터 4000년 전에 이미 벌써 유월절 행사를 통하여 하나님의 아들이 이 땅에 오면 이렇게 죽는다! 이것을 예행연습을 한 사람이 이스라엘 백성들이에요. 아멘. 그리고 3일 동안 무덤에 있으리라. 따라서 합니다. "무덤에 있으리라." 무교절 날 무교절 빵을 만들어서 땅속에 3일 동안 묻어둬요. 그 시대에는 왜 그러는지 몰랐어요. 예수님이 오셔서 이 무교절을 그대로 날짜도 안 틀리고 이루었어요. 유월절 날 죽었죠? 무교절 날 무덤에 있었어요. 날짜도 안 틀리고 있었어요. 날짜도 안 틀리고. 한번 해봐요. "성경은 너무너무 신기하다." 그리고 초실절에 부활했어요. 이 부활한 날도 초실절 날 부활했어요. 어떻게 이런 일이 있을 수 있냐고요? 초실절 날 부활해요. 초실절 날. 아멘. 그리고 오순절 날 성령이 왔어요. 오순절 날. 날짜도 안 틀렸어요. 사도행전 2장 1절에 보면, '오순절 날이 이미 이르매.' '오순절 날이 이미 이르매.' 아멘. 그러면 여기 오순절까지가 이제 성취된, 주님이 성취하신 절기거든요?

앞으로 세 절기는 주님이 앞으로 이루실 것입니다. 그래서 이제 우리에게 다가온 명절은 뭐냐? 나팔절입니다. 이 나팔절은 그리스도의 재림의 예표입니다. 재림의 예표. 구약시대에 나팔을 불면 백성들이 다 한자리에 모이는 것처럼 예수님이 이 땅에 오실 때 천사장의 나팔 소리와 함께 구원받을 사람을 이 땅에서 저 끝까지 모으리라 그랬어요. 아멘. 그래서 이렇게 쭉 진행돼 있어요. 그다음에 속죄절입니다. 예수님이 이 땅에 재림하시면 성도 중에서 알곡과 쭉정이를 가린다고 그랬어요. 알곡과 쭉정이. 그리고 최후의 마지막 지점인 천년왕국으로 우리를 이끌어 간다, 이거예요. 아멘 할렐루야!

세 번째 이것은 신약 시대에, 우리 시대에 성도들의, 여러분과 저의 심령 속에 이루어질 큰 일곱 가지의 복음 사건입니다. 유월절이 사람 속에 들어가면 인간 최고의 축복인 구원의 역사가 일어나요. 사람의 최고의 축복은 구원이에요. 언제 죽어도 인간은 죽어요. 아멘 안 한 사람도 죽어요. 다 죽게 돼 있어요. 인간은 100 프로 죽게 돼 있어요. 죽지요? 죽고 나서 만약에 인간이 안개처럼 풀어져 없어진다? 땅에 들어가서 육체는 썩어버리고 인간 속에 있는 영혼은 안개처럼 휘 풀어서 없어진다? 만약에 그런 일이 있다면 여러분, 오늘 예배드릴 필요 없어요. 저도 이거 목사 할 필요 없어요. 이 힘든 목사를 왜 하냐고요? 인간 최고의 관심사가 내가 오늘 죽어도 천국 갈 수 있느냐, 요거예요, 요거. 따라서 해 봐요. "내가 오늘 죽어도 천국 갈 수 있을까?" 확인해 봐요. 옆 사람 다시 확인해 봐요. 오늘 죽어도 천국 갈 수 있냐고 물어봐요. 시작. 확실해요? 진짜 확실해요? 이거 하나만큼은 분명하게 해놓고 살아야 해요. 그러려면 이 7대 명절과의 관계를 바로 맺어야 한단 말이에요. 유월절이 사람 속에 들어가면 인간 최고의 축복인 구원의 역사가 일어납니다. 구원의 역사입니다. 아멘. 〈나 같은 죄인〉 불러보겠습니다. 구원의 역사가 꼭 일어나야 해요.

### 〈찬송가 405장〉 나 같은 죄인

1. 나 같은 죄인 살리신 주 은혜 놀라와
 잃었던 생명 찾았고 광명을 얻었네

2. 큰 죄악에서 건지신 주 은혜 고마와
 나 처음 믿은 그 시간 귀하고 귀하다

3. 이제껏 내가 산 것도 주님의 은혜라
 또 나를 장차 본향에 인도해 주시리

4. 거기서 우리 영원히 주님의 은혜로
 해처럼 밝게 살면서 주 찬양 하리라

아멘. 할렐루야. 따라서 합니다. "무교절." 우리를 무덤 속에 넣어서 성화시킨다! 거룩하게 되기를 바랍니다. 선악과를 토하여 냅시다. 초실절, 부활입니다. 부활. 자, 따라서 해봐요. "해의 부활, 달의 부활, 별의 부활, 별과 별의 부활, 최후의 부활, 삶의 부활, 자녀의 부활, 사역의 부활." 다 부활들이 일어났어요? 목사님 같이 부활하세요. 내가 부활하니까 좋잖아요? 그렇지요? 여러분도 다 부활을 하시고요. 따라서 합니다. "오순절." 성령 충만해야 해요. 성령 충만, 오직 성령으로! 나팔절, 따라서 합니다. "재림."

## Ⅱ.
## 주님은 반드시 다시 오신다

**1. 오순절이 확실해야 7대 명절이 확실해진다**

자, 이제 지난주에 우리가 재림에 관한 말씀을 상고했는데 오늘도 여기서 살짝 짚고 그다음에 우리 뒤의 명절을 하도록 하겠습니다. 7대 명절을 보면 오순절을 가운데 두고 앞으로 세 개가 한 세트입니다. 유월절, 무교절, 초실절, 이것이 한 세트예요. 그다음에 오순절을 가운데 두고 뒤에 이 세 개가 또 한 세트입니다. 그러니까 이 의미는 오순절, 가운데 있는 이 오순절이 중요해요. 성령 충만해야 해요. 성령 안 받으면요? 앞에 지나간 명절이 교회에서는 이해가 돼요. 예배 끝나고 밖에 나가면 그 시간부터 이해 안 돼요. 다음 주일날 교회 또 오면 또 이해돼요. 그렇지 않고 언제나 전천후로 이해되려면, 24시간 삶 속에서 이 7대 명절에 내가 다 삼켜져 살려면 인간의 힘으로 불가능해요. 그래서 성령 받아야 하는 거예요.

그다음에, 성령을 받아야, 뒤에 다가오는 세 명절도 확실하단 말이에요. 다시 해봐요. "나팔절, 속죄절, 장막절." 이거는요 교회 와서 들어도 여러분 느낌에 어떤 느낌이 드냐? "에이, 목사님, 그때 가봐야 알지. 그때 가봐야 뭐, 예수님이 올지 안 올지 가봐야 알지. 그걸 어떻게 알아?" 이렇게 피동적으로 믿어져요. 성령 받으면 안 그래요. 성령 받으면 다가올 명절이지만 아주 실감이 나고 주님의 오심에 대해서 기정 사실화하고 살아요. 성령 받으면 찬송을 불러도 기쁨이 와요. 주님 다시 오십니다. 다시 오십니다. 한번 불러봐요. 이런 찬송을 불러도 기쁨이 온단 말이에요.

### 〈주님 다시 오시네〉

1. 주님 다시 오시네 곧 오시겠네 깊은 잠을 깨어나
나팔 불며 오시는 신랑 예수님 어서 맞으러 가자
크고 놀라운 불같은 그 날이 새벽같이 오리라
할렐루야 할렐루야 주여 어서 오소서

2. 주님 다시 오시네 곧 오시겠네 깊은 잠을 깨어나
구름 타고 오시는 신랑 예수님 어서 맞으러 가자
크고 놀라운 불같은 그 날이 도적같이 오리라
할렐루야 할렐루야 주여 어서 오소서

3. 주님 다시 오시네 곧 오시겠네 깊은 잠을 깨어나
노을 밟고 오시는 신랑 예수님 어서 맞으러 가자

아멘 할렐루야! 아멘. 주님 오십니다. 확실히 믿어지십니까? 성령 안 받으면 이 뒤에 세 동그라미, 나팔절, 속죄절, 장막절은 실감이 안 나요. 주님 오신다 그러면 "아이고, 뭐, 진짜 올까?" 이래요. 성령 못 받은 사람들도 주님 오심에 대하여 내가 앗 소리 못하도록, 이성과 헬레니즘의 통로로도 주님 오심에 대해서 아예 앗 소리 못하도록 제가 5분 동안 설명할 테니까 잘 들으세요. 아멘.

## 2. 주님 재림의 확실성은 세상 역사에서도 증명할 수 있다

### 1) 다니엘서 2장 동상의 계시대로 세상 역사가 이루어져 왔다

자, 보세요. 주님은 왜 오시게 돼 있는가? 구약시대 바벨로니아 제국에 느부갓네살이라는 왕이 있었어요. 그 왕이 하룻밤에 꿈을 꿨어요. 꿈을 꾼 내용이 이거예요. 이런 꿈을 꿨단 말이에요. 한번 따라 해봐요. "머리는 금이요. 가슴은 은이요. 배는 놋이요. 다리는 철이요." 이런 상태에서 공중에서 돌 하나가 뜨더니, 발가락 열 개를 쾅 쳐버렸단 말이에요. 그러니까 이 모든 동상이 다 무너졌어요. 무너진 뒤에 하늘에서 내려온 돌, 까만 돌 이것이 점점 커지더니, 쾅쾅 쾅쾅 늘어나더니 온 세상을 다 덮어 버렸어요. 동상은 다 먼지가 돼서 날아갔어요.

아침에 일어났는데 이 꿈을 알 수가 있어야지요? 그래서 박사들을 다 모아놓고 "얘들아, 내가 어젯밤 꿈을 꾼 걸 해석 좀 해라." 그러니까 박사들이 하는 말이 "왕이여, 말씀하소서. 무슨 꿈을 꿨는지 내용을 말씀하시면 우리가 해석해 드리겠습니다." 그랬더니 느부갓네살왕이 머리가 비상한 사람이에요. 목사님보다 훨씬 비상한 사람이에요. 꿈을 해석해 달라고 하려면 꿈을 말해야지요? 느부갓네살을 봐요. "여봐라. 내 꿈을 해석하려면 내가 어젯밤에 무슨 꿈을 꿨는지 그거부터 너희들이 말해봐. 그래야 내가 꿈 해석을 믿을 수 있지. 내가 너희들에게 꿈꾼 걸 다 먼저 말해버리면 너희들이 둘러대면서 말이야 '이거는요 왕이 내년에 농사지어서 고구마 세 개 캔답니다. 뭐 합니다.' 이렇게 거짓말하면 내가 그걸 어떻게 알겠냐? 그러니까 내가 꿈을 꾼 내용을 너희가 먼저 알면 해석도 믿으리라." 그러니까 왕이 머리가 좋아요? 나빠요? 비상한 사람이죠? 여러분도 언제 한번 써먹어 봐요. 점쟁이한테 한번 가서 한번 해 봐요. "꿈 좀 해석해 주세요. 돈을 2,000만 원 가져왔습니다." 점쟁이가 "꿈을 말해 보세요." 그렇게 할 거 아니에요? "나는 꿈 해석을 믿을 수 없으니 내가 어제 꿈을 꾼 걸 먼저 말해 보세요. 그럼 내가 2,000만 원 줄게요." 그럼, 뭐라 그러는 줄 알아요? 뭐라 그래요? "가!" 이래 버린단 말이에요? 그건 못한단 말이에요?

그래서 왕이 화가 나서 다 쓰레기통에 갖다 버리라고, 다 죽이라고 그랬어요. 줄줄이 엮여서 다 끌려가는 중에 다니엘의 위력이 나타나요. 세어 봤어요. 박사들, 술객들, 하나, 둘, 셋, 넷, 다섯 마리, 여섯 마리, 열 마리, 스무 마리, 이백 마리, 오백 마리. 그런데 하나가 빠졌거든요? 누구냐? 다니엘이 없어요. "야, 왜 한 마리 빠졌냐?" 그랬더니 "다니엘이에요." "다니엘 어딨어?" "다니엘은요 밥만 처먹으면 골방에 들어가서요, 혼자서 뭐 알아듣지 못한 말로 방언으로 기도하고 있어요." "데려와 봐." 그래서 다니엘을 데려왔어요. "여기서 너도 죽어." 다니엘이 "이게 무슨 일입니까?" "무슨 일은 뭐야? 어젯밤에 왕이 꿈을 꿨는데 그 꿈을 알 사람이 없다."

그때 다니엘이 믿음의 선포를 하는 거예요. 믿음의 선포. 그때 다니엘은 꿈 내용을 몰라요. 모르지만 하나님의 사람들은 믿음의 선포를 하는 거예요. 여러분도 믿음의 선포를 하세요. 아멘. "나를 왕 앞으로 데리고 가라." 이거예요. "나를 왕 앞으로 데려가라." "너는 알겠냐?" "나는 알 수 있다." 이거예요. 갔어요. 왕한테 갔더니 "너는 누구냐?" 그래서 "난 다니엘입니다." "너는 내 꿈을 알겠냐?" "알 수 있습니다." "해석 말고, 해석 말고, 해석 말고, 내가 꿈을 꾼 내용을 네가 알겠냐고?" "하룻밤의 기회를 주시면." 왜? 기도하려고. 하룻밤의 기도가 세상을 뒤집는 거예요. "하룻밤의 기회를 주시면," 아멘. "내가 그 꿈의 해석을 왕에게 알려 드리겠습니다." "좋다. 사형 선고 하루 연기다." 다니엘 때문에 다른 모든 박사도 사형이 하루 연기됐어요.

돌아오자마자 다니엘이가 핸드폰을 가지고 세 친구한테 연락했어요. 핸드폰으로 "사드락, 메삭, 아벳느고! 할렐루야! 사드락, 야, 우리 다 죽었다. 오늘 밤에 우리 철야 기도하자." 아멘. "느부갓네살 왕이 꿈꾼 것이 나한테도 나타나도록 너도 오늘 저녁에 잠자지 말고 기도해." 세 친구하고 다니엘하고 넷이서 밤새면서 연합철야 했어요. 연합철야. 아멘.

연합철야에 들어가니까요? 다니엘이 잠이 딱 들었는데, 느부갓네살 왕이 꿈꾼 내용이 똑같이 내려온 거예요. 똑같이. 한 번 해봐요. "머리는 금이요. 가슴은 은이요. 배는 놋이요. 다리는 철이요. 발가락은 흙이요." 그리고 공중에서 큰 돌이 쾅 떨어지더니 전체가 다 없어지고 돌의 나라가 세상을 덮었다!

다니엘이 꿈을 꾸고 아침에 일어나 하나님께 기도했습니

다. "하나님, 꿈 내용을 알았는데 해석까지요. 해석까지. 해석이요!" 아멘. "다니엘아, 너는 오늘 왕에게 가거든 이렇게 말해라. 어젯밤에 꿈을 꾼 그 내용은 하늘의 하나님이 앞으로 이 세상의 역사를 어떻게 주장하는지 하나님이 역사를 계획하고 운행할 계획표를 꿈으로 보여준 거다. 그럼, 그 해석이 뭐냐? 이런 뜻이다."

그래서 다니엘이 신바람이 나 가지고 그다음 날 아침에 왕 앞에 갔어요. "왕이여." 왕이 "내 꿈을 알겠냐? 꿈 해석 말고, 해석 말고, 내가 어제그저께 3일 전에 꿈을 꾼 거 그걸 알겠냐고?" "당연히 알지요." 아멘. "해석도 아냐?" "당연히 알죠." "빨리 시작하여라."

"이 꿈의 내용을 시작하기 전에 내가 드릴 말씀이 하나 있는데, 이 꿈의 내용 더하기 해석은 이것은 제가 해석을 하지만 내 것이 아니고 저작권이 하늘에 있습니다. 하늘의 하나님이 왕에게 주신 것인즉 해석이 이러합니다. 잘 들어보세요. 어제그저께 3일 전에 왕께서 꿈을 꿨는데 큰 동상을 보셨지요?" 느부갓네살 왕의 얼굴이 새카매지는 거예요. "그런데 그 머리는 금으로 되어 있었죠?" "됐다. 해석해라. 해석해. 이제." "가만히 계시오. 왕이 돼서 성질머리가 급해 먹어서 말이야. 가슴은 은으로 돼 있었죠?" "다니엘아, 됐다, 됐어. 빨리 해석부터 해. 해석부터." "배는 놋으로 돼 있죠?" 느부갓네살이 지금 완전히 그냥 "이야! 어떻게 이런 놈이 다 있냐?" 남의 꿈을 꾼 것을, 세상에, 내용을 안다 이거예요. "그리고 두 다리는 철로 돼 있었죠?" 왕이 온몸을 벌벌 벌벌 떨면서 "다니엘아, 제발 그만 말하고 빨리 해석 좀 가르쳐다오. 해석 좀." 다니엘이 그래요. "가만히 있어. 왕이 돼서 체면을 지켜. 왕이 돼서 말이야. 이 자식아. 인마. 의자에 앉아. 다시 의자에 앉아." 칼자루 거꾸로 잡았어요. "그리고 하늘에서 돌이 내려왔죠?" "그렇다니까." "발가락 열 개를 때렸지요?" "그렇지." "동상이 다 먼지처럼 날아가서 없어졌죠?" "그렇지." "하늘에서 내려온 돌이 점점 더 커지더니, 세상을 다 덮었죠? 돌 외는 아무것도 없었죠?" "그렇지. 그게 무슨 뜻이냐고? 말 좀 해봐." "내가 말과 해석은 해 줄 테니 요걸 깨닫는 즉시 왕은," 아멘. "예수 잘 믿고!" 아멘. 오늘도 내가 여러분에게 해석해 줄 테니까 여러분, 다 예수 잘 믿고! 안 그러면 나 해설 안 해 준단 말이에요. 예수 잘 믿고! 꼭 붙잡고! 아멘.

그래서 다니엘이 딱 해석에 들어갑니다. "왕이여, 어젯밤에 꿈을 꾸신 왕의 꿈은 이러한즉 들어보세요. 머리가 금입니다. 머리가 금인즉, 저 금 머리는 현재 나라인 바벨로니아 제국을 말합니다. 그 머리가 바로 느부갓네살 왕 당신입니다." 아멘. "그렇다면 다음은 뭐냐?" 밑에 금보다 그 가치가 못한 나라가 나타났어요. 그러니까 국가 제국들이 쭉 흘러오면서 제국들이 내려오면서 영광의 크기가 점점 떨어졌어요. 그래서 이걸 표현한 거예요. "왕도 오래 못 삽니다. 왕이 죽는 날 가슴이 은인 것처럼 새로운 나라가 또 하나 나타납니다. 그 나라는 메디아와 페르시아인데 이 두 나라가 연합하여 왕의 나라를 까부수고 머리의 나라를 없애버리고 다음 나라를 이 땅에 세울 것입니다." 이게 페르시아 제국이에요. "그리고 다음 나라인 놋의 나라, 배의 나라, 이것이 나타나서 앞의 나라인 페르시아를 완전히 없애버리고 헬라 알렉산더 대왕이, 알렉산더가 페르시아를 치고 알렉산더 제국, 헬라 제국을 세울 것입니다."

얼마나 성경이 정확하냐 하면요? 이런 제국들이 일어나서 이어간다, 이 정도가 돼 있는 게 아니고 나타나지도 않은 나라인데요? 그 국가 이름까지, 벌써 다, 국가 이름까지, 헬라라는 이름까지요? 이야! 한 번 해봐요. "이야." 헬라란 이름까지 먼저 지어서 하나님이 역사를 운행한다고요. 이런 내용이 성경 안에 있다는 걸 여러분, 기억하세요. 그다음 나라가 로마입니다. 동로마 서로마. 다니엘이 보고 해석한 그대로입니다. 그대로 인류 역사는 일점일획도 틀리지 않고 다 이루어졌어요. 그래서 성경이 위대한 거예요. 그래서 성경이 위대하다! 여러분, 성경 많이 읽기를 바랍니다. 아멘.

세상 공부요? 지금 여기 정미홍 대표님이 공부 많이 했잖아요? 시카고 대학? 여러분, 시카고 대학이 만만치 않습니다. 거기에다 또 100프로 장학생으로? 와! 그런데 정 대표님하고 나하고 말싸움하면 내가 분명히 이겨요. 왜 이기는지 아세요? KBS 아나운서, 메인 앵커 12년 했잖아요, 9시 뉴스? "안녕하세요. 여러분?" 이렇게 하는 거 있잖아요? 그 12년 하는데 그 지식이란 게 엄청나죠? 그날의 최고 엑기스의 지식이 9시 뉴스에 떠오르잖아요? 그걸 12년 동안 했으니 지식의 양이 얼마나 많겠어요? 그래도 물어보나 안 물어보나 정 대표님하고 나하고 말싸움하면 내가 이겨요. 이기는 이유는 뭐냐? 나는 목사라서 이겨요. 목사는 안 되면 막 눌러 버려요. 그다음에 또 하나는 뭐냐? 나는 성경을 깊이 읽었기 때문이에요. 성경을 깊이 읽는 사람은 절대 못 이겨요. 이래서 고린도전서 1장이 하는 말이 이 말이에요. '세상의 지혜가 하나님의 지혜의 미련한 것만도 못하고.' 이 땅의 지식과 지혜는 제일 높아 봤자 영으로부터 내려온 지혜와 만날 수도 없어요. 만날 수도 없어요. 그래서 성경 읽으라는 거예요. 아멘.

이 다니엘이 예언한 그대로 인류의 제국사가 일점일획도 빠짐없이 그대로 다 이루어졌어요. 하나가 이루어지지 않은 사건이 뭐냐? 돌입니다. 돌. 하늘에서 돌이 내려와 발가락을 이렇게 딱 치는 거만 남았어요. 이것이 그리스도의 재림이라고요. 그러면 여러분, 확률적으로 보세요. 앞에 있는 모든 것이 다 이루어졌다면, 앞엣것이 다 이루어졌다면 말이에요? 앞엣것이 그대로 다 이루어졌다면 마지막 사건, 예수 그리스도의 재림, 이 사건도 이루어질까요, 안 이루어질까요? 틀림없어요? 믿어지시면 아멘. 두 손 들고 아멘. 할렐루야!

## 2) 같은 계시인 다니엘서 7장 짐승의 계시대로도 세상 역사가 이루어져 왔다

한 가지만 말해도 확실한데 하나님은 이 계시에 보강공사를 했어요. 보강공사. 어느 날 다니엘이 꿈을 꿨어요. 이번은 느부갓네살이 아니에요. 자기가 직접 꿈을 꿨어요. 큰 바다에서 짐승 네 마리가 탕탕탕 튀어나와요. 첫 번째 짐승이 뭐냐? 사자입니다. 사자. 첫 번째 짐승이 사자고 두 번째 짐승이 뭐냐? 두 번째 짐승이 곰입니다. 곰. 세 번째 짐승이 뭐냐? 표범입니다. 표범. 네 번째 짐승은 짐승 이름은 없어요. 아주 크고 무서운 짐승이에요. 그런데 뿔이 열 개가 붙었어요. 뿔이 열 개. 이 지상에는 뿔이 열 개 붙은 짐승이 없어요. 원래는 없는데 이렇게 꿈에 나타났다 이거예요.

그런데 이 꿈이 딱 나타났는데, 다니엘이 "이게 또 뭐야?" 하는 사이에 하나님이 해석을 탕탕탕하는데, 이 꿈은 앞에 나타난 동상의 계시를 똑같이 짐승의 계시로 또 한 번 보여준 거예요. 그럼 뭐냐? 합해서 한번 말해 봐요. "머리는 금이요, 바벨론이요, 사자요." 바벨로니아의 제국의 대표 짐승이 사자예요. 다시요. "가슴은 은이요, 메데바사요, 곰이요." 다시요. "배는 놋이요, 헬라요, 표범이요." 똑같이 이루어졌지요? 다시요. "다리는 로마요, 열 뿔은 열 발가락이요, 미래의 나라요." 그때에 하늘의 하나님이 새로운 나라를 하나 세우리니! 이게 바로 그리스도의 나라예요. 성도의 나라예요. 이야! 그러니까 이 세상의 최후 마지막은 성도의 나라로 끝이 나요. 여러분, 지금 안 믿어지지요? 여러분 표정 보면요? '이거 또 안 믿어지는 표정을 짓자니 목사님이 말이야 나를 째려보고.' 할 수 없이 표정 관리라도 해서 "아멘, 아멘." 하는데요? 속으로는 '아이고, 설마.' 그러죠? 진짜 이루어진다니까요? 그대로 온다니까요? 주님은 그대로 오신다니까요? 아멘.

그러면 다니엘서 성경을 한번 읽어보시자고요. 다니엘서를 한번 넘겨보세요. 하나님의 말씀은 너무나 위대한 말씀이에요. 하나님 말씀은 정말 위대해요. 아멘. 하나님 말씀 다니엘서 제7장입니다. 17절부터 한번 읽어봐요. 크게 시작. "17 그 네 큰 짐승은 네 왕이라 세상에 일어날 것으로되 18 지극히 높으신 자의 성도들이 나라를 얻으리니 그 누림이 영원하고 영원하고 영원하리라."

아멘. 그래서 이런 짐승이 순서별로 이게 뭐냐? 그러니까 바벨로니아, 그다음에 페르시아, 그다음에 헬라, 로마, 이런 식으로 이 세상의 나라들이 나타나도 결국 마지막 끝에는 돌의 나라, 성도의 나라, 메시야의 나라로 끝나요. 메시야의 나라가 이 세상의 마지막 나라다! 그리스도의 나라가 나타날 것이다! 이것이 우리의 소망이란 말이에요. '성도 행진곡'을 부르겠습니다.

### 〈산곡에 백합화〉

1. 산곡에 백합화 성도들이여
하늘의 저 나라를 바라보아라
영광의 광채 속에 열두 진주 문
우리를 위하여서 예비하도다

2. 세상에 살 길이 험할지라도
하룻밤을 지나듯이 잠깐이로다
영원무궁 신천신지 평화의 세계
그곳이 우리 살 곳 참 본향이라

3. 들리네 들리네 큰 나팔 소리
공중에 주님께서 나타나셨네
고대하던 7년 동안 혼인 잔치는
오늘에야 하늘 문이 열리었구나

4. 올라가세 올라가세 구름 타고서
성령 바람 불어오면 높이 올라가
천군 천사 나팔 불며 환영하노라
할렐루야 이 하루를 기다렸노라

5. 하늘 공중 바라보니 두 팔을 펴고
신랑 되신 주님께서 나타나셨네
신망애의 정조줄로 단장을 하고
승리의 흰옷 입고 올라가노라

6. 좌우에 천군 천사 들러리 서고
앞뒤에 하늘 군대 옹위하도다
주님께서 주고 가신 흰 돌을 들고
세마포 흰옷 입고 올라가노라

7. 세상아 잘 있거라 나는 가노라
7년 환난 오기 전에 나는 가노라
세상에 시달림도 이제 끝이고
최후의 대승리는 이것이란다

# Ⅲ.
# 칠십 이레의 계시

## 1. 다니엘의 21일 금식 기도의 목적

아멘. 그러면 이제 다니엘은 두 가지 계시를 통하여 그 바벨로니아 제국 시대 때부터 종말까지 하나님이 이 세상을 심판하여 그리스도의 나라, 메시야의 나라를 이룰 때까지를 다니엘은 알았어요, 몰랐어요? 다니엘은 눈만 감으면 훤하게 보이는 거예요. '앞으로 이렇게, 이렇게 해서, 그래서 이 땅이 끝이 나겠구나.'

안 후에 다니엘 속에 또, 다니엘 속에 아주 미칠 듯이 궁금한 게 일어난 거예요. 그 사건은 이겁니다. 자기 나라에 대한 내용이 없어요. 다니엘은 바벨론의 포로로 잡혀 와서 이 계시를 받았어요. 그때 다니엘이 속한 유대 나라, 이스라엘 나라는 바벨론의 포로로 와 있었어요. 포로. 우리가 일본한테 36년 동안 식민지 생활한 것처럼요. 바벨론에 포로 생활에 와 있는데, 자기 나라에 대한 내용은 없단 말이에요. 그러니까 계속 보니까 이방 나라가 이 역사의 주인공으로 나타난 거예요. 바벨론, 메데 바사, 헬라, 로마, 이렇게 세상 나라가 중심이 되는 거예요.

그러면 다니엘이 미치는 게 뭐냐? 우리나라는 어떻게 될 것이냐는 거예요. 우리나라. "하나님, 누가 이런 거 가르쳐 달라 그랬어요? 동상들이 나오고, 짐승들이 나오고, 나, 이런 거 관심 없어. 우리나라가 어떻게 되는 거야? 우리나라가 어떻게 되는 거야?" 다니엘은 애국자요, 애국자. 그 시대에 목사님 같은 애국자예요. 내가 애국자잖아요? 내가 애국자잖아? 내가 애국자잖아요?

다니엘이 자기 민족을 위해서요? 21일 금식을 했어요. 21일 금식. 21일 동안 밥 한 톨 안 먹고 다니엘이 금식하면서 "이러한 역사의 과정에, 이렇게 하나님이 역사의 순서를 짰다면, 바벨론, 메데 바사, 헬라, 로마로 끝나는 것으로 하나님의 계획이 섰다면, 우리나라는 이 과정에서 어떻게 되냐고?" 부르짖었어요. 그 유명한 21일 금식 기도가 왜 나왔냐? 한국 교회는 웃기는 게요? 다니엘식 21일 금식 기도! 그러면서 뭐 교회마다 플래카드 달아 놓고, 뭐 다니엘식! 그게 어디서 나왔는지도 모르고, 무조건 다니엘식 21일 금식 기도하면 응답받는 줄 알고요? 하이고! 웃겨요. 나까무라 같이 생겨서는. 웃겨, 웃겨. 한국 교회. 아이고! 이 21일 금식이 왜 생겼는가? 다니엘이? 이 이유 때문에 생겼어요. 동상의 계시, 따라서 합니다. "동상의 계시, 짐승의 계시." 이 두 개를 접수하고 난 뒤에 자기 나라에 대해서, 자기 나라의 미래에 대해서 모른단 말이에요? 이걸 알려 달라고 다니엘이 21일간 금식했어요.

## 2. 다니엘에게 칠십 이레의 계시가 임하다

### 1) 숫자로 된 칠십 이레의 계시

금식하니까, 드디어 세 번째 계시가 다니엘에게 내려왔어요. 첫 번째 계시는, 따라서 합니다. "동상의 계시." 다시요. "짐승의 계시." 그래서 하나님이 이 세상을 어떻게 끝낼 것을 명쾌하게 가르쳐줬어요. 그 시대에 하나님께서 동상의 계시와 짐승의 계시, 이것이 다 공유된 상태에서 하나님이 가브리엘 천사를 다니엘에게 보냈어요. "다니엘, 그렇게 궁금하냐?" "그렇습니다." "뭐가 궁금하냐?" "내 나라요. 내 나라. 이스라엘 나라 유다 나라는 어떻게 돼요?" 하고 기도하는데, 하나님이 가브리엘 천사를 다니엘에게 보내서 가장 핵심 된, 동상과 짐승을 합해도 따라갈 수 없는, 이제 미래의 인류사를 숫자로 알려주신 거예요. 무엇으로요? 숫자로요. 숫자로. 와! 따라서 합니다. "와!" 오늘 낮 예배 오신 분은 잘 오셨어요. 그러니까 주일날 빠지지 말아야 해요. 주일날 빠지면 안 돼요. 빠지지 마요. 항상 오세요.

하나님이 드디어 숫자로! 무엇으로? "숫자로 너희 나라를 통하여 미래를 보여주리라." 시작이 이렇게 되는 거예요. "다니엘아, 네가 이렇게 포로 생활하고 살다가 보면 어떤 착한 왕이 하나 나타난다. 착한 왕." 무슨 왕이요? 그게 고레스란 말이에요. "착한 왕이 이제 딱 나타나서 왕이 이렇게 말한다. '여봐라. 여기 궁궐이 너무 답답하다. 나를 바깥 구경을 좀 시켜다오.' 왕이 마차를 타고 바깥을 떡 나가는데 거기에 이스라엘에서, 유다에서 포로로 잡아 온 이스라엘 백성들이 종살이하는 거를 보게 될 것이다. 그러면 이제 왕이, 어린 왕이 그러지. '여봐라. 쟤들은 누구냐?' 그러면 '왕의 아버지의 왕 때에 주먹만한 쪼그만 나라 이스라엘이라고 있습니다.' '그래서?' '그 나라를 우리가 잡아 왔습니다.' '그래서?' '종으로 부려 먹고 있습니다.'" 그 말을 딱 들은 왕이 이렇게 말한다는 거예요. "그러면 안 되지!" 마음이 착한 거예요. 따라 해봐요. "그러면 안 되지!" 이거 착한 거예요. 착한 거예요. 북한에 있는 김정은이 좀 착해야 할 텐데. 에휴! 따라서 해봐요. "그러면 안 되지!" 인간이 좀 착해야죠. "그러면 안 되지! 자기 나라로 돌아가라고 그래라. 돌아가라고." 따라서 해봐요. "돌아가라!" "큰 나라도 아니고 주먹만한 나라인데 그걸 왜 잡아다가 종으로 부려 먹어? 사람이 그렇게 하면 안 되지. 너희 나라로 돌아가서 너희 나라끼리 살아라." 이렇게 말하는 왕이 나타난다는 거예요. 그렇게 말하는 왕이요. 아멘.

"그 왕의 명령이 딱 내리는 그날. 그 날짜야. 그날부터 계산이야. 그날부터 계산을 들어가라." 이야! 여러분, 성경은요! "그날부터 계산에 딱 들어가서 전체 날짜가 490년이다." 몇년이요? 이걸 히브리식 달력으로 줄여서 그들이 쓴 표현으로 70이레라고 그래요. 70이레. 몇 이레? 한 이레가 7년입니다. 70이레니까, 70이레×7년=490년이에요. 490년이 되면, 그 왕이 말하는 날부터 490년이 되면 무슨 일이 생기느냐? 또 같은 말이에요. 동상에서 한 말과 같아요. 하늘에서 돌이 내려와 이 세상에서 메시야의 나라가 이루어진다!

**2) 7 이레 + 62 이레**

"그러면 중간에 가는 과정에 이런 일이 일어난다. 첫째, 일곱 이레가 먼저 지난다. 그러면 50년이다." 7이레×7년=49년. 50년이에요. 50년이 지나면, 일곱 이레가 지나가면? 7×7 49지요? 저 일곱이레가 지나면 뭔 일이 일어나느냐? 49년이 지나면 이스라엘 백성들의 정신적 고향인 예루살렘 성전이 회복이 되리라. 이 예언 그대로 이루어졌습니다. 스룹바벨 성전이 그때 50년 만에 건축이 되었어요. 솔로몬이 지은 성전이 이스라엘 백성들이 포로 생활 70년 갔다 온 뒤에 무너졌잖아요? 그 무너진 성전을 새로 지은 것이 바로 50년 만에 돌아와서 지었어요. 날짜도 안 틀리고 다 이루어졌어요.

그다음에 머리가 번쩍 서는 얘기해 줄게요. 여러분! 머리가 번쩍 서요! 번쩍 서! 머리가 번쩍 서는 얘기해 줄게요. 그러고 나서 다시 434년이 지나면? 일곱이레가 지나가고 그다음에 434년, 요것이 뭐냐? 두 개 합치면 69이레예요. 69이레가 지나면?

이게 신구약 모든 성경 예언 중에 완전히 꼭짓점이에요. 가장 전율이 흐르는 거예요. 예수 그리스도가 마리아의 배를 통하여 이 땅에 나타나는 날이 정해져 있어요. 박수해봐요. 박수해봐요. 이야! 아멘. 가짜로 "이야!" 한번 해 봐요. 몰라도 "이야!" 한번 해요. 구약의 다른 성경에는요? 예수님이 오신다, 오신다, 이렇게 돼 있어요. 날짜를 딱 박아서 그날 기쁘다 구주 오셨네, 이 세상을 창조하신 하나님이 사람의 배를 빌려서 오신 꼭짓점, 오시는 그날을 못 박아 말한 게 바로 다니엘서에요. 예수님 오신 그날이 바로 다니엘이 말한 그날이에요. "이야!" 모르면서 "이야!"하고 난리에요. 표정을 보니까 흥분을 안 해요. 나는 아니까 나 혼자 미쳤어요. 나 혼자. 여러분, 그냥 집에 다 가요. 성경이 얼마나 위대한지! 전광훈 목사가 성경에 미친 이유를 여러분이 아십니까? "이야!" 따라서 해요. "이야!"

### 3) 마지막 한 이레는 요한계시록으로 이사 가다

그래서 예수님이 오는 데까지 70이레 중에서 69이레를 써 먹었어요. 그럼 한 이레가 남았죠? 이 한 이레는요 주님의 재림을 위하여 남겨놓았어요. 뭘 위하여? 주님의 초림은? 초림이 69이레예요. 69이레. 그때 주님이 왔어요. 날짜대로 그대로 왔어요. 날짜대로. 아멘. 그리고 요 한 이레 있죠? 칠 년? 요 한 이레는 주님의 재림을 위하여 요한계시록으로 옮겨놨어요. 이게 7년 대환난이에요. 그래서 지금 한 이레는 아직 안 써 먹힌 거예요. 이 한 이레가 요한계시록으로 이사 갔다 이 말이에요. 주님은 오십니다. 틀림없이 오십니다. 이 정도로 제가 설명하면, 특별 은총인 계시가, 성령으로 계시가 안 와도, 인간적 이성으로라도 그리스도의 재림을 수긍하고 인정을 안 할 수가 없는 만큼 이렇게 성경이 조직적으로 돼 있어요. 할렐루야지요?

# Ⅳ.
# 장막절, 천년왕국은 반드시 임한다

## 1. 장막절, 천년왕국은 7대 명절 중 하나이다

### 1) 나팔절, 속죄절 이후에 임하는 장막절

그러면 이제 예수님이 이 땅에 오시는 것은 틀림없단 말이에요. 오시면? 나팔절을 통하여 오시면? 내가 나팔절에 일어나는 일도 설명했죠? 첫째, 죽은 자들이 무덤에서 부활한다. 따라서 합니다. "부활." 살아있는 사람도 홀연히 또 부활한다. 아멘.

그리고 속죄절에 알곡과 쭉정이를 주님이 가리셔서 이제 7대 명절의 마지막인 새 예루살렘, 천년왕국에 데려가요. 따라서 합니다. "천년왕국." 그런데 천년왕국을 잘 안 믿어요. 기독교인들이 천년왕국을 잘 안 믿어요.

그러나 우리가 7대 명절을 딱 펼쳐 보면요? 만약에 뒤에 천년왕국, 장막절 이것이 없다면 앞에 있는 유월절도 없어야 한단 말이에요. 7대 명절 전체가 다 하나의 묶음이기 때문에요. 7대 명절은 하나의 묶음이에요. 이게 전부 하나란 말이에요. 하나. 아멘.

## 2) 7대 명절을 통칭하면 복음이다

이걸 다른 말로 통칭 복음이라 그래요. 복음. 복음은 이 7대 명절 일곱 개를 통칭하여 복음이라 그래요. 그리스도가 사람을 위하여 이 땅에서 해 주실 일곱 가지 사건, 이것을 복음이라 그래요. 아멘. 그리고 바로 이 복음 앞에 인정하는 사람, 이 일곱 가지 사실을 아는 사람을 기독교인이라 그래요. 기독교인. 요 7대 명절 중에서 명절 하나라도 빼놓은 사람은 기독교인이 아닌 거예요. 기독교인은 이 전체를 다 흡수한 사람, 그리고 공유한 사람, 같이 그것을 고백하는 사람, 이것이 기독교인이란 말이에요. 그러니까 교회 안에는 가짜 기독교인이 얼마나 많다는 걸 알아야 해요. 가짜야, 가짜. 이 일곱 개를 다 흡수하는 사람을 기독교인이라 그래요.

유럽의 야만인 있죠? 유럽의 야만 족속들 말이에요? 영국 바이킹 뭐, 등등해서 큰, 살벌한, 사악한 그 유럽이요? 그 유럽이 기독교 앞에 굴복하고 유럽 전체가 다 기독교 나라가 된 이유가 뭔지 압니까? 이 7대 명절 앞에 굴복한 거예요. 이거 일곱 개 앞에 유럽이 그냥 두 손 들어버린 거예요. 아멘. 이 일곱 개 사건이 유럽을 먹어버린 거예요. 그래서 유럽을 기독교 나라라고 하는 거예요. 대한민국도 우리 5,000만 민족의 가슴속에 이 일곱 개가 다 들어가게 하자! 한번 해보자고요. 할렐루야!

이 땅에 사람마다 다 달라요. 돈 많은 사람, 적은 사람, 많이 배운 사람, 못 배운 사람, 서정희 사모님처럼 이쁜 사람, 나처럼 냄새나는 사람, 이렇게 수도 없이 사람이 다 다르지만, 이 땅에서 인간으로서 가장 가치 있는 인간이 뭔지 압니까? 성경 많이 읽는 인간? 그것도 맞아요. 그러나 많이 읽어도 이거 일곱 개, 7대 명절, 요 동그라미 일곱 개가 사람의 가슴속에 들어간 사람이 가장 가치 있는 사람이에요. 하나님이 가장 좋아하는 사람이에요. 이것을 복음이라 그래요. 이 7대 명절, 복음이 여러분 속에 쏙 들어가기를 바랍니다.

### 3) 천년왕국까지 받아들여야 기독교인이다

마지막 결론으로 그중에 비틀거리며 따라오다가요? 비틀거리며 따라온단 말이에요? 따라 해봐요. "유월절 무교절 초실절 오순절 나팔절 속죄절 장막절." 오순절까지 비틀거리며 따라오다가 나팔절부터 조금 흐느적거리다가 마지막 요 천년왕국 있잖아요? 이 땅의 마지막엔 천년왕국이 나타난단 말이에요? 이것에 대해서 사람들이 딱 거부해 버려요. 심지어 우리 한국 땅의 목사님들 중에 이 천년왕국, 장막절을 안 믿는 사람들이 60 프로가 넘어요. 60 프로가 넘는 목사님들이 천년왕국을 안 믿어요. 그러니 뭐야, 이게? 개떡이지! 목사가 안 믿는데! 왜 안 믿냐? 신학교에서 또 천년왕국이 없어졌다고 그렇게 가르쳐요. 이건 없어졌다고. 이게 보통 문제가 아니야. 사랑제일교회는 주님 올 때까지 천년왕국 있어요. 아니, 이거는 성경에, 이거는 앗 소리 못하게 하나님이 딱 묶어 놨단 말이에요. 이거를. 아멘. 천년왕국 분명히 임합니다.

## 2. 천년왕국에 들어가는 순서

주님이 이 땅에 재림하시면 구원받은 성도들을 데리고 와요. 그래서 무덤이 터지며 부활해요. 부활하면 천년왕국에 어떻게 들어가냐?

첫째, 부활하는 사람들이 먼저 들어가요. 천사같이 돼요. 천사같이 부활한 사람들이 천년왕국에 먼저 들어가요. 이 말은 참으로, 여러분, 받기 어려울 거예요. 이렇게 생각하세요. 자, 보세요. 교회에서는요 어차피 여러분의 이성으로 이해되는 말은 하나도 안 해요. 여러분의 이성으로 생각해서 이해되는 말은 전혀 안 해요. 여기서 말한 모든 말은 다 믿음의 분야예요. 믿음의 분야지 이성의 분야가 아니에요.

그러니까 천년왕국이 온다! 주님이 이 땅에 재림하여 오시면 먼저 부활한 사람, 부활한 사람, 예수님이 하늘나라 가서 지금 구원받은 성도와 함께 있는 천국에서 데려올 때. 장례식 할 때 목사님들이 다 뭐라고 하나요? 흥 한 번 볼게요. 목사님들이 천년왕국 안 믿거든요? 안 믿으면서도 자기 교회 성도들 장례식 하러 가서는 또 할 수 없이 그렇게 설교해요. 하관식 할 때, 마지막 이제 시체를 딱 내릴 때, 관을 이제 줄 달아서 딱 내리고 예배 드리잖아요? "천국에서 만나보자 그날 아침 거기서 순례자여." "흑흑흑." "울지 마세요. 우리가 지금은 육신의 정을 가지고 아쉬워하고 있으나, 오늘 원죄를 범한 인간이 다시 육체의 고향인 땅속으로 육체를 돌려보내나, 예수님이 재림할 때 여기서 부활할 줄을 믿으시고." 그때는 설교를 해요. "믿으시고 그날을 바라보며 모든 슬픔을 이기세요." 모든 목사님들의 하관 예배가 똑같아요. 그래 놓고 주일날 설교하러 와서는 천년왕국이 없다 그래요, 또. 그럼 돼요, 안 돼요? 부활한 사람은 부활 상태로 천년왕국에 들어가요. 아멘.

그다음이 이제 중요해요. 그다음에 그때까지 살아있는 사람 중에 유대인, 이스라엘 사람, 이스라엘 사람들은요 육체로 들어가요, 육체로. 무엇으로요? 육체로 천년왕국에 들어가면 어떤 상태가 이루어지냐? 인간이 창세기 1장의 첫째, 둘째, 셋째, 마지막 여섯째, 선악과를 따먹기 전의 상태로, 이 세상이 돌아가요. 그러면 거기서 사람들이 다시 결혼을 해서 애를 낳아요. 애를 낳으나 원죄가 없기 때문에 해산 수고가 없어요. 여자가 애를 낳고요, 바로 노루처럼 막 뛰어다녀요. 상함도 없고, 해함도 없고, 어린이가 독사굴에 손을 넣어도 독사들이 물지 않는, 그야말로 친환경이에요.

　이러한 세계가 주님에 의해서 이루어진다는 것이, 이것이 천년왕국이에요. 아멘. 믿습니까? 아멘입니까? 주님이 다스릴 그 나라가 여기서 이루어진다는 거에요. 구약의 모든 선지자들, 이사야, 예레미야, 다니엘, 에스겔, 할 것 없이 모든 선지자들의 이 예언과 환상이 여기를 지목하고 여기를 꽂고 있어요. 아멘.

### 3. 천년왕국은 하나님의 설계도의 종착역이다

성경 안 읽는 사람들을 위해서 한눈에 내가 보여드릴 테니까. 한번 보세요. 펴 보세요. 〈하나님의 구원 역사 경영〉 저거 펴 보세요. 딱 보세요. 성경의 설계가 어떻게 돼 있는가? 그러니까 여러분들은 성경 안 읽어도 봐요. 주일날 오면 다 보여주잖아요? 아멘. 딱 한번 보란 말이에요. 이것이 하나님의 계획에 딱 잡혀 있단 말이에요. 하나님 계획에. 아멘. 〈주님 다시 오시네〉 한 번 불러봐요. 주님은 다시 오십니다.

### 〈주님 다시 오시네〉

1. 주님 다시 오시네 곧 오시겠네 깊은 잠을 깨어나
나팔 불며 오시는 신랑 예수님 어서 맞으러 가자
크고 놀라운 불같은 그 날이 새벽같이 오리라
할렐루야 할렐루야 주여 어서 오소서

2. 주님 다시 오시네 곧 오시겠네 깊은 잠을 깨어나
구름 타고 오시는 신랑 예수님 어서 맞으러 가자
크고 놀라운 불같은 그 날이 도적같이 오리라
할렐루야 할렐루야 주여 어서 오소서

3. 주님 다시 오시네 곧 오시겠네 깊은 잠을 깨어나
노을 밟고 오시는 신랑 예수님 어서 맞으러 가자

아멘. 할렐루야. 여기를 보십시오. 참, 하나님은 천지를 창조할 때 저기가 창조잖아요? 처음 시작? 창세기 1장이란 말이에요. 시작할 때, 저를 먼저 한번 보세요. 여기 보세요. 사람이 집을 지어도 그냥 막 지어요, 설계도 그려요? 설계 없이 누가 집을 짓냐고? 그렇지요? 하물며 하나님이 이 우주를 설계하는데 그냥 하나님이 막 해버리겠어요? 아니에요. 처음 시작할 때 이미 끝이 정해져 있어요.

이것이 하나님의 설계도예요. 신구약 성경 전체를 압축한 거예요. 여기가 천지창조란 말이에요. 천지창조. 그렇지요? 그걸 천지창조를 해서 이렇게 과정을 거쳐서 이렇게 해가지고 예수님이 이 땅에 오셔가지고, 그래가지고 여기에서 신약시대를 지나고, 여러분, 뭐, 봐도 잘 해독을 못할 거예요. 이거 내가 이것만 일 년을 설명해야 해독이 될 거예요. 그래서 웬, 뭐, 말들이 이렇게 뛰어나오고 난리고, 뭐, 웬 나팔들이, 하여튼 간에 이게 바로 돌이란 말이에요, 돌. 다니엘로 말하면 돌의 나라란 말이에요. 이게 바로 메시야의 나라입니다. 메시야의 나라. 따라서 합니다. "메시야의 나라." 모든 하나님의 창조와 구속과 섭리의 지향점은 여기예요, 여기. 이 메시야의 나라, 여기가 하나님의 목표란 말이에요. 아멘. 하나님은 저 목적지를 향하여 달려가고 있다. 우리도 과정 중에 하나, 여기 지금 서 있다, 이 말이에요. 아멘. 집을 짓는 사람은 주인이 만들어준 설계도를 해독해야지, 해독해야 집을 제대로 짓지, 그렇지요? 이게 하나님의 설계도예요, 하나님의 설계도. 아멘. 아멘.

그럼, 여러분, 천년왕국을 믿습니까? 장막절을 믿습니까? 장막절을 내 것으로 붙잡기를 원하십니까? 진짜요? 두 손 높이 드시고 "주님, 나는 장막절을 믿습니다. 새 예루살렘을 믿습니다. 분명히 그날이 올 줄 믿습니다. 나도 거기에 주인공이 되게 하여 주세요." "주여" 삼창하며 기도하겠습니다.

# 22

# 새 예루살렘을 향하여

**설교 일시**  2014년 3월 9일 (주일) 오전 11시

**대    상**  사랑제일교회 주일 3부 예배

**성    경**  요한계시록 21:1-6상

> 1 또 내가 새 하늘과 새 땅을 보니 처음 하늘과 처음 땅이 없어졌고 바다도 다시 있지 않더라
>
> 2 또 내가 보매 거룩한 성 새 예루살렘이 하나님께로부터 하늘에서 내려오니 그 예비한 것이 신부가 남편을 위하여 단장한 것 같더라
>
> 3 내가 들으니 보좌에서 큰 음성이 나서 가로되 보라 하나님의 장막이 사람들과 함께 있으매 하나님이 저희와 함께 거하시리니 저희는 하나님의 백성이 되고 하나님은 친히 저희와 함께 계셔서
>
> 4 모든 눈물을 그 눈에서 씻기시매 다시 사망이 없고 애통하는 것이나 곡하는 것이나 아픈 것이 다시 있지 아니하리니 처음 것들이 다 지나갔음이러라
>
> 5 보좌에 앉으신 이가 가라사대 보라 내가 만물을 새롭게 하노라 하시고 또 가라사대 이 말은 신실하고 참되니 기록하라 하시고
>
> 6 또 내게 말씀하시되 이루었도다 나는 알파와 오메가요 처음과 나중이라

# Ⅰ.
# 7대 명절을 계속 붙들고 살자

**1. 요한복음 1장 식으로 예수를 알자**

할렐루야! 〈주님 한 분 밖에〉를 부르겠습니다.

### 〈주님 한 분 밖에는〉

1. 주님 한 분 밖에는 아는 사람 없어요
가슴 깊이 숨어있는 주를 사랑하는 맘
주님 한 분 밖에는 기억하지 못해요
처음 주를 만난 그날 울며 고백하던 말

2. 주님 한분 밖에는 사랑할 이 없어요
작은 가슴 뜨거웁게 주님 피가 흘러요
주님 한 분 밖에는 약속한 이 없어요
나를 믿고 따르는 자 반석 위에 서리라

(후렴) 나는 행복해요 죄사함 받았으니
아버지 품 안에서 떠나 살기 싫어요
나는 행복해요 사랑이 샘솟으니
이 세상 무엇이든 채우고도 남아요

아멘 할렐루야! 한 번 따라서 하겠습니다. "7대 명절의 축복을 받자!" 따라서 해요. "받자!" 하나님이 구약시대 이스라엘 자기 백성들에게 일곱 가지의 명절을 주셨다 그랬어요. 우리나라도 추석 구정 명절이 있듯이 하나님도 자기 백성들에게 명절을 주셨어요. 그 순서가 이러하니 한번 따라서 하겠어요. "유월절, 무교절, 초실절, 오순절, 나팔절, 속죄절, 장막절," 일곱 개입니다. 왜 주셨느냐? 세 가지 의미가 있어요. 첫째는 이것은 유대인에게 주신 하나님의 축복입니다. 구약 하나님 백성인 이 유대인들은 이 일곱 개를 붙잡고 살다가 세계 제일의 복을 받았습니다. 지금도 합니다, 지금도. 이스라엘 나라에 가면 지금도 하고 전 세계 흩어져 있는 유대인들 있죠? 미국 심지어 러시아, 뭐, 유럽 전체, 독일, 어느 곳에 가든지 이스라엘 백성들은 이 7대 명절을 가지고 4000년 이상을. 아멘. 이게 7대 명절이 생긴 게 한 4000년 됐거든요, 4000년. 4000년 동안요 이 백성들은 이걸 딱 잡고 살았어요. 지금도 똑같아요. 요 7대 명절에 승부를 걸어요. 뭔 뜻인지도 모르고, 뭔 뜻인지도 모르고 하나님이 하라고 하니까 그냥 한 거예요. 그랬더니 하나님이 세계 제일의 복을 주셨어요. 여러분과 저는 뭔 뜻인지 모르는 게 아니고 알고 하는 거예요.

두 번째 이것은 여러분과 저의 사랑의 대상인, 지금 금방 찬송 불렀던 바로 그 주제 '주님 한 분 밖에는 아는 사람 없어요.' 맞아요? 아멘 못하는 사람이 많아요. 맞아요? '가슴 깊이 숨어 있는 주를 사랑하는 맘.' 예수님, 우리의 사랑의 대상이 되신 예수님, 예수 그리스도가 이 세상에 오셔서. 예수님에 대한 오해가 없기를 바랍니다. 교회 오래 다닌 사람들도 예수님을 자꾸 오해해요. 예수님은 이 세상에 오시기 전에 원래 하나님이었어요. 그 하나님이 사람과 가까워지고 싶어서 자기가 만든 자연의 원리를 그대로 따라서 마리아의 배를 빌려서 하나님이 사람의 육체를 입고 오신 분이 예수님입니다. 그 예수님이 따로 있는 게 아니고, 하나님이 따로 있는 게 아니고, 창세기 1장에서 빛이 있으라! 그렇게 말했던 그 사람이 예수에요. 이걸 잘 알아야 돼요. 그러니까 요한복음 1장 식으로 예수님을 모르는 사람은 예수님을 안다고 하면 안 돼요. 요한복음 1장 식으로 예수님을 알아야 예수님을 알 수 있다! 따라서 합니다. "말씀이 육신이 되어 우리 가운데 거하시매." 따라서 합니다. "만물이 그로 말미암아 지은 바 되었고 지은 것이 하나도," 몇 개도? "하나도 그가 없이 된 것이 없다." 바로 그분이 누구예요? 예수님.

그 예수님이 이 세상에 사람으로 오시기 전에 인간으로 이 땅에 오시면 이러한 일곱 가지의 일을 내가 진행하리라. 그러니까 예수 그리스도의 구속사예요, 구속사. 여러분과 저를 위해서 해 주실 큰 일곱 가지 사건을 하나님은 벌써 예수님이 이 땅에 오시기 전에 7대 명절을 만들어가지고 이스라엘 백성들에게 예행연습을 시킨 거예요.

## 2. 7대 명절의 한 주제도 건너뛰어서는 안 된다

첫 번째 유월절이 뭐냐? "이렇게 죽으리라." 따라서 합니다. "<u>이렇게 죽으리라.</u>" 다시 말씀드려요. 이 7대 명절은 예수님이 오신 이후에 생긴 게 아니고, 오시기 전에, 예수님 전에 또 2000년 전, 지금 예수님이 오신 지가 2000년 됐죠? 거기서 또 2000년 전에, 벌써 이와 같은 명절을 만들어서 하나님이 예수님이 오실 그릇을 만들기 위하여 예행연습을 시킨 거예요.

성경은요 초과학적입니다, 초과학적. 난 이러한 성경을 읽고 이런 성경을 들으면서 예수를 비틀거리며 믿는 사람들, 나 이해를 못하겠어요. 난 도저히 이해가 안 돼요. 저는 중학교 3학년 때 예수님을 처음 알아가지고 슬슬 안 게 아니오. 바로 천국 중심으로 딱 들어갔습니다. 그래서 제가 예수님을 알고 살아온 생애를 저는 비틀거리며 안 살았거든요. 탁, 트럼펫 소리처럼 그냥 예수를, 그래서 난 성도들이 신앙생활을 흐느적거리는 거 난 이해를 못 하겠어요, 이해를. 사랑제일교회 성도는 그런 사람은 하나도 없기를 바랍니다. 따라 해봐요. "예수님을 알자. 확실히 알자." 아멘.

그러니까 봐요. "이렇게 죽으리라." 유월절은 예수님 십자가 사건을 말하기 위해서 먼저 나타났어요. 무교절은 뭐냐? 따라서 합니다. "무덤에 있으리라." 무교절 날 되면 이스라엘 백성들이 무교병이라는 떡을 만들어서 보자기에다 싸요. 보자기에다 싸서, 무교병 떡을 싸서, 요것을 땅속에다 3일 묻어놔요. 묻어놨다가 3일 후에 가장이, 가정의, 집안의 대장이 이 묻어 놨던 흙을 요렇게 요렇게 제껴요. 흙을 요렇게 요렇게 하다가 묻어놨던, 3일 전에 묻어놨던 보자기 있죠? 요 보자기가 첫눈에 딱 보일 때 있죠? '드러나다.' 보자기가 '드러나다.'는 단어 히브리 원어와 주님이 '부활하다'는 원어와 같은 거예요. 성경이 기가 막힌 거예요, 성경이. 너무너무 신비한 거예요. 그래서 예수님이 땅속에 3일 있을 것을 무교절을 통하여 보여주신 거예요. 따라서 합니다. "부활하리라." 그렇지. 초실절은 주님의 부활을 말하는 거죠? 다시요. "성령을 주시리라." 오순절 성령을 부어주시리라. 사랑제일교회 성도들은 이 주제 하나도 건너뛰면 안 돼요. 단 하나도 그냥 지나가면 안 돼요. 한국 교회가 보통 문제 있는 게 아니요. 자기 마음에 드는 거만 해요. 자기 마음에 드는 거만. 그리고 제대로 하지도 않아요, 제대로. 이유는 신학교가 잘못이에요, 신학교. 이 신학교를 완전히 뒤집어야 돼요. 다시요.

"재림하시리라." 다시요. "알곡과 쭉정이를 가리시리라." 다시요. "천년왕국을 주시리라." 우와! 아멘.

**3. 7대 명절을 계속 반복해서 상고하고 말하자**

**1) 인터넷을 통해 계속 다시 보자**

오늘 드디어 우리가 네 달 동안 상고하였던 이 7대 명절을 드디어 오늘 마치려고 그럽니다. 오늘 마쳐질지라도 여러분들은 계속 이 말씀을 상고하시고! 제가 다시 나눠드렸어요. 여러분에게 7대 명절 나눠드렸죠? 쓰레기통에 버리면 돼요, 안 돼요? 집에다가 문에다가 붙여놔요, 방문에다. 붙여놓고 들어오며 나오며 보도록. 아멘. 서정희 전도사님은요 내 말을 잘 들어요. 문에다 붙여놓으라 했더니 진짜요 대문에다 붙여놨어요. 아파트 대문에 세상 사람들 다 보도록요. 그리고 안에도 붙여놓고 또 밖에도 붙여놓고. 그러니까 거기에 집에 지나가는 사람들이 다 쳐다봐요. 이게 뭐냐고? 7대 명절 뭐냐고? 보기만, 이게 보기만 해도 복이 온다고요.

그리고 여러분들은 구역에서 기관에서 그냥 잠시 교회에서 만날 때마다 내 이거 전부 이것을 축소해서 열쇠고리에도 다 만들어주고 내 다 만들어줄게요. 시간이 되면 만날 때마다 요걸 펴놓고 조잘거려요. 알았지요? '다다다다' 해가지고.

그리고 인터넷에 들어와서 이것을 다시 계속 보세요. 보시는데, 박수 칠 준비 한번 해봐요. 박수 칠 준비해봐요. 우리 교회 주일날 예배드리는 인터넷, 그 인터넷 예배드리러 오는, 하루에 예배드리러 오는 것이 하루에 전국에서 우리 교회 이 예배를 보러 들어오는, 월 화 수 목 들어오는 것이 하루에 5000건이 넘었어요. 하루에 5000명. 박수! 지금 세계에서 일등이에요. 저는 이런 일이 일어날 줄 알았어요. 완전히 우리는요 공수부대예요. 우리 교회는, 우리 교회는요 완전히 짜진 멤버를 가지고 하니까 내가 복음을 깊이 말할 수 있어요.

그런데 이 시대가 이제, 우리나라도 기독교가 들어온 지 130년이 돼가지고 성도들이 깊이 알려고 하는 충동이 생겼어요, 한국 교회가. 그런데 이걸 목사님들이 못 채워요. 못 채우다가 우리 교회가 이런 식으로 예배를 하니까 이게 시대에 이제 맞아 들어갑니다. 하루에 5000개 들어오는데, 그것도 여러분, 생각해 봐야 돼요. 하루에 3000개는 다 열어놓은 상태예요. 평신도고 뭐고 누구든지 사이트에 들어오면 다 보라고요. 우리 교회 설교는 막아놨잖아요, 못 들어오도록. 부작용이 일어날까 봐.

### 2) 예수님의 청중 수준별 교육 방법을 벤치마킹하자

그 이유는 여기 교회 처음 오신 분들을 위해서 내가 이 말씀 드릴게요. 보세요. 주님도 이 땅에 계실 때 사람을 가르칠 때 그냥 다 안 가르쳤어요. 주님이 사람을 가르치는 그 선이 있어요, 선. 제일 예수님이 사람을 많이 모아놓고 설교할 때를 이걸 허다한 무리라 그래요, 허다한 무리. 허다한 무리가 모였을 때는 예수님의 말씀이 간결해요. "회개하라. 천국이 가까워졌다." 복음 선포, 다시 말해서 케리그마예요, 케리그마. 헬라어로. 선포한단 말이에요? 그런데 요거보다 조금 더 알맹이가 있어요. 오백여 형제, 이 선을 정해 놓고 주님이 가르치는 거예요. 오백여 형제만 오라 그러는 거예요. 고 사람을 모아놨을 때는 주님이 심도 있는 말씀을 가르쳐요. 그다음에 백이십 문도예요. 백이십 문도. 여기에 성령 받은 사람, 오순절 성령, 이렇게 선이 정해져 있단 말이에요, 주님도. 그다음에 70제자예요, 70제자. 70제자가 모였을 때는 성경을 깊이 말해요, 점점 깊이. 그리고 열두 제자, 열두 제자. 열두 제자는 아주 핵심이요. 열두 제자가 모였을 때는 예수님이 아주 깊은 걸 말해요. 아멘. 그다음에 열두 제자도 같은 게 아니에요. 열두 제자도 세 제자가 달라요. 누구냐? 베드로, 요한, 야고보, 이 세 사람은 예수님의 핵심 중의 핵심이에요. 아멘.

우리 여기 정 대표님, 정미홍 대표님 오셨는데, 앞으로 큰 한국의 일을 한번 하시기 위하여 우리 정 대표님도 예수님의 이것을 벤치마킹하세요. 그러니까 정 대표님을 위하여 죽을 세 사람이 있어야 돼요. 목숨을 걸고 아예 "나는 정 대표님을 위하여 나는 생명을 바치겠다." 이런 세 사람이 있어야 해요, 세 사람. 이 세 사람 구축하시고, 없으면 내 추천해 줄게요. 그리고 그다음에 이렇게 바깥에 열둘, 칠십, 이게 주님의 조직표라고요. 아주 중요한 거예요.

이게 교육학에도 이게 나와 있는데, 사람이 자기 속엣것을 100 프로 전수할 수 있는 사람은 세 사람밖에 없대요. 세 사람 이상 되면 안 된대요. 요게 교육학도 그렇게 증명이 됐다고요. 그러니까는 여러분, 회사나 제자를 키울 때도 주님의 요 표를 참조하세요.

그런데 문제는, 자, 우리 교회는 어느 정도 수준이냐? 우리 교회는? 변화산에 데리고 올라간 사람이 세 제자예요. 베드로, 요한, 야고보. 예수님이 부활 시범을 보일 때 변화산에서 변했단 말이에요. 그리고 엘리야하고 모세가 내려왔단 말이에요. 그런데 보고 들은 그 말을 산 중턱에 있는 아홉 제자에게 같은 제자인데도 열두 제자 중에 아홉 제자에게 말하라, 하지 말라? 하지 말라고 주님이 금했어요. 아멘. 보세요. 딱 보세요.

그와 같이 우리 교회는요. 아주 심도 있는 설교를 한단 말이에요. 제가 다시 말해서 세 제자 정도가 들을 수 있는 말씀을 설교한다고요. 그러니까는 우리 교회는 이 허다한 무리 같은 성도는 오면 설교를 못 들어요. "저게 뭐 하는 거야. 왜 저래?" 이런단 말이에요. 그러니까 여러분들이 설교 듣다가 "저게 뭐야? 목사님이 말이야 칠판을 놓고, 주일 대예배부터 말이야 가운도 안 입고, 건방지게 말이야 왜 저러나?" 이렇게 생각이 되거든 허다한 무리라고 생각하면 돼요. 알았지요? 책임을 자기한테서 찾아야 돼요. 알았죠? "목사님이 왜 저 발광을 떨고 있어?" 그러면 안 돼요. 자기가 자기를 축으로 두고 생각하면 안 돼요. 여러분들은 나를 판단할 능력이 없어요. 여러분이 나를 판단하려면 53년 지나야 돼요, 53년. 그러니까는 그렇게 생각하시고 기도하면서 들어야 돼요. 따라서 합니다. "주님, 귀를 열어주세요." 아멘. 그래서 이 동그라미 일곱 개, 7대 명절이 여러분의 가슴속에 쏙 들어가게 하세요. 쏙 들어가게 하라고요. 아멘.

그러니까 우리 교회 설교를 그래서 내가 막아 놓은 거예요. 인터넷을 전국의 모든 성도들이 못 보도록요. 특별히 우리 교회 아이디를 사무실에서 다 점검하고 "누구세요? 평신도한테는 안 열어줍니다. 목사님이십니까? 어느 교회 목사님이십니까?" 다 신분 확인하고 그리고 아이디를 열어준단 말이에요. 이렇게 해서 열어주는데도 우리 교회가 5000개 들어와요. 거의 95 프로는 목사님들이에요. 아멘. 하나님께 영광의 박수!

### 3) 7대 명절로 한국 강산에 복음 혁명을 이룩하자

그래서 드디어 내가 이것을 틀려고 그래요. 우리 교회 인터넷을 평신도 누구든지 오도록 우리도 이제 드디어 내가 틀려고 그래요. 왜 틀려고 그러냐? 그동안에 제가 한국 교회 평신도들을 못 보게 한 이유는 내가 한국 교회 평신도들하고 직접 거래해 버리면 한국 교회 목사님들 설교 못 해요. 왜 못하냐? "우리 교회 목사님은 뻥이야. 성경도 몰라." 그러면 결국 우리 교회 하나는 좋은지 몰라도 한국 교회 목사님들이 다 어려워지면 이거는 아닌 거 아니에요? 그래서 20년 동안을 평신도들을 못 보도록 막아 놓은 거예요. 내가 이렇게 착한 사람이요. 목사님들에게 이걸 전달해서 목사님들이 자기 교회 성도들에게 전달하라고 20년을 참아왔는데 목사님들이 잠에서 못 깨어나요. 그러니까 이제 할 수 없겠다 이거에요. 이제 내가 하나씩 틀려고요. 7대 명절부터 하나씩 틀려고 그러는데 두고 보세요. 한 달 후부터 틀려고 그래요.

그런데 하루에 10만 건 들어옵니다. 내가 명함 찍어가지고 전국에 부흥회 할 때마다 성도들한테 뿌리면 "내 설교를 계속 듣기 원하는 사람은 이 사이트로 들어오세요." 해봐요. 하루에 10만 개 들어옵니다. 하루에 10만 개 들어오면 열흘이면 몇 명이야? 열흘이면 100만 명이지? 그럼 우리가 1000만 명 조직할 수 있다! 해서 대한민국을 엎어버리자! 혁명을 한번 해보자! 옆 사람 손잡고 한 번 해봐요. "우리 한번 해봅시다." 그렇지, 그렇지. 우리 한번 해보자 이거야. 아멘. 저는요 언젠가는 이런 날이 올 줄 믿었어요. 틀림없이 올 줄 믿었어요.

근데 문제는 이걸 트면 하루에 10만 개 들어오면 이 컴퓨터 용량이 트래픽이 걸려가지고 컴퓨터가 터진대요. 지금 우리 인터넷 팀이 "목사님, 이거 트면요 컴퓨터 다운돼버립니다. 이거 바로 그냥 중지돼 버립니다." "그럼 어떻게 하냐?" "서버 역량을 높여야 돼요." "얼마 드냐?" 돈이 몇 억이 든대요. 돈이 들면 안 되겠다, 그래서 내가 생각했어요. 이제는 인터넷 들어오는 사람은 무조건 한 달에 만 원씩 내야 된다! 이건 또 아멘을 안 해? 그럴 줄 알았어요. 하여튼 만 원 내라 그러면 아멘을 안 해요. 한 달에 만 원씩 내야 된다! 알았지요? 그래서 컴퓨터 보강 공사를 해야 되니까, 전국에 다 틀려면. 알았죠? 만 원씩 다 내요. 알았죠? 그래서 하여튼 이 복음의 혁명을 하려고 그러는데 성령의 바람이 불어오고 있어요. 역사하고 있어요. 할렐루야!

그래서 우리는 이 7대 명절을 오늘 이제 마무리하는 마당에서 여러분들이 이 7대 명절을 이제 정말로 지나가는 강의로 들으면 안 되고 이것이 여러분 가슴속에 주님 나라 갈 때까지 살아서 있어야 돼요. 다시요. "유월절 무교절 초실절 오순절 나팔절 속죄절 장막절."

# II.
# 7대 명절이 우리 심령에 임하면 받는 축복

### 1. 유월절 - 구원

세 번째 왜 주셨느냐? 이것이 실제 우리에게 해당 돼요. 신약시대에, 따라서 합니다. "성도들의 심령 속에," 지금 바로 여러분 심령 속에 임할 큰 일곱 가지 복음의 축복이에요. 유월절이 사람의 가슴에 임하면 인간 최고의 축복인 구원의 역사가 일어나요, 구원의 역사. 구원이란 걸 쉽게 생각하면 안 돼요. 사람은 언젠가 죽어도 죽어요. 죽어요, 안 죽어요? 죽는다고 안 따라 하는 사람도 죽어요, 안 죽어요? 더 빨리 죽어요. 언젠가 사람은 죽어요. 죽은 뒤에 하늘나라에, 천국에 가는 구원의 역사, 이 유월절이 사람의 가슴에 임하면 구원의 역사가 일어나요. 인간 최고의 축복! 여러분, 다 구원받기를 바랍니다. 예수님 올바로 믿어서. 〈당신은 어디로 가나요〉입니다. 손뼉 준비.

### 〈당신은 지금 어디로 가나요〉

1. 당신은 지금 어디로 가나요 발걸음 무겁게
이 세상 어디 쉴 곳 있나요 머물 곳 있나요
예수 안에는 안식이 있어요 평안이 넘쳐요
십자가 보혈 믿는 자마다 구원을 받아요

2. 당신은 오늘 누굴 만났나요 위로받았나요
이 세상 누가 나를 대신하여 목숨 버렸나요
고통의 멍에 벗어 버리세요 예수 이름으로
마음 문 열고 주님 맞으세요 기쁨이 넘쳐요

3. 예수를 믿고 새롭게 되니 기쁨이 넘쳐요
어둠 걷히고 새날이 되니 행복이 넘쳐요
이전에 없던 평안을 얻으니 찬송이 넘쳐요
샘솟는 기쁨 전해주어요 예수 이름으로

(후렴) 예수 믿으세요 예수 믿으세요
예수 믿으세요 예수 믿으세요

## 2. 무교절 - 성화

아멘 할렐루야! 예수님이 십자가에 죽으셔서 무덤에 들어간 것처럼 하나님이 우리도 똑같은 순서로 진행하신다! 유월절을 통하여 구원을 시킨 성도들을 하나님이 무교절의 무덤 속에 집어넣는다! 자, 이것을 잘 알아야 됩니다.

그러면 왜 하나님이 눈에 넣어도 안 아픈 자기 백성 성도들을 무덤에 집어넣냐? 하나님이 우리를 얼마나 사랑하냐? 여기 지금 금방 애기 낳은 자매님들, 자기 애기 얼마나 사랑해요? 눈에 넣어도 안 아프지요? 하나님이 우리를 사랑하시는 거는 그거에 천배 만배 사랑해요. 우리 주님이 우리를 품에 안으시고 그렇게 예수님이 우리를 좋아해요. 그러한 우리 성도들을 왜 주님이 구원받게 하자마자 무덤에 집어넣냐?

하나님은 여러 가지 무덤을 준비해 놓고 기다려요. 한번 해봐요. "물질의 무덤, 자녀의 무덤, 질병의 무덤." 우리 정미홍 대표님도 질병의 무덤에 들어갔다 나오셨어요. 얼마나 아프셨어요? 그때 몇 년 아프셨어요? 15년? 그러면 KBS 앵커 하시다가 몸이 아팠어요? 미국 유학 가가지고? 그게 전염이에요? 전염 아니에요? 스스로 일어나요? 그런데 나았어요? 하나님의 역사네. 세계적인 불치병인데. 그래서 우리 자매니님은 자기하고 똑같이 아픈 사람을 돕는 운동을 하고 있어요. 아멘.

자, 그런데 사람마다 이 병이 오는 게 하나님의 의미가 있어요, 하나님의 의미가. 한 번 따라서 합시다. "질병의 무교절, 물질의 무덤, 자녀의 무덤, 사업의 무덤." 따라서 합니다. "삶의 무덤." 여러 가지 무덤을 준비해 놓고 하나님이 사람을 무덤 속에 넣는다고요.

왜 넣냐? 그 이유는 우리를 성화시키려고요. 우리를 변화시키려고요. 무교절을 하는 방법도 사람마다 다 다르다! 요나는 물고기 뱃속에서 3일 했다고 그랬어요. 모세는 미디안에서 40년 했다고 그랬어요. 이스라엘 백성들은 바벨론에 포로로 잡혀가서 70년 했어요, 70년. 야곱은 밧단아람에 가서 21년 했어요. 사람마다 이 무덤 생활을, 무교절을 치르는 게, 기간이 다르고 방법도 다 달라요.

사랑제일교회 성도들은 이 무교절을 오래 하면 안 돼요. 오래 하면 안 돼요. 우리 정미홍 대표님처럼 15년 하면 안 돼요. 너무 길어요. 3일 내로 끝나야 돼요. 요나가 3일 안에 물고기 뱃속에서 나왔잖아요? 3일 안에 나와요, 3일 안에. 요나보다 더 빠른 사람이 이삭이요, 이삭. 이삭은 모리아 산에서 한 번 누웠다 일어나니까 끝! 그걸로 무교절이 끝났어요. 사랑제일교회 성도들이여, 무교절 생활하다가 인생 다 가지 말고 빨리 끝내자. 따라서 해요. "끝내자." 옆 사람 다 손잡고 해봐요. "무교절을 끝냅시다. 확실히 끝냅시다."

### 3. 초실절 – 부활

그리고 찾아오는 게 초실절이에요. 부활이요, 부활. 따라서 합니다. "부활." 초실절이 오면 다 부활해요. 다 부활해요. 영이 부활하고 물질이 부활하고 가정이 부활하고 자녀가 부활하고 인생이 부활하고 마지막 최후의 부활, 다시 해봐요, "해의 부활, 달의 부활, 별의 부활," 우리 다 하는 겁니다.

### 4. 오순절 – 성령 충만

그다음에 찾아온 것이 오순절이에요, 오순절. 따라서 합니다. "오순절." 오순절이 드디어 왔어요. 오순절. 할렐루야! 오순절 왔는데 오순절은 성령 충만이야, 성령 충만. 그러니까 이것은 성령 체험하고 오순절 은혜받고 방언 받고 하는 것이 특별한 사람이 하는 게 아니고 이 연장선에서 흘러가는 과정 속에 오순절 체험은 일어나는 거예요. 아멘.

그런데요. 지난주에 우리 정미홍 집사님이, 대표님이 지난 주에 우리 교회 두 번 나왔잖아요? 처음 올 때부터, 여러분이 직접 들으셨잖아요? 들어오는데 그냥 눈물이 막 쏟아진다 그러잖아요? 하나님의 성령이 운행하니까. 지난주에요 예배 마치고 밑에 가서 식사하는데, "목사님, 내가 제일 싫어하는 게 방언인데." 아니 서정희 전도사님 여기서 사역하는데 앞에 와서 방언 받은 게 아니고 저 자리에 앉아 계시는데 이 입이 말이야! 자기가 제일 싫어하는 게 방언이래요. 그런데 제일 싫어하는 게 임했어요. 아멘. 박수요. 정 대표님, 방언 세게 하세요, 앞으로. 세게 하면 하나님이 대통령 만들어줘요.

사도바울이 말한 고린도전서 14장을 잘 보세요. 방언을 많이 하면요? 이 방언은 주님과 내 영이 기도하는 거니까 내가 기도하는 것이 못 따라가요. 내 영이 성령과 함께 더불어 하나님과 바로 직통으로 하기 때문에 방언을 풍성히 하는 사람은, 이거는 큰 은혜가 임하게 돼 있어요. 제가 방언 도사잖아요, 방언도사? 하도 방언을 해가지고 이빨이 뻐드러졌잖아요? 그러니까는 이 성경을 깊이 보는, 저에게 나타난 이 모든 능력도 다, 저는 방언을 통하여 온 거예요. 방언을 깊이 하면 말씀이 깊어져요. 세게 하세요.

## 5. 나팔절 – 재림을 고대함

우리 다 지나간 거예요. 따라서 해요. "나팔절." 재림이요, 재림. 주님은 분명히 오십니다. 여기까지 잘 가다가 주님 재림을 부인하면 안 돼요. 7대 명절은 전체 한 세트예요. 한 세트.

그래서 내가 여러분에게 나눠드렸어요. 다니엘서 나눠 드렸죠? 다니엘서 이 그림을 이것도 집에 가다 쓰레기통에 버리면 돼요, 안 돼요? 안 돼요. 자손 대대로 가보로 보존해요, 가보. 나중에 여러분이 할머니가 돼가지고도 손주들을 무릎에다가 딱 올려놓고 "잘 들어라. 이거는 할머니가 너희들에게 물려주는 유언이다." 아멘. 그 다니엘서 그림을 여러분이 잘 이해를 해서서, 아멘, 특별히 다니엘서 그림 중에서 이 세 가지, 동상의 계시, 짐승의 계시, 칠십 이레의 계시를 연결하는 능력! 이거는요 기독교 2000년 역사에 우리 교회가 처음이에요, 처음. 이 7대 명절도 처음이고 다 처음이에요.

보세요, 잘 보세요. 이 세 개를 연결하는 능력. 따라 해봐요. "머리는 금이요." 따라서 합시다. "바벨론이요. 사자요." 따라서 해요. "가슴은 은이요. 메데바사요. 곰이요." 따라서 해요. "배는 놋이요. 헬라요. 표범이요." 다시요. "두 다리는 철이요. 로마요 크고 무서운 짐승이요." 따라서 다시요. "발가락은 철이요. 진흙이요. 열 뿔이요. 미래의 나라요." 아멘.

그래서 다니엘의 계시의 세 기둥인 동상의 기둥, 짐승의 기둥, 그리고 칠십 이레의 기둥을, 이 세 개를 연결시키는 이 최후의 목적은 뭐냐? 결국 하나님은 이런 순서별로 역사를 진행을 하는데 결국 마지막은 메시야의 나라에서 끝이 난다! 이걸 하나님이 말하려고 그러는 거예요. 인생의, 이 땅의 최후의 마지막 종점은 메시야의 나라예요, 메시야의 나라.

## 6. 속죄절 – 알곡을 가려서 천년왕국에 들이시다

그러니까 예수님이 이 땅에 재림하여 알곡과 쭉정이를 가려서 결국 이 세상의 모든 마지막 역사는 천년왕국, 메시야의 나라, 이 별명이 많아요. 장막절, 천년왕국, 메시야의 나라, 새 예루살렘, 시온성, 장자들의 총회, 이게 수백 가지의 별명이 있어요. 그러니까 하나님은 결국 마지막을 여기서 마치려 그러는 거예요. 아멘.

## 7. 장막절 – 역사 최후의 목적지 메시야 나라

잘 보세요. 하나님이 이것을 진행할 때 유월절부터 진행할 때 하나님의 목적지가 바로 여기 장막절이에요, 여기. 여기는 뭐냐? 주님이 이 땅에 재림하여 이 땅에다가 하나님의 나라를 이룬다 이거예요. 지금 여러분들은 이게 안 믿어질 거예요. 왜 안 믿어지냐? 안 나타났으니까.

오순절까지는 이건 이미 벌써 다 이루어진 거니까. 오순절까지 이루어졌잖아요, 오순절까지? 여기까지는 성경에서 성취된 거거든요? 날짜도 안 틀리고 이루어졌어요. 날짜도 안 틀리고. 이런 일이 있을 수 있나요? 예수님이 유월절 날 죽으셨다니까요? 무교절 날 3일 동안 무덤에 있었다니까요? 날짜도 안 틀려요, 날짜도. 이야! 따라 해봐요. "이야!" 억지로 하지 말고 감정을 좀 넣어서 한번 해봐요. 감정을 넣어서 시작. "이야!" 그렇지. 이거 대단한 사건이에요, 대단한 사건. 그러니까 주님은 오십니다. 아멘. 〈주님 다시 오시네〉 노래 한 번 부르고 하자고요.

〈주님 다시 오시네〉

1. 주님 다시 오시네 곧 오시겠네 깊은 잠을 깨어나
나팔 불며 오시는 신랑 예수님 어서 맞으러 가자
크고 놀라운 불같은 그 날이 새벽같이 오리라
할렐루야 할렐루야 주여 어서 오소서

> 2. 주님 다시 오시네 곧 오시겠네 깊은 잠을 깨어나
> 구름 타고 오시는 신랑 예수님 어서 맞으러 가자
> 크고 놀라운 불같은 그 날이 도적같이 오리라
> 할렐루야 할렐루야 주여 어서 오소서
>
> 3. 주님 다시 오시네 곧 오시겠네 깊은 잠을 깨어나
> 노을 밟고 오시는 신랑 예수님 어서 맞으러 가자

아멘 할렐루야! 정말 나팔절을 믿으세요? 예수님이 다시 재림하는 걸 믿으세요? 그러면 이제 이 세 명절, 나팔절, 속죄절, 장막절을 주님이 급속도로 진행한다 그랬어요. 뒤에 있는 세 명절, 요것이 한 세트예요. 앞에 있는 세 명절, 유월절, 무교절, 초실절, 요것이 한 세트예요. 요것이 일주일 안에 이루어져요. 땅땅 땅땅. 가운데 오순절이 있어요. 나팔절이 딱 오면 요것도 한 세트예요. 땅땅 땅땅 그냥 거의 동시에 싹 들어가는 거예요. 결국 마지막은 장막절로 끝나요.

# Ⅲ.
# 하나님의 역사 경영과 7대 명절

**1. 지금 우리는 오순절 말기에 와있다**

그러면 여기서 잘 들어보세요. 자, 사람이 무슨 일을 할 때도 계획을 세워서 해요, 계획을. 아침에 일어나도 여러분이 계획하지요? "오늘 어디 가서 누구 만나고, 누구 만나고, 그리고 누구 만나고 집에 들어오면 열두 시." 요렇게 계획을 세우지요? 사람이 집을 지어도 설계도를 먼저 만들어요. 설계도를 만든 뒤에 설계에 따라 집을 지어요. 아멘. 하물며 전능하신 하나님이 계획 없이 역사를 진행하겠냐? 그럴 리가 없어요. 하나님은 천지를 창조할 때부터 벌써 하나님은 완벽한 계획을 다 세웠어요. 천지를 창조하고 나서 하나님은 인간의 최후의 마지막을 새 예루살렘, 장막절로 끝내기로 하나님이 설계도를 그려놨어요. 그리고 설계도대로 하나님은 역사를 진행하세요. 믿습니까?

지금 우리는 오순절의 말기에 와 있어요. 오순절의 말기. 이제 우리는 이 역사가, 하나님이 이렇게 진행해 오셨단 말이에요. 오순절 말기까지 진행한 것이 신구약 성경 66권에서 한 절도 안 틀리고 하나님은 그대로 진행한다! 그 얼마나 신비하냐고요? 한 절도 안 틀려요, 한 절도. 한 절도 안 틀리고 하나님은 딱 오순절 말기까지 진행하셨어요. 아멘.

## 2. 결국 장막절로 세상 역사가 끝난다

그러니까 결국은 장막절이 이 세상에 오는 것은 당연한 것이고, 아까 읽은 본문 말씀 요한계시록 21장 '하늘로부터 새 예루살렘이 내려오니' 이게 마지막이란 말이에요. 요한계시록이란 책이 성경 중에서 처음이요, 마지막이요? 마지막 사건이 이걸로 모든 인류가, 모든 인간이, 하나님의 창조의 마지막이 여기 장막절로 끝난다! 다시 읽어봐요. 요한계시록 21장 이렇게 돼 있어요. 시작.

'1 또 내가 새 하늘과 새 땅을 보니 처음 하늘과 처음 땅이 없어졌고 바다도 다시 있지 않더라 2 또 내가 보매 거룩한 성 새 예루살렘이 하나님께로부터 하늘에서 내려오니 그 예비한 것이 신부가 남편을 위하여 단장한 것 같더라 3 내가 들으니 보좌에서 큰 음성이 나서 가로되 보라 하나님의 장막이 사람들과 함께 있으매 하나님이 저희와 함께 거하시리니 저희는 하나님의 백성이 되고 하나님은 친히 저희와 함께 계셔서 4 모든 눈물을 그 눈에서 씻기시매 다시 사망이 없고 애통하는 것이나 곡하는 것이나 아픈 것이 다시 있지 아니하리니 처음 것들이 다 지나갔음이러라 5 보좌에 앉으신 이가 가라사대 보라 내가 만물을 새롭게 하노라 하시고 또 가라사대 이 말은 신실하고 참되니 기록하라 하시고 6 또 내게 말씀하시되 이루었도다 나는 알파와 오메가요 처음과 나중이라.'

아멘 할렐루야! 이렇게 장막절로 모든 게 끝나게 돼 있어요. 이 말은 다른 말로 뭐냐 하면 성경으로 말하면 창세기 1장의 천지가 창조된 이후에 아담과 하와가 선악과 따먹었어요, 안 따먹었어요? 따먹기 전의 상태로 돌아가는 거예요. 선악과를 따먹기 전의 상태는요 지금 이런 세상이 아니에요. 추위도 없고 더위도 없고 아멘. 그야말로 거기는 친환경이에요. 늙는 것도 없고 죽는 것도 없고 여자들의 해산의 수고도 없어요. 그 상태로 다시 돌아간다는 거예요.

### 3. 하나님의 사이클은 창조부터 새 예루살렘까지이다

#### 1) 새 예루살렘을 믿음으로 받아들이자

그런데도 왜 우리에게는 실감이 안 날까? 실감이 안 나는 이유를 내가 설명할게요. 보세요. 하나님의 사이클은, 하나님의 한 단위는, 하나님 한 사이클은요? 창조로부터 새 예루살렘이 하늘로부터 내려와서 하늘의 천국이 땅과 붙는 이 사건, 여기까지가 하나님의 한 사이클이에요. 한 사이클. 아멘. 이것이 하나님 한 사이클이기 때문에 우리가 이 사이클 안에서 중복되게 경험을 못 해요.

예를 들면 보세요. 우리나라는 계절이 네 계절이 있어요, 네 계절. 그렇지요? 자, 봄 오면 다음에 뭐가 와요? 여름. 아이고 똑똑해. 그다음 뭐가 와요? 가을. 우리 교인들밖에 몰라요, 이거는. 이건 다른 사람들 몰라요. 그다음에 뭐가 와요? 겨울. 그렇죠? 우리나라는 계절이 한 사이클이 네 개로 돼 있어요. 봄, 여름, 가을, 겨울, 맞죠? 그런데 열대 지방에 사는 사람들 있죠? 예를 들어서, 필리핀 사는 사람들은 계절의 사이클이 하나밖에 없어요. 그냥 여름이에요. 1년 내내 여름이요. 그렇죠? 그러면 거기 있는 그 사람들은, 예를 들면은, 겨울을 경험할 수 있어요, 없어요? 없지요? 왜? 사이클 하나가 그곳은 다 여름이니까요. 그렇지요? 그래서 필리핀에 있는 선교사들, 또 영어 선교사님들이, 처녀들이 한국에 오잖아요? 오면 제일 흥분하는 게 뭐냐? 첫눈 올 때, 첫눈. 첫눈을 처음 봤단 말이에요. 하늘에서 눈이 내려오는 걸, 눈 오는 걸 보고 강아지처럼 뛰어요, 필리핀 자매님들은. 막 "원더풀(wonderful)! 뷰티풀(beautiful)!" 혼자서 다 뛰고 난리에요.

어떤 목사님이 필리핀에 자매님을 데려왔다 그러잖아요? 가을에 데려왔어요. 처음에 눈이 왔어요, 잠자는 사이에. 아침에 문을 열어보니까 눈이 왔거든요? 말로만 듣던 눈을 처음 본 거예요. 그래가지고 이 자매는요 바깥에 있는 눈을 바가지에다 다 담았어요. 방에다 갖다 놨어요. 그리고 목사님이 잠에서 일어나니까 목사님한테 뭐라 그러냐? "목사님, 이 눈이 이렇게 왔는데, 이 눈 내가 가져도 돼요?" 이러니까 목사님이 "이거 전부 내 건데 너한테 내가 특별히 주니까 가져." 그러니까 이게 혼돈이 생겨요, 혼돈. 그러니까 걔들은 이 사이클을 이해 못 해요. 겨울이라는 사이클을 이해 못 해요.

여러분과 저도 지금 하나님의 한 사이클 안에 사니까 '정말로 진짜로 이 땅에 새 예루살렘이 올까?' 우리가 지금 이해가 안 되게 돼 있어요. 왜? 하나님의 사이클이 창조로부터 새 예루살렘까지가 이게 한 사이클이에요. 그렇지요? 그러니까 필리핀 애들이 겨울에 대해서 들어도 실감이 안 나는 것처럼. '진짜 겨울이 올까?' 온다니까. 한국에 와봐. 오지. 기독교인들이 새 예루살렘을 말하면 안 믿어져요. 이게 실감이 안 나요. 왜? 이것은 처음으로 이루어지는 창조로부터 처음 이루어지는 사건이고 새 예루살렘에 가야 끝이 난단 말이에요. 아멘. 이게 한 세트란 말이에요.

그러니까 여러분들이 이 새 예루살렘, 하나님의 나라가 이 땅에 오는 것이 이게 실감이 안 나도 우리는 믿음으로 받아들여야 됩니다, 믿음으로. 인간 최후의 성공 실패는 여기서 결정이 납니다. 새 예루살렘에서 과연 어떠한 부활로, 다시 해봐요. "해의 부활, 달의 부활, 별의 부활," 어떠한 상태로 새 예루살렘에 들어가느냐에 따라 그 상태로 영원입니다. 그 상태로 영원이라고요.

### 2) 성경의 주제는 7대 명절이다

이것을 설명하기 위하여 성경이 나타난 거에요. 그런데 많은 사람들이 성경을 윤리적인 책으로 바꿔놔 버렸어요. 성경은 사람에게 윤리적 교훈을 주려고 나타난 책이 아니에요. 그거는 지극히 적은 보조적인 얘기고 성경이 말하려고 하는 주된 주제가 바로 이거, 7대 명절이에요, 7대 명절. 아멘.

그런데 많은 사람들이 성경을 읽고 이스라엘의 역사 공부나 하고 앉았고. 성경 읽고 뭐? '오른뺨을 때리면 왼편을 돌려대라' 뭐 이런 거나 교훈이나 취하고, 성경을 통하여 마음의 양식을 얻고. 그걸 위해서 성경이 만들어진 게 아니에요. 성경은 7대 명절을 말하려고 나왔어요. 7대 명절을 그대로 삼킨 사람은 성경 전체가 속에 들어왔다고 하면 돼요. 이것이 없는 사람은 성경 다 외워도 뼁이에요. 아무 의미 없는 거예요. 여러분 속에는 이 일곱 개, 7대 명절이 들어가야 되는 거예요. 여기까지, 장막절까지. 아멘. 두 손 들고 아멘.

따라서 합니다. "주여, 믿습니다." 장막절이 확실히 옴을 믿어요? 안 믿어도 결국은 오는 거예요. 여러분, 내일 아침에 해가 동편에서 뜬다? 믿든지 말든지 하나님의 자연 현상은 해가 뜨게 돼 있어요. 여러분이 동해를 향하여 "뜨지 마. 뜨지 마. 뜨면 죽일 거야. 뜨지 마라. 해 뜨지 마." 그런다고 해가 안 떠요? 그와 같이 천년왕국이 오지 말라고 아무리 소리쳐봐요? 그대로 끌려가고 있어요. 뭘 보면 알아요? 다니엘서의 하나님이 역사 진행을 하나님이 세 기둥으로 말했을 때 일점일획도 안 틀리고 가잖아요? 이 말씀을 듣는 여러분은 복이 있는 겁니다. 아멘 할렐루야!

## Ⅳ. 새 예루살렘에 항상 눈을 고정하고 살자

그러므로 제가 다섯 달에 걸쳐서 전한 이 7대 명절의 말씀을 오늘 마치려 그러는데, 이 새 예루살렘, 다시 말해서 별명으로 붙여진 게 새 예루살렘, 장막절, 천년왕국, 시온성, 많아요. 성경에 백 가지도 넘어요. 이것에서 눈이 떨어지면 안 돼요. 우리는 항상 하늘나라 갈 때까지 이 장막절, 새 예루살렘을 붙잡고 살아야 해요. 이것에서 눈이 떨어지는 사람은 부패해요. 이것에서 눈이 떨어진 사람은, 이 사람은요 사탄이 가지고 놀아버려요. 마귀가 가지고 논다고요. 아멘.

그럼 "목사님, 날마다 이것만 생각하고 하늘나라만 생각하고 그리워하고 살면 나 언제 돈 벌어요? 난 언제 그러면 자식 키워요? 어떻게 살아요?" 허허, 참! 새 예루살렘을 붙잡고 살면요 하나님이 여기 일은, 여러분이 돈 벌고 자식 키우고 뭐 하는 것은 주님이 다 밀어주신다고요. 아멘.

그래서 유대인부터 시작하여 구약 성도 이스라엘부터 시작해서 기독교의 복음이 들어가는 나라, 사회 그 단체는 새 예루살렘을 붙잡고 이걸 붙잡고 살았는데 이 땅에서도 다 하나님이 잘 살게 만들어요. 한번 종교 분포를 보라고요, 전 세계에. 그래서 이승만 대통령이 한국을 세울 때 대한민국을 '기독교 나라로 만들어야겠다.' 이게 이승만의 목표예요. 왜냐하면 전 세계를 다녀보니까 기독교가 주된 사회를 이루는 나라는 다 잘 사는 거예요. 왜? 이게 복음이기 때문에.

여러분도 이걸 붙잡아야 돼요. 하나님하고 나하고 바꿔서 하면 돼요. 하나님은 내 일을 해주시고 나는 아버지가 기뻐하는 일을 하고. 아멘. 이해되십니까? 새 예루살렘을 붙잡으세요. 꼭 붙잡으세요. 이것을 그리워하며 이것을 흠모하며 이것을 향하여 갈지어다. 아멘.

그럼 새 예루살렘을 위하여 오늘 찬양단을 내가 준비시켰어요. 아멘. 세계 제일이야. 아멘입니까? 박수로 맞이하겠습니다. 나오십시오. 드디어 우리 새 예루살렘에 한번 젖어보려고요. 새 예루살렘에 한번 젖어보자 이거예요. 새 예루살렘의 노래를 한번 할 텐데 이 찬양이 불러질 때 여러분 가슴에 흠뻑 젖어야 돼요. 새 예루살렘이 여러분 가슴에 내려와야 돼요. 나를 삼켜주셔야 돼요. 아멘. 이 찬송을 통하여 여러분 속에, 가슴이 성령을 통하여 흠뻑 젖어야 돼요. "주님 적셔 주시옵소서." 시작합니다.

### 〈나 어젯밤에 잘 때〉

나 어젯밤에 잘 때 한 꿈을 꾸었네
그 옛날 예루살렘 성의 곁에 섰더니
허다한 아이들이 그 묘한 소리로
주 찬미하는 소리 참 청아하도다
천군과 천사들이 화답함과 같이
예루살렘 예루살렘 그 거룩한 성아
호산나 노래하자 호산나 부르자

그 꿈이 다시 변하여 그 길은 고요코
호산나 찬미 소리 들리지 않는다
햇빛은 아주 어둡고 그 광경 참담해
이는 십자가에 달리신 그때의 일이라
이는 십자가에 달리신 그때의 일이라
예루살렘 예루살렘 그 거룩한 성아
호산나 노래하자 호산나 부르자

그 꿈이 다시 변하여 이 세상 다 가고
그 땅을 내가 보니 그 유리 바다와
그 후에 환한 영광이 다 창에 비치니
그 성에 들어가는 자 참 영광이로다
밤이나 낮이 없으니 그 영광뿐이라
그 영광 예루살렘 성 영원한 곳이라
이 영광 예루살렘 성 참 빛난 곳일세
예루살렘 예루살렘 그 거룩한 성아
호산나 노래하자 호산나 부르자

> 예루살렘 예루살렘 그 거룩한 성아
> 호산나 노래하자 호산나 부르자
> 호산나 노래하자 호산나 호산나

아멘 할렐루야! 아멘 우리 새 예루살렘을 흠모하며 삽시다. 거기를 우리가 꼭 붙잡고 삽시다.

다음 찬송을 부를 텐데요. 이 찬송은 인간이 만든 노래 중에 가장 위대한 노래입니다. 〈할렐루야〉를 부르겠습니다. 헨델의 메시야예요. 그중에 한 테마예요. 할렐루야. 이 곡이 처음으로, 이게 작곡해서 처음으로 불러질 때에 영국의 황제가 거기에 참석했다가 이것은 사람이 만든 노래가 아니라 신이 만든 노래라고 그랬습니다. 그래서 딱 듣는 순간에 못 참아서 그 자리에서 벌떡 일어났어요. 그것이 유래가 돼서 헨델의 메시야 이 노래가 딱 나오면 다 일어나게 돼 있는 거예요, 전통적으로. 알았죠? 다 일어서세요. 다 일어서세요. 〈헨델의 메시야〉입니다. 우리는 이 찬송을 듣고 함께 부르면서 이 노래가 바로 어디를 부르는 노래냐? 장막절입니다. 새 예루살렘. 저것을 흠모하며 부르는 노래입니다. 아멘. 시작하겠습니다.

### 〈할렐루야〉

할렐루야 할렐루야 할렐루야 할렐루야 할렐루야
할렐루야 할렐루야 할렐루야 할렐루야 할렐루야
전능의 주가 다스리신다
할렐루야 할렐루야 할렐루야 할렐루야
전능의 주가 다스리신다
할렐루야 할렐루야 할렐루야 할렐루야
전능의 주가 다스리신다 할렐루야
이 세상 나라들 영원히
주 그리스도 다스리는 나라가 되고
오 주가 친히 다스리시니
오 주가 친히 다스리시니
왕의 왕 영원히 영원히 할렐루야 할렐루야
또 주의 주 영원히 영원히 할렐루야 할렐루야
왕의 왕 영원히 영원히 할렐루야 할렐루야
또 주의 주 영원히 영원히 할렐루야 할렐루야
왕의 왕 영원히 영원히 할렐루야 할렐루야

또 주의 주 또 주의 주 다스리니
오 주가 다스리시니
오 주가 친히 다스리시니
왕의 왕 또 주의 주 왕의 왕 또 주의 주
오 주가 친히 다스리시니
왕의 왕 또 주의 주
할렐루야 할렐루야 할렐루야 할렐루야
할렐루야 아멘

아멘, 할렐루야! 다 앉으시기를 바라고 우리가 언젠가는 이 상황 아래 들어갈 줄 믿습니다. 주님이 다스릴 그 나라. '또 주가 길이 다스리시리라.' 새 예루살렘이에요.

두 손 높이 드시고, "주님, 우리는 새 예루살렘을 잡았습니다. 놓칠 수 없습니다. 확실해졌어요. 영롱해졌어요. 거기서도 이 노래를 부를 수 있게 해주세요." "주여" 삼창하며 합심으로 기도하겠습니다.

"주 예수님, 감사합니다. 7대 명절을 주셔서 감사합니다. 마지막 명절인 새 예루살렘을 꼭 붙잡게 해주세요. 우리가 그날 그곳에서도 할렐루야 노래를 주님과 함께 부르기를 원합니다. 오늘 3부 예배 참석한 모든 성도들 한 사람도 거기에서 탈락하는 자 없게 하여 주시고 최후의 승리자가 되게 하여 주시옵소서. 예수님 이름으로 기도합니다. 아멘." 할렐루야!

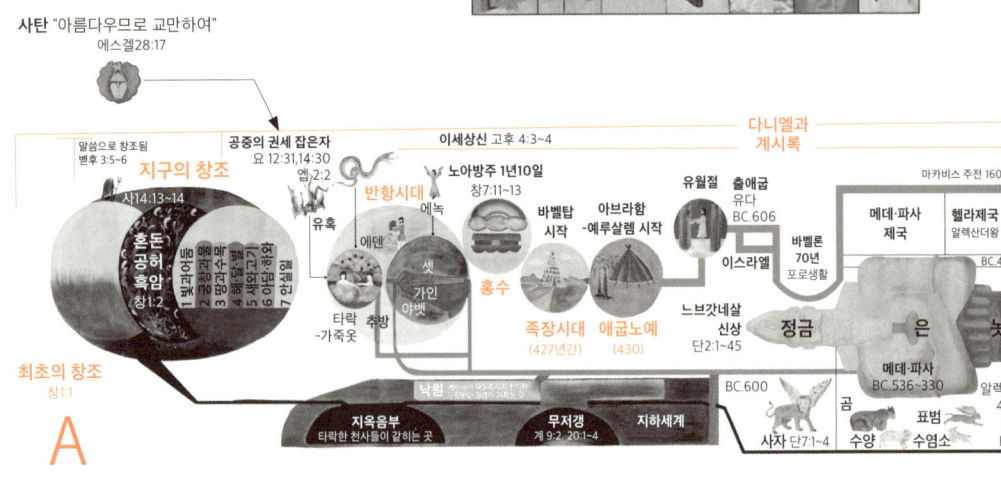

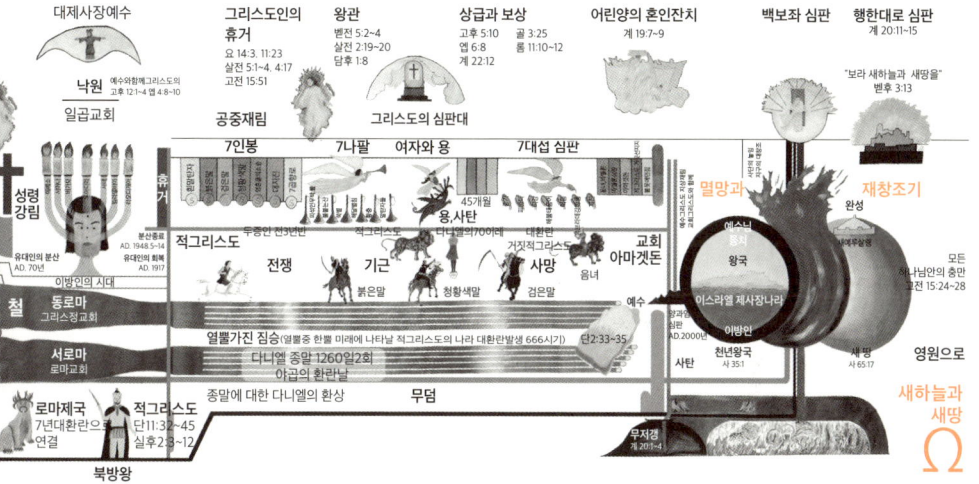

# 7대 명절의 축복을 받으라(하)

**초판 발행** 2024년 3월 25일
**2쇄 발행** 2024년 10월 7일

**설교**  전광훈
**구성·편집** 류금주
**펴낸곳**  주식회사 뉴퓨리턴

**주소**  서울특별시 성북구 장위로 40다길 19, 1층 106호(장위동)
**대표전화** 070-7432-6248
**팩스**  02-6280-6314
**출판등록** 제25100-2023-043호
**이메일**  info@newpuritan.kr

**ISBN**  979-11-986060-1-3 (03230)